CYFRES BEIRDD YR UCHELWYR

Gwaith Siôn ap Hywel ap Llywelyn Fychan

GWAITH SIÔN AP HYWEL AP LLYWELYN FYCHAN

golygwyd gan
A. CYNFAEL LAKE

ABERYSTWYTH
CANOLFAN UWCHEFRYDIAU CYMREIG A CHELTAIDD
PRIFYSGOL CYMRU
1999

Mae cofnod catalogio'r llyfr hwn ar gael gan y Llyfrgell Brydeinig.

ISBN 0 947531 55 6

Cysodwyd gan staff Canolfan Uwchefrydiau Cymreig a Cheltaidd Prifysgol Cymru.
Argraffwyd gan **print in black**, Midsomer Norton.

Rhagair

Y mae'r testun a gynigir yma, megis *Gwaith Huw ap Dafydd ap Llywelyn ap Madog* a gyhoeddwyd yn rhan o gyfres Beirdd yr Uchelwyr y Ganolfan Uwchefrydiau Cymreig a Cheltaidd yn 1995, yn seiliedig ar draethawd a gyflwynwyd am radd M.A., ryw ugain mlynedd yn ôl bellach. Hyfrydwch yw cael cydnabod fy niolch i Mr W. Gerallt Harries am ei gyfarwyddyd manwl a'i arweiniad sicr pan oeddwn yn dechrau mynd i'r afael â chanu'r Cywyddwyr. Mawr yw fy niolch hefyd i aelodau'r Bwrdd Golygyddol am eu sylwadau gwerthfawr ar y testun, ac i staff Geiriadur Prifysgol Cymru ac Adran Lawysgrifau'r Llyfrgell Genedlaethol am eu cymorth hwy. Digon yw dweud bod fy nyled i Dr Ann Parry Owen, golygydd y gyfres, yn un fawr, a'm bod yn gwir werthfawrogi ei gofal a'i thrylwyredd. Yn ystod y misoedd diwethaf, bûm ar ofyn Mr Ceri Davies, Dr John Gwynfor Jones a Mr M. Paul Bryant-Quinn, a bu'r tri yn barod iawn i'm cynorthwyo.

Rhestrir y ffynonellau, pan ddigwydd y testun mewn rhagor nag un llawysgrif, yn ôl eu pwysigrwydd, ond dilynwyd arfer y gyfres o restru'r ffynonellau yn ôl trefn yr wyddor lle y ceid amlder o gopïau. Nodir yr amrywiadau bob tro yn orgraff y llawysgrif flaenaf. Defnyddir bachau petryal pan fo gair neu eiriau yn eisiau yn y gwreiddiol, a dynodir y llythrennau neu'r geiriau a ychwanegwyd gan y golygydd mewn teip italig.

A. Cynfael Lake
Mawrth 1999

Cynnwys

Byrfoddau

Llyfryddol

Arch Camb	*Archaeologia Cambrensis*, 1846–
B	*Bwletin y Bwrdd Gwybodau Celtaidd*, 1921–93
Bangor	Llawysgrif yng nghasgliad Llyfrgell Prifysgol Cymru, Bangor
Bangor (Mos)	Llawysgrif yng nghasgliad Bangor (Mostyn) yn Llyfrgell Prifysgol Cymru, Bangor
BaTh	*Beirdd a Thywysogion*, gol. M.E. Owen a B.F. Roberts (Caerdydd, 1996)
BD	*Brut Dingestow*, gol. Henry Lewis (Caerdydd, 1942)
BDG	*Barddoniaeth Dafydd ab Gwilym*, gol. Owen Jones a William Owen (Llundain, 1789)
BL Add	Llawysgrif Ychwanegol yng nghasgliad y Llyfrgell Brydeinig, Llundain
Bl BGCC	*Blodeugerdd Barddas o Ganu Crefyddol Cynnar*, gol. Marged Haycock (Llandybïe, 1994)
Bl N	*Y Flodeugerdd Newydd*, gol. W.J. Gruffydd (Caerdydd, 1909)
Bodewryd	Llawysgrif yng nghasgliad Bodewryd, yn Llyfrgell Genedlaethol Cymru, Aberystwyth
Bodley	Llawysgrif yng nghasgliad Llyfrgell Bodley, Rhydychen
BrM	*Breuddwyd Maxen*, gol. Ifor Williams (Bangor, 1908)
BRh	*Breudwyt Ronabwy*, gol. Melville Richards (Caerdydd, 1948)
Brog	Llawysgrif yng nghasgliad Brogyntyn, yn Llyfrgell Genedlaethol Cymru, Aberystwyth

ByCy	*Y Bywgraffiadur Cymreig hyd 1940* (Llundain, 1953)
ByCyAt	*Y Bywgraffiadur Cymreig 1941–1950 gydag Atodiad i'r Bywgraffiadur Cymreig hyd 1940* (Llundain, 1970)
CAMBM	*Catalogue of Additions to the Manuscripts in the British Museum in the years 1841–1845* (London, 1850)
CAMBM 1876–81	*Catalogue of Additions to the Manuscripts in the British Museum in the years 1876–1881* (London, 1882)
Card	Llawysgrif yn Llyfrgell Ganolog Caerdydd
CC	J. Fisher, *The Cefn Coch MSS* (Liverpool, 1899)
Chirk	Llawysgrif yng nghasgliad Chirk, yn Llyfrgell Genedlaethol Cymru, Aberystwyth
CLC	*Cydymaith i Lenyddiaeth Cymru*, gol. Meic Stephens (Caerdydd, 1986)
CLC²	*Cydymaith i Lenyddiaeth Cymru*, gol. Meic Stephens (argraffiad newydd, Caerdydd, 1997)
CM	Llawysgrif yng nghasgliad Cwrtmawr, yn Llyfrgell Genedlaethol Cymru, Aberystwyth
CSTB	*Cywyddau Serch y Tri Bedo*, gol. P.J. Donovan (Caerdydd, 1982)
CTC	C.T. Beynon Davies, 'Cerddi'r Tai Crefydd' (M.A., Cymru [Bangor], 1973)
Cy	*Y Cymmrodor, the Magazine of the Honourable Society of Cymmrodorion*, 1877–1951
Cylchg CHSFeir	*Cylchgrawn Cymdeithas Hanes a Chofnodion Sir Feirion(n)ydd*, 1949–
Cylchg LlGC	*Cylchgrawn Llyfrgell Genedlaethol Cymru*, 1939–
Dafydd Trefor: Gw	S.E.I. George, 'The Poetical Works of Syr Dafydd Trefor' (M.A., Cymru [Caerdydd], 1929)
DE	*Gwaith Dafydd ab Edmwnd*, gol. Thomas Roberts (Bangor, 1914)
DGA	*Selections from the Dafydd ap Gwilym Apocrypha*, ed. Helen Fulton (Llandysul, 1996)

DGDG	*Detholiad o Gywyddau Dafydd ap Gwilym*, gol. Ifor Williams (Bangor, 1927)
DGG²	*Cywyddau Dafydd ap Gwilym a'i Gyfoeswyr*, gol. Ifor Williams, Thomas Roberts (ail arg., Caerdydd, 1935)
DN	*The Poetical Works of Dafydd Nanmor*, ed. Thomas Roberts and Ifor Williams (Cardiff and London, 1923)
DNB	*Dictionary of National Biography* (22 vols., London, 1908–9)
DrOC	*Drych yr Oesoedd Canol*, gol. Nesta Lloyd a Morfydd E. Owen (Caerdydd, 1986)
DWH	Michael Powell Siddons, *The Development of Welsh Heraldry* (3 vols., Aberystwyth, 1991–3)
L. Dwnn: HV	*Heraldic Visitations of Wales*, gol. S.R. Meyrick (Llandovery, 1846)
G	*Geirfa Barddoniaeth Gynnar Gymraeg*, gol. J. Lloyd-Jones (Caerdydd, 1931–63)
GCC	D. Simon Evans, *Gramadeg Cymraeg Canol* (Caerdydd, 1960)
GDG	*Gwaith Dafydd ap Gwilym*, gol. Thomas Parry (Caerdydd, 1952)
GDID	*Gwaith Deio ab Ieuan Du a Gwilym ab Ieuan Hen*, gol. A. Eleri Davies (Caerdydd, 1992)
GDLl	*Gwaith Dafydd Llwyd o Fathafarn*, gol. W. Leslie Richards (Caerdydd, 1964)
GEO	*Gwaith Einion Offeiriad a Dafydd Ddu o Hiraddug*, gol. R. Geraint Gruffydd a Rhiannon Ifans (Aberystwyth, 1997)
GGH	*Gwaith Gruffudd Hiraethog*, gol. D.J. Bowen (Caerdydd, 1990)
GGl²	*Gwaith Guto'r Glyn*, gol. J. Llywelyn Williams ac Ifor Williams (ail arg., Caerdydd, 1961)
GHC	*Gwaith Hywel Cilan*, gol. Islwyn Jones (Caerdydd, 1963)

GHD   *Gwaith Huw ap Dafydd ap Llywelyn ap Madog*,
                 gol. A. Cynfael Lake (Aberystwyth, 1995)

GIG   *Gwaith Iolo Goch*, gol. D.R. Johnston
                 (Caerdydd, 1988)

GLD   *Gwaith Lewys Daron*, gol. A. Cynfael Lake
                 (Caerdydd, 1994)

GLGC   *Gwaith Lewys Glyn Cothi*, gol. Dafydd Johnston
                 (Caerdydd, 1995)

GLM   *Gwaith Lewys Môn*, gol. Eurys I. Rowlands
                 (Caerdydd, 1975)

GLlBH   *Gwaith Llywelyn Brydydd Hoddnant, Dafydd ap
                 Gwilym, Hillyn ac eraill*, gol. Ann Parry Owen a
                 Dylan Foster Evans (Aberystwyth, 1996)

GLlLl   *Gwaith Llywarch ap Llywelyn 'Prydydd y Moch'*,
                 gol. Elin Jones (Caerdydd, 1989)

GMW   D. Simon Evans, *A Grammar of Middle Welsh*
                 (Dubin, 1964)

GO   *L'œuvre poétique de Gutun Owain*, gol. E.
                 Bachellery (Paris, 1950–1)

GP   *Gramadegau'r Penceirddiaid*, gol. G. J. Williams
                 ac E. J. Jones (Caerdydd, 1934)

GPC   *Geiriadur Prifysgol Cymru* (Caerdydd, 1950–)

GSCMB   'Guide to the Special Collections of Manuscripts
                 in the Library of the University College of North
                 Wales Bangor' (cyfrol anghyhoeddedig, Prifysgol
                 Cymru, Bangor, 1962)

GSC   *Gwaith Siôn Ceri*, gol. A. Cynfael Lake
                 (Aberystwyth, 1996)

GST   *Gwaith Siôn Tudur*, gol. Enid Roberts (Caerdydd,
                 1980)

GTP   *Gwaith Tudur Penllyn ac Ieuan ap Tudur Penllyn*,
                 gol. Thomas Roberts (Caerdydd, 1958)

GWL² ii   *A Guide to Welsh Literature 1282–c. 1550 Volume
                 II*, ed. A.O.H. Jarman & Gwilym Rees Hughes,
                 revised by Dafydd Johnston (Cardiff, 1997)

Gwyn	Llawysgrif yng nghasgliad J. Gwyneddon Davies yn Llyfrgell Prifysgol Cymru, Bangor
HAA	Rhŷs W. Hays, *The History of the Abbey of Aberconway 1186–1537* (Cardiff, 1963)
HCLl	*Gwaith Huw Cae Llwyd ac Eraill*, gol. Leslie Harries (Caerdydd, 1953)
HMNLW	*Handlist of Manuscripts in the National Library of Wales* (Aberystwyth, 1943–)
HPF	J.Y.W. Lloyd, *The History of the Princes, the Lords Marcher, and the Ancient Nobility of Powys Fadog* (6 vols., London, 1881–7)
Hywel Rheinallt: Gw	E.W.O. Davies, 'Testun Beirniadol o waith Hywel Rheinallt' (M.A., Cymru [Aberystwyth], 1967)
IGE²	*Cywyddau Iolo Goch ac Eraill*, gol. Henry Lewis, Thomas Roberts ac Ifor Williams (ail arg., Caerdydd, 1937)
J	Llawysgrif yng nghasgliad Coleg Iesu, Rhydychen
LBS	S. Baring-Gould and John Fisher, *The Lives of the British Saints* (4 vols., London, 1907–13)
Lewis ab Edward: Gw	R.W. Macdonald, 'Bywyd a Gwaith Lewis ab Edward' (M.A., Lerpwl, 1960–1)
LlyB	*Llywelyn y Beirdd*, gol. J.E. Caerwyn Williams, Eurys Rolant ac Alan Llwyd (Caernarfon, 1984)
LlCy	*Llên Cymru*, 1950–
LlDC	*Llyfr Du Caerfyrddin*, gol. A.O.H. Jarman (Caerdydd, 1982)
LlGC	Llawysgrif yng nghasgliad Llyfrgell Genedlaethol Cymru, Aberystwyth
J.E. Lloyd: HW	J.E. Lloyd, *A History of Wales* (London, 1911)
Llst	Llawysgrif yng nghasgliad Llansteffan, yn Llyfrgell Genedlaethol Cymru, Aberystwyth
MCF	Mynegai Cyfrifiadurol i Farddoniaeth, Llyfrgell Genedlaethol Cymru, Aberystwyth

MFGLl   *Mynegai i Farddoniaeth Gaeth y Llawysgrifau* (Caerdydd, 1978)

Mont Coll   *Collections Historical and Archaeological ... by the Powysland Club*, 1868–

J. Morris-Jones: CD   John Morris-Jones, *Cerdd Dafod* (Rhydychen, 1925)

Mos   Llawysgrif yng nghasgliad Mostyn, yn Llyfrgell Genedlaethol Cymru, Aberystwyth

NCE   *New Catholic Encyclopaedia* (15 vols., Washington, 1967)

NEB   *The New Encyclopaedia Britannica* (Chicago, 1986)

NLWCM   J.H. Davies, *The National Library of Wales: Catalogue of Manuscripts*, i (Aberystwyth, 1921)

OBWV   *The Oxford Book of Welsh Verse*, ed. Thomas Parry (Oxford, 1962)

OED^2 *The Oxford English Dictionary* (second ed., Oxford, 1989)

PACF   J.E. Griffith, *Pedigrees of Anglesey and Carnarvonshire Families* (Bangor, 1914)

Pant   Llawysgrif yng nghasgliad Panton, yn Llyfrgell Genedlaethol Cymru, Aberystwyth

Pen   Llawysgrif yng nghasgliad Peniarth, yn Llyfrgell Genedlaethol Cymru, Aberystwyth

Penrhos   Llawysgrif yng nghasgliad Penrhos, yn Llyfrgell Prifysgol Cymru, Bangor

PFTA   A. Cynfael Lake, 'Pedwar o Farwnadwyr Tudur Aled' (PhD Cymru [Aberystwyth], 1994)

PKM   *Pedeir Keinc y Mabinogi*, gol. Ifor Williams (Caerdydd, 1930)

RWM   *Report on Manuscripts in the Welsh Language*, ed. J. Gwenogvryn Evans (London, 1898–1910)

SCWMBLO   F. Madan and H.H.E. Craster, *Summary Catalogue of Western Manuscripts in the Bodleian Library at Oxford* (Oxford, 1924)

Stowe	Llawysgrif yng nghasgliad Stowe, yn y Llyfrgell Brydeinig, Llundain
TA	*Gwaith Tudur Aled*, gol. T. Gwynn Jones (Caerdydd, 1926)
D.R. Thomas: HDStA	D.R. Thomas, *The History of the Diocese of Saint Asaph* (3 vols., Oswestry, 1908–13)
TCHSDd	*Trafodion Cymdeithas Hanes Sir Ddinbych*, 1952–
THSC	*The Transactions of the Honourable Society of Cymmrodorion*, 1892/3–
Trans Liverpool WN Soc	*Transactions of the Liverpool Welsh National Society*, 1885–1912
Treigladau	T.J. Morgan, *Y Treigladau a'u Cystrawen* (Caerdydd, 1952)
TWS	Elissa R. Henken, *Traditions of the Welsh Saints* (Cambridge, 1987)
TYP²	*Trioedd Ynys Prydein*, ed. Rachel Bromwich (second ed., Cardiff, 1978)
WATU	Melville Richards, *Welsh Administrative and Territorial Units* (Cardiff, 1969)
WCD	P.C. Bartrum, *A Welsh Classical Dictionary: People in History and Legend up to about A.D. 1000* (Aberystwyth, 1993)
WCCR	Glanmor Williams, *The Welsh Church from Conquest to Reformation* (Cardiff, 1976)
WG	J. Morris Jones, *A Welsh Grammar* (Oxford, 1913)
WG1	P.C. Bartrum, *Welsh Genealogies AD 300–1400* (Cardiff, 1974)
WG2	P.C. Bartrum, *Welsh Genealogies AD 1400–1500* (Aberystwyth, 1983)
WLl	*Barddoniaeth Wiliam Llŷn*, gol. J.C. Morrice (Bangor, 1908)
WM	*The White Book Mabinogion*, ed. J. Gwenogvryn Evans (Pwllheli, 1907; adargraffiad Caerdydd, 1973)

YB   *Ysgrifau Beirniadol*, 1965–

YCM   *Ystorya de Carolo Magno*, gol. Stephen J. Williams (Caerdydd, 1930)

Termau a geiriau

a.	ansoddair, ansodd-eiriol	gol.	golygydd, golygwyd gan
adf.	adferf	grb.	gorberffaith
angh.	anghyflawn	grch.	gorchmynnol
amhff.	amherffaith	grff.	gorffennol
amhrs.	amhersonol	gthg.	gwrthgyferbynier, gwrthgyferbyniol
amr.	amrywiad		
anh.	anhysbys	gw.	gweler
ardd.	arddodiad, arddodiaid	Gwydd.	Gwyddeleg
		H.	Hen
arg.	argraffiad	h.y.	hynny yw
art.cit.	*articulo citato*	*ib.*	*ibidem*
b.	benywaidd (ac weithiau berf)	*id.*	*idem*
		l.c.	*loco citato*
be.	berfenw	ll.	lluosog; llinell
bf.	(f.) berf, -au	Llad.	Lladin
c.	*circa*	llau.	llinellau
c.	(g.) canrif	llsgr.	llawysgrif
C.	Canol	llsgrau.	llawysgrifau
cf.	cymharer	m.	mewnol
Cym.	Cymraeg	myn.	mynegol
cys.	cysylltair, cysylltiad	neg.	negydd, -ol
d.g.	dan y gair	*ob.*	*obiit*
dib.	dibynnol	*op.cit.*	*opere citato*
diw.	diweddar	p.	priod
e.	enw	pres.	presennol
eb.	enw benywaidd	prff.	perffaith
e.c.	enw cyffredin	prs.	person, -ol
ed.	*edited by, edition*	pth.	perthynol
e.e.	er enghraifft	r	*recto*
eg.	enw gwrywaidd	rh.	rhagenw, rhagenwol
e.p.	enw priod	S.	Saesneg
ex inf.	*ex informatione*	*sc.*	*scilicet*
f.	ffolio	*s.n.*	*sub nomine*
fl.	*floruit*	td.	tudalen
ff.	ffolios	tt.	tudalennau
ffig.	ffigurol	un.	unigol
g.	(c.) canrif	v	*verso*
g.	gwrywaidd	vols.	*volumes*

Rhagymadrodd

Y bardd a'i waith

Diogelwyd gwybodaeth am gynefin Siôn ap Hywel, am ei ach, ac am gyfnod ei flodeuo. Yn ei nodyn rhagarweiniol i'r gerdd 'Medra' o'm pwyll, mydr o'm pen'[1] yn llawysgrif BL Add 14866, ysgrifennodd David Johns:[2] *John ap howel prydydd o emyll ffynnon Wenfrewy,*[3] ac ymhelaethodd ar hyn yn yr un llawysgrif pan gofnododd y geiriau *John ap Howel gwr o emyl tref y fynnon, yn amser tudyr aled*[4] wrth odre'r cywydd 'Bwriais fryd, briwais y fron'.[5] Ailadroddir y nodyn yn Gwyn 3, llawysgrif a luniwyd gan Jasper Gryffyth.[6] Nid rhyfedd, felly, i'r bardd ganu awdl i'r santes Gwenfrewy,[7] ac i bennaeth yr abaty a oedd yn gysylltiedig â'r ffynnon a ddenai'r pererinion yn eu lluoedd.[8] Yn ôl Thomas Lloyd, Plas Power, fodd bynnag, yr oedd ei gartref ryw dair milltir o Dreffynnon, i gyfeiriad y gogledd, oblegid fe'i disgrifia yn ŵr *o Vertyn yn Chwitffordd yn Nhegaingl,*[9] ac y mae hyn yn cyd-

---

[1] Cerdd 23.

[2] Arno, gw. ByCy 416 a CLC² 377 lle y rhoddir ef yn ei flodau yn y blynyddoedd 1573–87. Hefyd Garfield H. Hughes, 'Cyfieithiad Dafydd Johns, Llanfair Dyffryn Clwyd o "Weddi Sant Awgwstin"', Cylchg LlGC vi (1949–50), 295–7. Cofnododd David Johns bytiau blasus am y beirdd y bu'n copïo eu gweithiau, ac am amgylchiadau cyfansoddi'r cerddi unigol. Yn ei law ef y mae'r nodyn, 'Mi a welais 1572 hen wraic a welsai un arall a fyssai'n ymddiddan a Dafydd ap gwilym', gw. RWM ii, 1031.

[3] BL Add 14866, 106ʳ.

[4] BL Add 14866, 100ᵛ.

[5] Cerdd 25.

[6] Gw. *Gwyneddon 3* (Caerdydd, 1931), v–vii, a f. 172ʳ yn y llsgr. lle y copïwyd ' ... hen odl o waith Taliesin ... ac a drodd cyd-oeswr cu i mi [sef David Johns, er nas enwir] i wersau lladin Saphic, 1580'.

[7] Cerdd 18.

[8] Gw. y cyfeiriadau isod at Domas Pennant, abad Dinas Basing. Yn Pen 184, copïwyd [*En*]*glyn ag Owdwl Gwenfrewi yn kalyn.* Dilynir yr englyn

> [F]frwd ffrwythlon dirion ffrwd ir wych glochav
> ffrwd grychias ddwr berw grych
> ffrwd glayarwen ffrwd eglurwych
> ffrwd o win Saint ffrwd o nant sych.

gan y geiriau *yr Awdl yn dechrau,* a chofnodwyd enw'r bardd ar ddiwedd y gerdd yn unol â'r arfer. Nid oes enw bardd wrth yr englyn, a gellid tybio, ar sail y modd y cysylltwyd y ddwy gerdd, mai eiddo Siôn yw'r ddwy. Mewn llsgrau. eraill, fodd bynnag, priodolir yr englyn hwn i Wiliam Tomos ab Edward (J 138 [= RWM 16], 18ᵛ; LlGC 3039B [= Mos 131], 59; ni phriodolir yr englyn i Siôn Phylip yn BL Add 14984, 97ʳ, er gwaethaf yr hyn a nodir yn MCF; yr englyn sy'n dilyn yn y llsgr. yw ei waith ef).

[9] Dyma un o'r ffeithiau a ychwanegodd Thomas Lloyd ar ei gopi o *Repertorium Poeticum*

fynd â sylw Thomas Wiliems mai yn Chwitffordd y'i claddwyd.[10] A cheir
ateg i hyn wrth ystyried yr hyn sy'n hysbys am ei deulu.

    Cofnodir ach y bardd yn *Welsh Genealogies* fel a ganlyn: Siôn, 'prydydd',
ap Hywel ap Llywelyn Fychan ab Ieuan ap Dafydd ap Cynfrig ab Ieuan ...
Edwin,[11] a gelwir y bardd wrth yr enw 'llawn', Siôn ap Hywel ap Llywelyn
Fychan, yn nifer o'r llawysgrifau, er mai Siôn ap Hywel yw'r ffurf a arferir
yn y llawysgrifau cynharaf.[12] Ei fam oedd Mallt, merch Dafydd Fychan ab
Ieuan o Gefnamwlch, ac ail wraig Hywel ap Llywelyn Fychan oedd hi.[13] Yr
oedd Siôn yn un o ddeg o blant; yr oedd iddo saith brawd—un ohonynt,
Syr Tomas, yn berson Llanddoged yn ôl *Welsh Genealogies*[14]—a dwy
chwaer. Cysylltir Hywel, y tad, â Brynpolyn ym mhlwyf Llanelwy,[15] ond
ymsefydlasai disgynyddion Siôn, brawd y prydydd, ym Mertyn Uwch
Glan, treflan yn Chwitffordd.[16] Ar sail cofnod Thomas Lloyd, felly, y
cysylltir y bardd â'r dreflan hon; y mae'n bosibl na wyddai fod gan Siôn ap
Hywel frawd o'r un enw a drigai ym Mertyn.

    O droi at un o hynafiaid Siôn, sef Cynfrig ab Ieuan, gwelir mai Tan-
gwystl ferch Robert oedd ei wraig, a'i brawd hi oedd Ithel, archddiacon
Llanelwy, a gwrthrych un o farwnadau mwyaf nodedig Iolo Goch.[17]
Chwaer iddi oedd Angharad, a phriodasai hi â Chynfrig ap Bleddyn Llwyd,
gorhendaid Tudur Aled.[18] Cyfeiria Siôn at y cyswllt gwaed rhyngddo a
Thudur yn ei farwnad i'r prifardd:

> Ewythr ag aur wrth roi gwin,
> A'm athro yn fy meithrin,
> A'm dewisgar i'm dysgu,
> Och Fair, a'm cyfrinach fu.[19]

Gan fod Siôn yn arfer yr ymadrodd 'ewythr', diau fod yma awgrym fod
Tudur yn hŷn nag ef, ac y mae hyn yn cyd-fynd â'r dystiolaeth ddiamwys
yn y llinellau a ddyfynnwyd, mai Tudur oedd ei athro barddol (*athro ... i'm*

Moses Williams, sef LlGC 717B, gw. M.T. Burdett-Jones, 'Poetarum Nomina Thomas Lloyd,
Plas Power', Cylchg LlGC xxviii (1993–4), 249–54. Codir cwr y llen ar ddysg Thomas Lloyd yn
ysgrif E.D. Jones, 'Thomas Lloyd y Geiriadurwr', Cylchg LlGC ix (1955–6), 180–7.

[10] Gw. BL Add 31055, 48[r].

[11] WG1 277; WG2 540.

[12] Priodolir cerdd 26 yn llsgrau. Bangor (Mos) 11 a Card 2.68 [= RWM 19] i Siôn ap Hywel
Wyn, ac arferir y ffurf Siôn ap Hywel Fychan mewn chwe llsgr. sy'n cynnwys cerdd 21.

[13] WG2 1661.

[14] Nid yw D.R. Thomas: HDStA ii, 317–20 yn cadarnhau hyn gan fod bwlch yn rhestr enwau
rheithorion Llanddoged am y blynyddoedd 1397–1530.

[15] Gw. WATU 22.

[16] Gw. WATU 156, 223.

[17] GIG cerdd XV. Canodd y bardd iddo hefyd i erchi march ac i ddiolch am y cyfryw, gw.
cerddi XII, XIII.

[18] WG1 511; WG2 971. Trafodir cysylltiadau teuluol Tudur Aled gan Cledwyn Fychan yn ei
ysgrif 'Tudur Aled: Ailystyried ei Gynefin', Cylchg LlGC xxiii (1983–4), 50–7.

[19] Isod 11.59–62.

dysgu ... a'm cyfrinach fu). Ystyriai y marwnadwyr eraill Dudur yn athro iddynt;[20] Siôn yn unig sy'n arddel cyswllt teuluol.

'Yn amser tudyr aled' y canai Siôn, yn ôl tystiolaeth David Johns. Ni ellir dweud i sicrwydd ym mha flwyddyn y ganed Tudur, na pha bryd yn union y bu farw, ond cynigir iddo fyw rhwng tua 1465 a 1525.[21] Yn llawysgrif LlGC 3050D [= Mos 147], a thrachefn yn Llst 30, nodir bod Siôn yn ei flodau yn y flwyddyn 1480—ond nid yw'r dyddiad hwn yn llaw'r copïwyr; fe'i hychwanegwyd yn ddiweddarach—ac ailadroddir yr un dyddiad yn union ar ddeg o achlysuron eraill.[22] Dyma'r dyddiad a roddir gan Dr John Davies, Mallwyd, yn ei eiriadur yn y rhestr o enwau'r beirdd Cymraeg,[23] a'i ddilyn ef, yn ddiau, a wnaeth pob un a roes y dyddiad hwn i'r bardd. Ys-ywaeth, nid oes yr un gerdd y gellir ei dyddio cyn gynhared â hyn. Gwelodd y bardd yn dda amseru dwy o'i gerddi, ond i gyfnod diweddarach y perthyn y rhain, sef ei awdl i Wenfrewy, a ganwyd yn 1512:

> Pymthecant (mi a'i gw'rantwn)
> A deuddeg oed oedd Duw gwyn.[24]

a'i farwnad i'r abad Tomas Pennant a fu farw yn 1527:

> Oed y Brenin, Duw Brynwr,
> Wrth gof am farwolaeth gŵr:
> Tri phumcant, tyfiant *D*ofydd,
> Ugain a saith—gwae ni!—sydd.[25]

Ymddengys mai'r gerdd gynharaf y gellir ei dyddio yw'r cywydd i Ddafydd ab Owain, abad Maenan, a ganwyd rhwng 1490 a 1503. Ar sail yr hyn sy'n hysbys am y gwrthrychau y canwyd iddynt, yr unig beth y gellir ei ddatgan gyda sicrwydd yw fod Siôn yn canu erbyn 1503, a'i fod yn dal i ganu yn 1532. Nid oes un gerdd na allai'r bardd fod wedi ei chyfansoddi yn ystod y blynyddoedd hyn, fel y dengys y tabl isod:

---

[20] GSC 45.9 *F'athro hoywdwf weithredoedd*; GLD 25.37 *Ein ysgol oedd, yn was glân*; GLM XCI.3 *F'athro, bu wir, f'aeth o'r byd*; GHD 15.49–50 *A'r galon ... Ym fu wythddryll am f'athraw*; TA 738 *Fy llyfr oedd a'i fwyall frau* (Lewys Morgannwg), ib. 744 *Fo aeth i'r gro f'athro grym* (Raff ap Robert).

[21] CLC² 733.

[22] Gwelir y dyddiad 1580 (mewn llaw ddiweddarach) yn LlGC 6499B, 664 wrth droed yr awdl i Saint y Catrin (cerdd 19), ond y mae'n amlwg mai gwall am 1480 sydd yma. 1480 yw'r dyddiad a roddir yn yr un llsgr. ar ddiwedd y cywydd i Fôn (cerdd 14), gw. td. 684.

[23] Gw. M.T. Burdett-Jones, ' "Index Auctorum" Henry Salesbury ac "Authorum Britannicorum Nomina" John Davies', Cylchg LlGC xxvi (1989–90), 360. Ond nis enwir ymhlith ffynonellau Henry Salesbury, gw. *ib.* 354–6, nac ymhlith ffynonellau'r geiriadur a ysgrifennodd Thomas Wiliems rhwng 1604 a 1607, gw. M.T. Burdett-Jones, ' "Catalogus Authorum Britannicorum" Thomas Wiliems', Cylchg LlGC xxvii (1991–2), 109–110. Nid oes enghreifftiau o'i waith ychwaith yng ngeirlyfr Wiliam Llŷn yn Card 82, gw. Roy Stephens, 'Geirfâu Wiliam Llŷn', LlCy xv (1984–8), 312.

[24] 18.46–7.

[25] 2.1–4.

Moliant Dafydd ab Owain (cerdd 1)	1490–1503
Awdl Gwenfrewy (cerdd 18)	1512
Marwnad Syr Hywel ab y Dai (cerddi 3 a 4)	cyn 1517
Marwnad Tudur Aled (cerdd 11)	c. 1525
Marwnad Tudur Llwyd o Iâl (cerdd 8)	cyn 1525[26]
Marwnad Sioned a'i gŵr, Siôn ap Dafydd (cerddi 9–10)	cyn 1525[27]
I'r Grog (cerdd 16)	cyn 1527[28]
Marwnad Tomas Pennant (cerdd 2)	1527
Moliant Pirs Conwy (cerdd 5)	1508–32
Gofyn tarw gan Birs Conwy (cerdd 6)	c. 1532
Gofyn march gan Robert Fychan (cerdd 12)	cyn 1543[29]
Gofyn ysglatys gan Wiliam ap Wiliam (cerdd 13)	1500–41[30]
Awdl i Dduw a'r Grog yn Llanfair (cerdd 15)	c. 1518–43[31]
Cywydd Teyrnog Sant (cerdd 17)	1535–43[32]
Moliant Ithel ap Gruffudd (cerdd 7)	?

Diogelwyd ewyllys *John ap howell gentylman* a luniwyd *The seconde day of may In the yere of our lord god m ccccc and xxxvii ... by the hands of sr henry motte curatt of saint mrgaretts churche In westmynstr In the prsens of henry conwey*.[33] Crybwyllir dau o'i blant, sef mab yr addewir iddo *my cote & ii shertte my cape my hoose my sword & bukler and my dowblede*, a merch, ac enwir ei chwaer, Alis Llwyd, a'i dad yng nghyfraith, Dafydd ap Robert Llwyd. Gadewir deuswllt i ficer Chwitffordd a 26 swllt ac 8 ceiniog i ficer Treffynnon *to be my supervysore*. Nid annichon mai yn 1537 y bu farw'r bardd, a chrybwyllwyd eisoes ei gyswllt â Threffynnon ac â Chwitffordd. Ysywaeth, nid yw'r unigolion a enwir yn yr ewyllys i'w gweld yn ach y bardd, a rhaid derbyn mai Siôn ap Hywel arall a luniodd yr ewyllys hon.[34]

---

[26] Fe'i marwnadwyd gan Dudur Aled, gw. TA LXXIX, a chan Lewys Môn, gw. GLM LXVIII. Ganed ei frawd, Siôn Abad, tua 1470–5, gw. Cledwyn Fychan, *art.cit*. 58, ac fe'i hetholwyd yn abad Glynegwestl yn 1503, gw. WCCR 387.

[27] Un o chwe mab Dafydd ab Ithel Fychan oedd Siôn. Gwelodd Ieuan ap Dafydd ab Ithel Fychan gladdu ei bum brawd, ac fe'i marwnadwyd yntau gan Dudur Aled, gw. TA LXXVII.

[28] Enwir Tomas Pennant yn y cywydd hwn, ac y mae'n amlwg ei fod ar dir y byw pan y'i canwyd.

[29] Rhoddwyd i Ruffudd Hiraethog, a ganodd farwnad i Robert Fychan, warant disgybl pencerddaidd yn 1545/6, ond yr oedd yn canu er tua 1535 'o leiaf', gw. GGH xxv–xxviii.

[30] Bu farw Wiliam ap Gruffudd ap Robin yn 1500, a chanwyd y cywydd, felly, rhwng y flwyddyn honno a 1541 pan benodwyd Wiliam ap Wiliam, ei fab, yn siryf Arfon.

[31] Ar sail y cyfeiriad at y Deon Ffowc Salbri.

[32] Eto ar sail y cyfeiriad at y Deon Ffowc Salbri.

[33] Llsgr. Thorne 130 yn Llyfrgell Genedlaethol Cymru, Aberystwyth.

[34] Cynigir mai Siôn ap Hywel ap Bel ap Tudur a'i lluniodd, gw. WG2 1775. Elen, merch Dafydd Llwyd ap Robert Llwyd oedd ei wraig, a dichon mai ei chwaer hi yw'r Alis a enwir (er na ddigwydd yr enw yn WG2). Marged, merch Siôn Aer Conwy II oedd ei fam, ac yr oedd hi yn nith, felly, i Birs Conwy, yr archddiacon y canodd Siôn ap Hywel, 'prydydd', iddo. Ail ŵr Marged oedd Siôn Aer y Conwy. Priododd am y trydydd tro ag Elis ap Harri ap Cynfrig, gw. WG2 500–1, a phlentyn o'r briodas honno oedd Marged a enwir yn yr ewyllys, sef hanner

Erys ar glawr chwech ar hugain o gywyddau ac awdlau o waith y bardd,
ynghyd â dyrnaid o englynion a chwpledi. Nid oes amheuaeth nad yw Siôn
yn enghraifft wiw o'r uchelwr a ganai ar ei fwyd ei hun, oblegid o blith y
darnau a ddiogelwyd, eu hanner yn unig sy'n gerddi defodol. Cerddi serch a
cherddi crefyddol yw'r rhan fwyaf o'r gweddill. Bernir iddo ganu chwe
chywydd serch a phum cerdd grefyddol, tair o'r rhain yn gerddi i saint, a
dwy i grogau, y naill yn Llanfair Dyffryn Clwyd a'r llall yng nghapel
Gwenfrewy yn Nhreffynnon, nid nepell o gartref y bardd. At hyn, canodd
gywydd i'r cardwyr a chywydd i fawrygu Ynys Môn a'i thrigolion.
Awgryma natur y canu nad oedd rheidrwydd arno i glera, ac mai yn
achlysurol yn unig y prydyddai. Yn wir, o blith y cerddi defodol, tair yn
unig sy'n gerddi moliant, ond gwelir iddo lunio saith marwnad (gan gyn-
nwys un i'r bardd, Tudur Aled) a thri chywydd gofyn. Ni roddir amlyg-
rwydd i linach y gwrthrychau yn y cerddi hyn. O blith marwnadwyr Tudur
Aled, y tebycaf iddo yw Raff ap Robert, bardd y dywedodd Siôn Tudur
amdano:

> Cafodd yn rhwydd bob blwyddyn
> Fawrhad ar ei fara ei hun.[35]

er nad yw ei gynnyrch ef mor helaeth â'r eiddo Siôn. Deg o gywyddau ac
awdlau a ganodd Raff, sef un gerdd foliant, chwe marwnad, un cywydd
duwiol, un cywydd serch, ac un cywydd i'r bardd Siôn Tudur. Ond lluniodd
liaws o englynion, rhyw drigain i gyd, rhai mawl a dychan, rhai serch a
chrefyddol.[36]

Arwyddocaol hefyd yw daearyddiaeth canu Siôn. Uchelwyr y gogledd-
ddwyrain a folwyd ac a farwnadwyd ganddo, ac yn ei gynefin y canai'r
bardd, a barnu wrth dystiolaeth y cerddi sydd ar glawr. Yr unig eithriad
yw'r cywydd gofyn ysglatys gan Wiliam ap Wiliam ap Gruffudd, Cwch-
willan, dros Huw ap Rhys, Llanddyfnan,[37] ond dangosir bod cyswllt teuluol
agos rhwng teulu Cwchwillan a theulu Broneirian yn Ysgeifiog.[38] Ail wraig
Wiliam ap Gruffudd oedd Gwerful, chwaer Sioned ferch Robert Fychan o
Goetmor, Llanllechid. Priodasai hi â Siôn ap Dafydd ab Ithel Fychan o
Froneirian, a lluniodd y bardd farwnad iddi, ac un arall i'w gŵr yn fuan
wedyn. Diau mai cyswllt Siôn ap Hywel â Sioned a'i gŵr a'i dug i
Gwchwillan. Ac nid annichon mai yn ystod ei ymweliad â Llanddyfnan y
canodd Siôn ei gywydd mawl i Ynys Môn.

O edrych yn fanylach ar y gwrthrychau y canodd Siôn iddynt, gwelir bod
y gwŷr eglwysig yn hawlio lle pur amlwg. O blith y tair cerdd ddefodol ar

chwaer Siôn ap Hywel.
[35] GST 141.19–20.
[36] Golygwyd ei ganu yn PFTA.
[37] Cerdd 13.
[38] Gw. cerdd 9, y nodyn brig.

ddeg, canwyd chwech i wŷr eglwysig, sef Dafydd ab Owain, abad Maenan, Tomas Pennant, abad Dinas Basing, Syr Hywel ab y Dai, person Chwitffordd, Pirs Conwy, archddiacon Llanelwy, a Robert Llwyd, person Gwytherin. Nid oes amheuaeth nad oedd cyswllt arbennig rhwng y bardd a Hywel ab y Dai gan iddo lunio awdl a chywydd marwnad i'w goffáu, dig-wyddiad pur anghyffredin, a barnu wrth y canu a oroesodd.[39] Canwyd i Birs Conwy, yntau, ar ddau achlysur. Fe'i cyfarchwyd mewn cywydd mawl, a bu i Siôn erchi tarw ganddo ar ran Robert Llwyd, person Gwytherin.[40] Ond nid yw'r ffeithiau moel hyn yn gwneud cyfiawnder â'r nawdd a dder-byniodd y bardd o du'r gwŷr eglwysig. Marwnadwyd Tomas Pennant, ond fe'i henwir hefyd yn yr awdl i Wenfrewy, a thrachefn yn y cywydd i'r Grog yn y capel ger ffynnon y santes, a gwelir bod elfen o foli cynnil yn y naill gerdd a'r llall.[41] Anodd credu nad ar ei gais ef y lluniodd Siôn y ddwy gerdd hyn. Tystia Siôn a Thudur Aled i letygarwch yr abad yn yr englyn a lun-iodd y ddeufardd ar y cyd.[42] Yn rhan olaf ei gywydd i Deyrnog, nawddsant Llandyrnog, deisyf Siôn hiroes i'r deon. Ffowc Salbri, deon Llanelwy, oedd y gŵr hwn, ac yr oedd hefyd yn ficer Llandyrnog. At hyn, meddai'r hawl ar ofalaeth Llanfair Dyffryn Clwyd, ac er na chyfeirir ato yn yr awdl a ganodd y bardd i'r Grog yn yr eglwys, ymddengys mai ei ysgogiad ef a barodd i Siôn ganu'r awdl dan sylw, a'r cywydd i Deyrnog yn yr un modd.[43] Enwir dau ŵr eglwysig arall yn y canu, sef Siôn Abad, brawd Tudur Llwyd o Iâl,[44] a Syr Harri, mab Siôn ap Dafydd ab Ithel Fychan,[45] ond ni chanodd Siôn iddynt hwy yn unigol.[46]

Yr oedd y gwŷr eglwysig y canwyd iddynt yn enwog am eu nawdd i feirdd, a gellid tybio y byddai Siôn wedi taro ar ei gyd-brydyddion ar eu haelwydydd. Ymfalchïai Siôn mai Tudur Aled oedd ei athro barddol, a gellir dychmygu'r ddau yn llys Tomas Pennant yn Ninas Basing yn yfed medd yr abad, a Siôn yn ateb yr englyn a ganodd Tudur i'r llestr gwin.[47] Ar achlysur tebyg, nid hwyrach, y lluniodd Siôn barodi ar doddaid ei athro,[48] ac arwydd arall o'r cyswllt rhwng y ddeufardd yw'r paladr a luniodd Siôn i ragflaenu'r esgyll o waith Tudur.[49] Dadlennol hefyd yw'r hyn a ddywed David Johns ynghylch amgylchiadau llunio'r cywydd 'Medra' o'm pwyll,

[39] Cerddi 3–4.
[40] Cerddi 5–6.
[41] Cerddi 16 ac 18.
[42] Gw. cerdd 28.
[43] Cerddi 15 ac 17.
[44] Gw. 8.90. Canodd Tudur Aled iddo ar ddau achlysur, gw. TA I, XXVIII.
[45] Gw. 10.60.
[46] Ceir cipolwg ar y nawdd a estynnid i'r beirdd gan y clerigwyr yn ysgrif Cledwyn Fychan, 'Y Canu i Wŷr Eglwysig Gorllewin Sir Ddinbych', TCHSDd xxviii (1979), 115–82.
[47] Cerdd 28.
[48] Cerdd 31.
[49] Cerdd 29.

mydr o'm pen' (cerdd 23).[50] Gelwir sylw isod at y tebygrwydd amlwg rhwng marwnad Siôn i Dudur Llwyd o Iâl a cherdd Tudur i'r un gwrthrych.[51] Bardd arall y bu Siôn yn ymwneud ag ef oedd Gruffudd ab Ieuan ap Llywelyn Fychan. Canodd Siôn i glodfori'r cardwyr, ac fe'i hatebwyd yn chwyrn gan Ruffudd.[52] Yr oedd a wnelo Gruffudd ab Ieuan â'r eisteddfod gyntaf a gynhaliwyd yng Nghaerwys, ac y mae lle i gredu mai dogfen a luniwyd ar gyfer y cynulliad hwnnw yw Statud Gruffudd ap Cynan sydd, ymhlith pethau eraill, yn gwahardd y beirdd rhag chwarae cardiau.[53]

Yr oedd Gruffudd ab Ieuan, yntau, yn ŵr bonheddig a ymroes i lunio nifer o gywyddau ac awdlau serch. Canodd Siôn ap Hywel, fel y nodwyd, chwe chywydd serch[54] a geill fod y lle amlwg a roddodd i'r pwnc yn dystiolaeth bellach mai bardd a ganai ar ei fwyd ei hun ydoedd. Un wedd amlwg ar y cerddi hyn yw'r ymorchestu diedifar ar ran y bardd. Canwyd un cywydd 52 llinell ar y cymeriad 'H', ac un arall, ac ynddo yr un nifer yn union o linellau, ar y cymeriad 'B' 'a chroes gynghanedd yn y rhan fwya ohono'.[55] Camp rethregol sydd yn y cywydd 'Medra' o'm pwyll, mydr o'm pen', sef disgrifio merch o'i chorun i'w sawdl, gan ganolbwyntio ar bob rhan o'i chorff yn ei thro.[56] Y dychan, a'r defnydd cywrain o eiriau cyfansawdd, sy'n hynodi'r cywydd i Eiddig,[57] a gwelir yr un elfennau yn y cywydd i'r Niwl, er mai mewn un llawysgrif yn unig y priodolir y gerdd i Siôn ap Hywel.[58] Er mai syml ddigon yw'r arddull yn y cywydd i Gadi y barnai Thomas Wiliems y gallai fod yn waith Siôn ap Hywel, nid yw hwn ychwaith heb ei orchest. Ailadrodd yr enw 'Cadi' yw'r gamp y tro hwn, a gwneir hynny ym mhob cwpled.[59]

Efallai fod awdlau Siôn, a'i arferion wrth gynganeddu, yn ateg bellach i'r awgrym mai bardd ydoedd a ganai ar ei fwyd ei hun. Canodd bedair awdl: Marwnad Syr Hywel ab y Dai, I Dduw a'r Grog yn Llanfair, I Wenfrewy, I Saint y Catrin (cerddi 4, 5, 18 a 19). Y mae'r gyntaf yn ddigon rheolaidd, er bod rhai llinellau, fe ymddengys, wedi eu colli. Gwneir defnydd cywrain o gymeriad geiriol a llythrennol yn ail ran yr awdl hon, ac yn yr awdl i Saint y

---

[50] BL Add 14866, 106[r] ac isod td. 86.

[51] Gw. td. 137.

[52] Cerddi 26 a 27.

[53] Sylwer ar y cyfarwyddyd a roddir i'r prydyddion: *Hevyd nad elont i dafarnau neu i gornelau kuddiedic i chwarau dissiau neu gardiau neu warae arall am dda*, gw. J.H. Davies, 'The Roll of the Caerwys Eisteddfod of 1523', Trans Liverpool WN Soc, 1904–5, 1908–9, 97. Sylwer hefyd ar yr hyn a ddywed Siôn ar achlysur arall. Wrth iddo geisio march gan Robert Fychan ar ran rhyw ŵr o'r enw Dafydd, esbonnir bod yr eirchiad yn oedrannus *heb allu rhodiaw / O'r dref i'r chwarwyfa draw*, gw. 12.31–2.

[54] Trafodir dilysrwydd y rhain isod.

[55] Cerddi 20 a 25.

[56] Cerdd 23.

[57] Cerdd 21.

[58] Atodiad i.

[59] Atodiad ii.

Catrin, a sicrhawyd undod yn yr awdl i Wenfrewy trwy ailadrodd enw'r santes yn safle'r brifodl yn y rhan gyfatebol. Ar y llaw arall, dilynir trywydd pur wahanol yn yr awdl i'r Grog trwy gyfuno toddeidiau a chwpledi 10 sillaf, a hynny mewn dull ymddangosiadol fympwyol. Yn yr awdl i Wenfrewy, ceir proestio yn hytrach nag odli mewn un pennill o gyhydedd hir. Yn ail ran yr awdl i Saint y Catrin wedyn, bodlonir ar lunio penillion sy'n cynnwys llinellau o gynghanedd bengoll. Gwelir yn yr awdlau nodweddion cyfarwydd, ond dangosodd Siôn y gallai arbrofi a dilyn ei drywydd ei hun pan fynnai.

Ystyriai'r beirdd y groes yn rhagorach na'r cynganeddion eraill, ac fe'i defnyddiwyd yn helaeth gan Dudur Aled a'i gyd-brydyddion yn chwarter cyntaf yr unfed ganrif ar bymtheg. Gwelir y gynganedd hon yn 90.3% o linellau Siôn Ceri[60] ac yn 82.6% o linellau Huw ap Dafydd ap Llywelyn ap Madog.[61] Canodd Raff ap Robert lai o gywyddau na'r ddau fardd hyn, ond yr un yw'r patrwm yn ei gerddi yntau: 86% yw'r cyfartaledd yn ei achos ef.[62] O droi at Siôn ap Hywel, gwelir darlun pur wahanol sy'n ategu'r hyn a awgrymwyd eisoes. Dadansoddwyd y cynganeddion yn y cywyddau defodol ac yn y cywyddau crefyddol,[63] a chafwyd mai 61% o linellau'r bardd sy'n cynnwys y groes:

nifer llinellau 1362

croes	730	54%
traws	412	30%
sain	148[64]	11%
llusg	68	5%
eraill	4	

Cyfrifwyd y llinellau hynny ac ynddynt gytsain ganolgoll ymhlith y cynganeddion traws. O ailddosbarthu'r rhain a'u hychwanegu at y llinellau croes, newidir ychydig ar y darlun:

croes	831	61%
traws	311	23%

Ni welir mwy na 67% o linellau croes yn yr un o gywyddau Siôn, 73% yw'r

---

[60] Gw. GSC 13.

[61] Gw. GHD 9. Gw. ymhellach Eurys I. Rowlands, 'Dadansoddiad o Gynghanedd Lewys Môn', LlCy iv (1956–7), 135–61. Y cyfartaledd yn ei achos ef yw: 81% (croes), 10% (traws), 8% (sain), 1% (llusg).

[62] Td. 7 yn yr adran ar Raff ap Robert yn PFTA. Yr hyn sy'n ddiddorol yn ei achos ef yw'r newid sy'n digwydd yn ei ganu. Y mae cyfartaledd y groes yn uwch yn y cywyddau a luniodd yn y dauddegau a'r tridegau, gw. ib. 7–8.

[63] Cynhwysir yn y dadansoddiad y cywydd i Fôn (cerdd 14) a'r cywydd i ganmol y cardwyr a'r diswyr (cerdd 26). Trafodir y cywyddau serch isod ar wahân am fod lle i amau awduraeth rhai ohonynt.

[64] Y mae chwech o'r rhain yn sain gadwynog.

uchaf a gyrhaeddir ar ôl ailddosbarthu'r llinellau ac ynddynt gytseiniaid canolgoll. O edrych ar y cywyddau unigol gwelir rhaniadau pendant:

dros 60% mewn 7 cywydd (cerddi 5, 6, 7, 8, 10, 11, 13)
rhwng 49% a 54% mewn 6 chywydd (cerddi 2, 4, 9, 14, 16, 17)
rhwng 24% a 30% mewn 3 chywydd (cerddi 1, 12, 26)

Pa beth bynnag a ddywedir am awdlau'r bardd a'i arferion wrth gynganeddu, nid oes amheuaeth nad oedd yn ŵr hyddysg yn y chwedlau, sef un gangen ar y Tri Chof y disgwylid i bob prydydd eu meistroli. Digwydd yn ei ganu, fel yng nghanu ei gyfoeswyr, liaws o gyfeiriadau arwynebol at arwyr o bob math:

Ni bu i Eidol neu Badarn,
Ewinedd arth, wayw un ddarn ...
Bedd Tudur a fesurynt
Wrth fedd Maelgwn Gwynedd gynt.
Llai rhyw dir lle rhoed Urien,
Llai arch o hyd Llywarch Hen.[65]

Berned a Bened beunoeth,
Beuno dan ei ben y doeth.[66]

Pe byw Sabel ac Elen,
Pe rhoid merched Pria' Hen ...[67]

Dengys y tri dyfyniad hoffter y bardd o ddosbarthu enwau yn drioedd. Caiff Siôn achos i gyfeirio at y traddodiad cyfarwydd am fantell Tegau, at y tri hedyn a roes Seth dan dafod ei dad, ac at y Nawyr Teilwng. Ond dengys hefyd ei fod yn gyfarwydd â'r chwedlau am yr arwyr y cyfeiria atynt. Crybwyllir Syr Gei o Warwig a'r cyfnod a dreuliodd yn feudwy, sonnir am y frwydr rhwng Brutus a Phendrasus a ddisgrifir ym Mrut Sieffre, ac enwir Ongler, un o arwyr cylch Siarlymaen, yn y farwnad i Dudur Llwyd o Iâl; yn yr un cywydd adroddir un o'r hanesion a gofnodwyd yn y chwedl, a'i ddefnyddio i bwysleisio nad oes ddianc rhag angau.

Fel yn achos cynifer o'r Cywyddwyr, ni wnaed ymgais i ddwyn ynghyd ganu Siôn nes i Owain Myfyr a'i nai, Hugh Maurice, fynd ati, ar ddiwedd y ddeunawfed ganrif, i lunio casgliadau o ganu'r beirdd unigol ar sail y deunydd a gynullwyd gan y Morrisiaid a'u cyfeillion. Copïwyd wyth o gywyddau Siôn yn llawysgrif BL Add 31078, sef cerddi 5, 6, 10, 12, 14, 21, 23, a 26 (ynghyd â cherdd 27, ateb Gruffudd ab Ieuan).[68] Rhestrir tri o'r

---

[65] 8.71–2, 83–6.
[66] 2.19–20.
[67] 9.65–6.
[68] O lsgr. Llst 30 y copïwyd cerdd 5, BL Add 14976 yw cynsail cerdd 6, BL Add 31056 yw

rhain, sef cerddi 5, 12 a 14, gan Foses Williams yn ei *Repertorium Poeticum*, ond nodir y tair hyn, a cherdd 15 yn llawysgrif Llst 57.[69] Y llawysgrifau a fu yn ei feddiant, ac ym meddiant ei dad, Samuel Williams, a'i galluogodd i lunio'r mynegai arloesol hwn, a daeth y rhain, maes o law, yn rhan o gasgliad Llansteffan.[70] Digwydd y pedair cerdd hyn mewn llawysgrifau a berthyn i'r casgliad hwnnw. Ychydig a wyddai Moses am gerddi defodol y bardd, ac yn wir, pe na buasai am ddyrnaid o destunau cynnar, collasid nifer o'r rhain. Yn llawysgrif Card 3.4 [= RWM 5] yn unig y digwydd y ddwy gerdd i Syr Hywel ab y Dai;[71] Pen 114 a ddiogelodd y cywydd i'r abad Dafydd ab Owain,[72] ac oni bai am BL Add 14999, diflanasai y farwnad i Domas Pennant, y cywydd i'r Grog a'r cywydd i Deyrnog.[73] Bu llawer mwy o gopïo ar ganu serch Siôn ap Hywel, ond tâl nodi bod tri o'r cywyddau hynny yn llawysgrif Pen 76 a luniwyd yn ystod oes y bardd neu yn fuan wedi ei farw.[74]

Er prinned y copïau mewn ambell achos, nid oes le i amau awduraeth y cerddi defodol na'r cerddi crefyddol ychwaith, ac eithrio'r awdl i Gatrin.[75] Mewn dwy ffynhonnell gymharol ddiweddar y diogelwyd hon, ond er bod y ddwy yn enwi Siôn ap Hywel, rhaid cydnabod nad yw ail ran yr awdl cyn gywreinied â'r rhannau cyfatebol yn yr awdlau eraill a ganodd y bardd, oblegid cyfres o benillion sy'n cynnwys cynganeddion pengoll a geir ynddi, a geill mai bardd arall a ganodd i'r santes hon. Wedi dweud hynny, y mae'n arwyddocaol fod Siôn yn enwi'r santes ar achlysur arall, ac fel y gwelwyd eisoes, y mae rhai nodweddion anghyffredin ddigon i'w canfod yn yr awdlau dilys.

Y mae awduraeth y cerddi serch, ar y llaw arall, yn fater mwy astrus o lawer. I Siôn yn unig y priodolir cerdd 20, a gellir dadlau yn bur hyderus o blaid rhoddi iddo gerddi 21 a 23, er bod beirdd eraill yn cael eu henwi yn yr amryfal lawysgrifau—priodolir cerdd 23 i Dudur Aled, i Fedo Brwynllys, i Ddafydd ap Gwilym, i Ieuan Dyfi, i Ruffudd ab Ieuan ap Llywelyn Fychan, yn ogystal ag i Siôn. Y mae'r gystadleuaeth yn fwy uniongyrchol yn achos y cerddi eraill. Hawlia Robin Ddu gerdd 22, a Bedo Brwynllys gerdd 24. Yn achos y ddwy hyn, ymddengys fod i'r naill gywydd a'r llall ddwy gynsail, a'r ddwy yn gwahaniaethu nid yn unig ar fater awduraeth,

cynsail cerdd 10, &c.

[69] Dosbarthwyd y llinellau yn ôl trefn yr wyddor yn y *Repertorium Poeticum* (Londini, 1726), ond fe'u dosbarthwyd dan enwau'r beirdd unigol yn Llst 57. Ychwanegodd Thomas Lloyd at restr gyhoeddedig Moses Williams yn ei gopi ef, LlGC 717B. Cofnodir yno linellau cyntaf tair cerdd arall o eiddo Siôn, sef cerddi 10, 18, 19.

[70] Gw. RWM ii, v–vi.

[71] Cerddi 3 a 4. Nid dibwys mai gŵr o Lanasa yn Nhegeingl a'u copïodd, sef Elis Gruffydd, gw. CLC 236–7.

[72] Cerdd 1.

[73] Cerddi 2, 16 a 17.

[74] Cerddi 23–5.

[75] Cerdd 19.

ond hefyd o safbwynt trefn y llinellau a'u nifer. I Siôn y priodolir y fersiwn mwyaf ystyrlon, ac ar y tir hwnnw yr hawlir y ddau gywydd iddo. Nid oes modd torri'r ddadl yn achos cerdd 25. Un gynsail sydd yn yr achos hwn, ond bod rhai llawysgrifau yn enwi Dafydd ab Edmwnd ac eraill yn enwi Siôn ap Hywel.

Ysywaeth, nid yw cyfansoddiad cynganeddol y cywyddau o gymorth wrth geisio pennu eu hawduraeth. Dangosir isod ddosbarthiad y cynganeddion yn y cywyddau serch y bernir mai Siôn a'u canodd, ac yn y ddau gywydd a wrthodir i Ddafydd ap Gwilym, ac a gynhwyswyd yn yr Atodiad.

	Croes	Traws	Sain	Llusg
Bwriais fryd, briwais y fron (25)	94.2	3.8		
Hyll yw'n gwaith, hollwn y gwŷdd (20)	90.4	7.7	1.9	
Y ddyn fwyn ni ddaw yn f'ôl (24)	67.2	25.9	1.7	5.2
Medra' o'm pwyll, mydr o'm pen (23)	32.8	32.8	26.6	7.8
Gwra mae'r ferch a gerais (21)	28.9	13.5	42.3	15.3
Treio cannoed, troi Conwy (22)	17.3	27.0	36.5	19.2
Oed â rhiain addfeindeg (Atodiad i)	30.0	10.0	32.0	28.0
Cadi, dyn ieuanc ydwyd (Atodiad ii)	29.4	35.3	26.5	8.8
Cf. y ganran yng nghanu defodol Siôn ap Hywel	61	23	11	5

Cyfetyb y ddau gywydd ar yr un cymeriad, a gallai hyn ategu'r ddadl o blaid Siôn ap Hywel. Pur debyg hefyd yw mynychder y pedair cynghanedd yn 'Medra' o'm pwyll, mydr o'm pen' ac yng nghywydd Cadi, ac nid yw 'Gwra mae'r ferch a gerais' yn wahanol iawn i'r cywydd i'r Niwl, dwy gerdd lle y ceir elfen o ddyfalu ac o ddychanu. Fodd bynnag, pan edrychir ar y chwe blaenaf, y gwahaniaethau sydd amlycaf yn hytrach na'r tebygrwydd. Ofer chwilio am gynghanedd sain yn 'Bwriais fryd, briwais y fron' er bod rhagor na thraean llinellau 'Gwra mae'r ferch a gerais' yn cynnwys y gynghanedd hon.[76] Y mae'r groes yn cyfrif am 94.2% o linellau 'Bwriais fryd, briwais y fron', ond y mae'r cyfartaledd cyn ised â 17.3% yn 'Treio cannoed, troi Conwy'. Gellid defnyddio'r dystiolaeth hon i ddadlau dros briodoli 'Treio cannoed, troi Conwy' i Robin Ddu, ond yr oedd tri o gywyddau defodol Siôn ap Hywel yn cynnwys 30% neu lai o gynganeddion croes, fel y nodwyd uchod.[77] Dengys y ddwy gerdd ddilys, 'Hyll yw'n

---

[76] Y mae chwe enghraifft o sain gadwynog yn y cywydd a'r unig enghraifft ddiamheuol o sain drosgl.

[77] Y cywydd i'r abad Dafydd ab Owain oedd un ohonynt. Dadansoddodd Eurys Rolant ugain o gywyddau Tudur Aled, a chael bod y cyfartaledd uchaf o gynganeddion sain yn y cywydd i'r

gwaith, hollwn y gwŷdd' a 'Gwra mae'r ferch a gerais', y gellid disgwyl cryn begynu wrth droi o'r naill gywydd at y llall. Priodol pwysleisio hefyd fod cryn amrywio gyda golwg ar themâu ac arddull y dosbarth hwn o gerddi, ac y mae hyn yn effeithio ar gyfansoddiad cynganeddol y cywyddau unigol.

Cerddi yr amheuir eu hawduraeth

Blinais yn dwyn er mwyn merch
Enwir Siôn mewn tair ffynhonnell, a llawysgrif Card 2.114 [= RWM 7] yn un ohonynt. Enwir Bedo Brwynllys mewn tair llawysgrif arall (gan gynnwys Pen 76), ond ar Fedo Aeddren y tadogir y cywydd yn y rhan fwyaf o'r llawysgrifau. Cyhoeddwyd y cywydd yn CSTB yn yr adran 'Awduraeth Ansicr', gw. Cerdd XXX.

Oed â rhiain addfeindeg (Atodiad i) a Cadi, dyn ieuanc ydwyd (Atodiad ii)
Y mae'r dystiolaeth lawysgrifol yn gadarn o blaid Dafydd ap Gwilym yn achos y ddau gywydd hyn, ond priodolir y naill a'r llall i Siôn ap Hywel mewn un ffynhonnell. Golygwyd y ddau, a thrafodir eu hawduraeth yn yr adran 'Nodiadau' isod.

Y Drindod yw'r pennod pêr
Fe'i priodolir i Siôn ap Hywel yn BL Add 14984, ond i Siôn ap Hywel ap Tudur mewn dau le arall, LlGC 670D a LlGC 6499B, a dichon mai ei eiddo ef ydyw. Digwydd y cywydd hefyd yn CM 242, ond diflannodd y tudalen a gynhwysai ddiwedd y gerdd, neu, fel y nodwyd yn y llawysgrif, 'collwyd rhai[n] neu fe lladradwyd'! Un gerdd arall a briodolir i'r bardd hwn, gw. MFGLl 3461.

abad (TA XV), gw. 'Arddull y Cywydd', YB ii (1966), 44.

1
Moliant Dafydd ab Owain, abad Maenan

Af i'r côr sy'n egored,
A'r llys a'i dorau ar lled,
Lle nid oes o'r eurllanw dai,
4   Os mynnwn, eisiau mwnai,
Na dydd gorffen heb henaint,
Nac awr heb roi gorau braint.
Mae'n olau rhwng maenol a rh*i*w
8   Maenan fal nawdd-dir Myniw.
Dafydd, gafell gwin melys,
Dewin wyth wlad, down i'th lys,
Abad brenhindraul Aber
12   Conwy, glyn lle cân y glêr.
Amlach dy glod no'r blodau,
Wythran hael, a'th aur 'n ei hau.

*G*alon ywen, glain gloywlwyd,
16   Colon a nerth C'lynin wyd;
Pen derwen, brenhinbren hir,
Brochwel wyd, braich Elidir,
A llin Rhodri brenhinwraidd
20   A Rhirid fflwng, euraid Flaidd;
Gwaed 'Lystan dros bu*m*an byd,
Glodrydd frenin, gloyw edryd,
A Gwennwys hael, a'u haelwyd,
24   A ffyrf o gorff, Randwlff, wyd.

Ucha' dysg, ni chaid ysgol
Na dyn na safo yn d'ôl.
Leder perffaith wythwaith wyd
28   Ladin, a r*h*eiol ydwyd.
Dd*o*e y bu rhod ddadl ddi-ball
Acw a'r esgob cyfrwysgall.
Yna'i gyrraist 'n ei goron
32   (Y Sais) i dewi â sôn.
Mur dadl, en*e*r od ydwyd,
Dwrn a sêl y deyrnas wyd.

Mae tair mynachlog o'r tau,
36   A'u bywyd chwychwi biau,
A thair coron o'n ynys,
Athro, *yn* llawn, a thair llys.
Gras yn uwch no *g*air sy *i* neb
40   A adwaenir yn d'wyneb.
Ni bu wrth lidio heb wedd
O'r ebyd ond arabedd.
Can bwtri yt a rifwyd,
44   Can bwrdd, a llu'n cywain bwyd.
Nid oes, o chynhalian' dŷ,
Fil ohonyn' fal hynny.
Pawb a leinw, pobl ynys,
48   Pibau o'r llongau i'r llys;
Cawn rost o'th bymtheg cegin
Ac aur chweugeiniau a gwin.
Dafydd, aml yw dy ofyn,
52   Dwg ddengwlad danad dy hun.
Arglwydd 'r y canpwn mwnai,
Abad fal lleuad, nid llai.

Hir gan Iago, o'n gobaith,
56   Y bu'n y môr a'i boen maith.
Hwy gennyf fi *no b*lwyddyn
Heb eich *a*dnabod yw hyn.
Na bo f'oes i gyfrifol
60   Na dydd, na hanner yn d'ôl.
Y Ddwy Wynedd a feddych!
Yn bab yn Rhufain y bych!

Ffynhonnell
Pen 114, 213

Darlleniadau'r llawysgrif
4 ..eissie.. 6 ..gorev.. 7 ..yn ole..rryw 15 kalon.. 19 llin.. 21 ..gelistan dros bvnnan.. 22 ..ederyd 23 ar.. 24 ..randwlf.. 26 ..ssafo n.. 28 ..reiol.. 29 doe.. 33 ..enorod.. 34 ..dyrnas.. 38 athraw llawn.. 39 a gras..noc air ssy neb 40 ..edweynir.. 41 ..lidiaw.. 44 a kan.. 51 ..dofyn 53 ..ar y.. 54 ..val y.. 57 ..gennyf i vlwyddynn 58 ..ydnabod..

Marwnad Tomas Pennant, abad Dinas Basing

Oed y Brenin, Duw Brynwr,
Wrth gof am farwolaeth gŵr:
Tri phumcant, tyfiant Dofydd,
4   Ugain a saith—gwae ni!—sydd.

Duw, uchel nid â achwyn,
Drwy gof hyd Dydd Brawd âi gŵyn.
Ethna faith, loyw oddaith liw,
8   Dau ddialedd o dôi ddilyw.
Trydydd, a maint yr adwy,
Trôi Iesu faith trais sy fwy:
Dwyn i'r bedd daioni'r byd
12   I dŷ'r aberth, Duw, 'r ebyd.
Nid dyn oesol tan Iesu,
Nid mawr o'i fath; nod mawr fu.
Pwy,—âi'n y gro—pen i Gred,
16   Pab arnom cwympio Berned?
Ac ni bu neb o'r ebyd
Un, ŵr, barch ynn, rhof a'r byd!

Berned a Bened beunoeth,
20   Beuno dan ei ben y doeth.
Dygant y gladdedigaeth,
Do, dan nen dy dŷ, Duw a wnaeth.
O ddwfn pen Adda, a'i ddaed,
24   Y dôi gwres Mab Duw gryswaed.
Obry neintiai bren Antwn
Yn glanhau o galon hwn.
I'w bridd âi wyneb a'i ras
28   A llawr teml lle rhoed Tomas.
O'r bedd, aur byw uddun,
Eu dysg, nef i enaid un.

Cau'n ynys acw'n annoeth,
32   Caewyd ddoe ei arch, Cadw Ddoeth.
Padrau am y padriarch;
Pa ddyn un ffortun a pharch?

Pana bai well, bell ballwyth,
36   Betai'n fôr y byd hwn fyth
Pan ddôi'r awr *p*an dduai'r oes,
Pennant, a gwy*mp*ia*i* '*i* einioes?

Abad Tomas, urddas fu,
40   Basing, wrth wyneb Iesu,
A minnau byth ym min bedd
Mewn galar heb ymgeledd.
Drwg oedd, gwe*dd*i'n dragwyddol,
44   Draean awr dario'n ei ôl.
Drwm f'eisiau draw am Foesen,
Duw, mae'r byd yma ar ben.
Dall iawn,—pa fai?—'*n* d*y*wyll wyf,
48   Drwy waith hoedl, ar draeth ydwy*f*.
Diwyg wan, Mab Duw a'i gŵyr,
Dyn noeth a aned neithwyr.
G*w*ledd irddawn arglwydd urddol,
52   Gwres nef, mae gras yn ei ôl.
Yntau'n marw, âi wynt moroedd
Oer Ogledd ym, arglwydd oedd.

Gwledd rydd arglwydd o'r eiddaw,
56   Gwin, wyth lyn ganwaith o'i law.
Truan a'i gŵyr,—treio'n gwaith,
Tomas aeth o'r tai ymaith.
Llawr di-wag, llawer i'w dai,
60   Llu o we*i*niaid a'u llanwai
Ac amryw bobl o Gymru
A Lloegyr fawr; llai gwŷr fu.
Ni ch'tunai'i chau hyd heno*ed*
64   Yno *dd*rws neuadd erioed.
*E*gored Duw, gŵr y tŷ,
Drws hwn, Mab Mair dros hynny.
*Rh*ôi *ei* ddysg a'i aur a'i dda,
68   Eu llwyrdasg, i'r holl wyrda.
Llanwai fwnai llaw'n fynych
Lle bai'r drab, eu llwybr a'u drych
A'u cronicl, aur yno,
72   A'u Peibl fawr, pawb o'i ôl fo.
Ni *w*nâi ebyd a*nn*iben
Glod tŷ ond o'u [   ] hen.

Tomas, *er* urddas i'r iaith,
76   D'air *a*deilodd dŷ *i*'r dal*a*ith.
Swydd un o'r tri Thomas dda
Sy rwndwal, Tomas, 'r India.
Oes (Pwy un? Tomas Pennant)
80   Drwy *diroedd* sydd drydydd sant?
Efô'n ben a fu'n y byd
I lwybr can mil o ebyd.
Pab â gem,—pwy heb gymysg?—
84   Pan nad ef fu'u pen a'u dysg?
Di-ddadl ym mhob dydd ydoedd,
Dug am ras digymar oedd.
Torres aml y tri symud,
88   Tri *o*ch i bawb, trwch yw'r byd.
Naturiol cael nod hiroes,
(Ni bu r*y h*ir gan neb 'r oes)
Ond na roes, dromoes dramwy,
92   D*d*uw hael yn*n* ganmlynedd hwy!
P dda gynt pioedd y gwaith,
Pwy a elwir P eilwaith?
Pe pen cy*n*gor y Goron,
96   —Pa fodd hardd?—P fyddai hon.
Arglwyddost, dad abad, oedd,
Eryr llwyd o'r ieirll ydoedd.

Arglwydd hyd ei fywyd fu
100   Â g*w*ledd oes Arglwydd Iesu.
Gan ei fynd llawer gwae'n f'au!
Gan oes gwae ni o'i eisiau!

Ffynhonnell
BL Add 14999, 72ᵛ

Darlleniadau'r llawysgrif
2 ..fyrfolaeth.. 3 ..tyfiant ofvdd 4 ..faith.. 6 ..go.. 7 ..addaith.. 8 ..y doe.. 9 ..main..
13 ..dan.. 15 ..y gred 17 ..er ebyd 18 ..yn.. 19 berned abend.. 22 ..wneth 24 ..gres..
25 ..noytiai.. 26 in.. 27 oi.. 28 ..tyml.. 29 ar.. 32 kawyd.. 33 pydray.. 34 ..affarth
36 ..byd twn.. 37..pen ddevai roes 38 ..gwypiav enies 41 ..mine.. 43 ..gwefi yn.. 47
..fai dowyll.. 48 ..ydwy 51 gledd gwirddawn.. 59 ..oi.. 60 ..wenied.. 62 ..gwir..
63 ..henodd 64 ..drws.. 65 ygored.. 67 troe ddysg.. 70 ..dravb.. 73
ninai..amiben 74 ..oi gwuad.. (*aneglur*) 75 ..ir.. 76 ..ydeilodd dyrdalith 80
..ddiwedd.. 86 du gam ras.. 88 tri iach.. 90 ..bu reir.. 92 duw hael yn.. 95
..kygor.. 100 ar gledd.. 102 ..hieisiav

Awdl farwnad Syr Hywel ab y Dai

Brytaniaid a gaid heb gadach—rhuddwisg,
   A'u rhoddion heb eiriach;
   '*F* aeth i ballu fyth bellach,
4   Acw i'n oes canu'n iach.

Yn iach, wyf bellach heb au—na chalon,
   Ni cheled fy ngruddiau;
   Yn iach, y byd mawrfryd mau,
8   Yn iach, f'annwyl, och finnau!

Och, maith o anobait*h*, 'ddwy 'n wibiad,—o dda,
   E ddaw maen i wastad;
   Yn iach wledd fynych i wlad,
12   Yn iach aur yn*n* na chariad.

D*i*gariad, di-stad, di-stôr—o dda, digerdd,
   Duw, dugost ein trysor;
   Doe'r âi'r cwymp i dorri'*r* côr,
16   Drylliaist, Mab Duw, yr allor.

Temloedd, alloroedd, i'r llawr—yr aethant,
   Aruthraidd fu'r tymawr;
   Tros Wyned*d* troi ias Ionawr,
20   Torri'r môr trwy'r awyr mawr.

Mawr wenwyn yw dwyn mab y Dai—a'i gyrchu,
   Gwae eirchiaid a'i 'dwaenai;
   Aeth yr urddas mewn glas glai,
24   Mae'n noeth wŷr am na thariai.

Ni thariodd, syrthiodd pum sêl—ein teyrnas
   Mynd teÿrnwaed Ithel;
   Ni bydd aur i neb a ddêl,
28   Nis rhoir, nid byw Syr Hywel.

Syr Hywel, Samwel, somed—gwŷr heddiw,
   Y rhoddion a golled;
   Syrthio o'r crair, syth eryr Cred,
32   Y said dur a'r Groes fo'u torred.

Torri cledd anrhydedd, rhyw Edwin—fawrnerth,
   Mae'r fernagl yn ei fin;
   [   ]
36   Torres gwerth wtres y gwin.

Gwinoedd ynysoedd, gwae ein nasiwn—byth,
   I ba beth y canwn?
   Dydd olew doe a ddylwn,
40   Diwedd rhoi fu'r dydd oer hwn.

Hwn yw'r byd llychlyd fal llechlas—briddfedd,
   Breiddfyw yr holl deyrnas;
   Hir fawrddig, hwyr yw f'urddas,
44   HoywDduw, 'n llwyr heddiw y'n llas.

Lladd gwŷdd gwinwydd lle'dd oedd y gweiniaid,
Lladd y prydyddion, lladd pêr doddiaid,
Lladd yn lle'r oedd hŷn, lladd yr haid—wenyn,
48   Llyn, â lludded, aur ynn, eu lladd yn ddyrnaid.

Ni phery oes i ddynion, yn ffres ddeunaid,
Ni myn llygion gredu eu llygaid;
Nithio pawb yno, pob enaid—Cristion,
52   Nod dydd am ddewrion, nid hawdd ymddiriaid.

Mawr ar y brenin meirw'r barwniaid,
Mawr fydd eu dygiad, meirw fydd y dugiaid;
[   ]
56   Meirw llu bedydd, meirw'r holl abadiaid;
Meirw ffest o'r fforest 'r offeiriaid—anhwyl,
Mwy y peris anhwyl meirw'r personiaid.

Syr Hywel, cwrel y cywiriaid,
60   Syr Hywel falchwiw os ar feilchiaid,
Syr Hywel, sêl a said—yr eglwyswyr,
Syr Hywel, eryr gasul euraid.

Gwae ni o'r marw, gwae ni o'r muraid,
64   Gwae ni, wŷr byddair gwan, o'r beddaid;
[   ]
Gwae ni o'r erchwyn, gwae ni o'r archaid,

Aethom, ddwyfil, fyth yn ymddifaid,
68   Am ŵr, aberthwr, oer yw'r barthaid,
Ac udaw a chwynaw, uchenaid—truan
Ar wŷr, anniddan yw'r neuaddaid.

Aeth yma wŷr aflan o waith mawr aflaid,
72   Aeth yn y 'sgubor a'th ynys gobaid;
Aeth y brau Ladin fyth, breladiaid,
Aeth Duw â'r erchwyn, aeth da yr eirchiaid;
Aeth Chwitffordd heb ordd, ganbyrddaid—gwinoedd,
76   Aeth gwleddoedd lluoedd; llefain heb ysbaid.

O'r tario ir oeddem er torri, ei roddiaid,
O'r trais, llaw angau, torres y llongaid;
O'r byd efryd, afraid—ei falchedd,
80   O fonedd, trawsedd trais ymddiriaid.

Oer i lu arwain yr eloraid,
O'i roi'n y ddaear oer yw na ddywaid;
Oer yw y gloesion o'r un eglwysaid,
84   Oeres y bonedd wŷr Rys heb enaid;
Oerant nas gwelant ysgolaid—Awstin,
Oeres y Ladin o wres aelwydaid.

Gwae ni, ysyfaeth, ei gyniseifiaid,
88   Gan fynwes y côr gwae ni'n fyw nas caid;
Gwir Dduw a godai, a gwardd ei geidwaid,
Gair Beuno a wnâi gwŷr byw yn un naid;
Gwaith Lasar 'r y ddaear, oni ddywaid!
92   [   ] yn iach, gwers y Groes fendigaid.

[   ], llai ym yw'r arddaid,
Llai aur a llynnoedd, llai yw'r llonaid;
Llai rhan Llaw Arian, llew euraid—wisgoedd,
96   Lle'r oedd ym bunnoedd, yn nef y bo'i enaid.

          Gŵr ar wŷr dethol, gorau o'r doethiaid,
          Gŵr pur ei synnwyr, gorau o'r personiaid,
          Gŵr dibrin o'r gwin, gwnaid—yn haelaf,
100   Gŵr o'r brut hynaf, gorau o'r Brytaniaid.

          Brytaniaid a gaid, &c.

Ffynhonnell
Card 3.4 [= RWM 5], 86

Darlleniadau'r llawysgrif
3 waeth.. 4 ..ynn oes.. 6 ..cheledd.. 9 ..o annobait i ddwy.. 10 addaw..
12 ..yn.. 13 dygariad..diystoor.. 15 ..i rrair..dorri koor 19 ..Wynned..
25 ..tyrnas 26 ..ithael 32 ..torroed 35 [ ] 36 torroes.. 37 gwioed..gwa..
41 ..llechllas.. 42 braidd vyw...dyrnnas 45 ..oedd gweinaid 46 lladd
prydyddion.. 48 ..aur yn.. 54 ..dygiaud.. 56 ..meirw holl.. 57 ..annwyl 58
..annwyl.. 59 ..i kywiriaid 61 ..sel said.. 63 ..mvriaid 71 ..avlad 72 ..ath y
ynys gobad 77 ..ir tori.. 80 ..trowssed.. 81 ..i llv..elorriaid 82 oi rroi.. 85
..ysgolied.. 87 ..yssywaeth..gynnysseivied 89 ..a godde.. 91 gwait lassar..ni
ddywid 98 ..personiad 99 ..gwaid..

4
Marwnad Syr Hywel ab y Dai

Chwitffordd, oedd briffordd braffwin,
Sy oer goed heb sawyr gwin.
Mae'n oer lef, mwy'r aflafen,
Marw ein parch a'n mur a'n pen.
Lle'n wag oer llan a garwn,
Lle 'rhawg nid ynillir hwn.

Traw na choed, tref yn *ei* chwyr,
Na mwg, *na* maen, na magwyr.
Ei oes oedd byradwys uddunt
O wres ei ffridd gynnes gynt.
Lle oer yw hwn,—llwyr wae hi!—
Lludw'r oddaith oll drwyddi.
Âi glaw oer heb glaearu;
Glaw'r farn ar y glêr *a* fu.
Dwyn y byd mae Duw'n ei bêl,
Doe'n sarhau, dwyn Syr Hywel.
Llawer yn waeth lle'r âi'n wâr,
Llew du yn holli daear,
A bwrw'n gaeth ein bro ni gynt;
Y tri blaidd, mae trwbl uddunt.
Bu ladd gwŷr a *rh*oi bloedd gau,
Blingiwyd y bobl o'i angau.
Oera' gloes a ryglywsoch
Rhoi i'r llew'r cwymp â'r llurig coch.

Samson, ei ddwyfron oedd iâ,
Syrthiodd plas ar ei wartha'.
O tho*rr*es, anrhaith w*e*ryd,
Ddoe arna' bwys ddarn o'r byd,
Dal fy nhâl drwy ofal draw
Dan y dŵr, Duw'n ei daraw.
Od aeth, e fodded ieithau,
Aeth y môr â'r 'mogor mau
A'm dillad, e'm diwylliai,
A'm bywyd oll, mab y Dai.
Doe ydd âi 'nhraed i ddwyn rhodd,
Duw dradwy a'm didroediodd.

8
12
16
20
24
28
32
36

O Fair dda, wyf ar ddeol,
Ofer yw ym fyw ar ei ôl.

Torres, mawr yw'n afles ni,
40 Trosol aur trwy'r seleri
Pan fwriwyd, pen afarwy,
Person mawr; para sôn mwy?
Ni fwriant, sathrant bob sêl,
44 Fyth ddaear ar fath Hywel.
Mae'n llai rhoi mwnai am wŷr,
Mae galarwisg am glerwyr.
Gwae ais cenedl Is Conwy,
48 Gwae ni am aur a gwin mwy.

O roi'i wyneb ar unwaith,
Asa, mewn arch, somi'n iaith.
Naw och fi na châi'i fywyd
52 Neu na bôm yn n'widio byd.
Er byw hwn mynnwn 'y mod
Saith gudd, Dofydd, dan dyfod.

'I oes oedd ac urddas iddaw,
56 Syr Hywel, dros heol draw:
Wrth gadarn nerthog ydoedd
Ac i'r gwan trugarog oedd.
Ni ddown i'w neuadd onest,
60 Nid oedd rhaid un dydd ar west.

I'r ddaear gau ddoe 'r âi'r gŵr,
Ynghudd y mae 'nghywyddwr.
Mae yr eisiau mor resynt;
64 Mab y Dai ni 'mguddiai gynt.
Pwy a'm erys? Pe'm eurai
Pob gŵyl fy nisgwyl a wnâi.
Yn ei law hael, 'y neol hwn,
68 Yn ei wledd annwyl oeddwn.
Och fi'n ôl, uwch fu fy naid,
O roi f'anwes ar f'enaid.
Od oedd yn anrhydeddu,
72 Oedd dda i feirdd ddydd a fu.
Ni bo gwaeth, da'r aeth *ei rodd*,
Iesu, iddo, nis haeddodd.
Colli'n lle *a'n* gwehelyth,
76 Ni all beirdd ei ynnill byth.

Och, wen Fair,—na chawn fyrroes!—
Am un o'i fath mwy yn f'oes!

Ffynhonnell
Card 3.4 [= RWM 5], 256

Darlleniadau'r llawysgrif
3 mae yn..nor avlaven 6 ..anillir.. 7 ..trevynwch wyr 8 mwc maen na..
14 ..gler vu 21 ..a hroi.. 23 ..ar glowssoch 24 ..y kwymp.. 27 othroes..wyryd
32 ..ymogor.. 35 37–8, 35–6 39 torroes.. 40 ..ttrwy y.. 41 pen.. 50 assaph..
54 ..davudd.. 61 ..y gwr 63 ..eisse.. 64 ..nid ymgvddai.. 70 o Roi.. 73 ..da
iraeth erioedd 75 ..yn lles gwehelyth 76 ..beridd..

5
Moliant Pirs Conwy, archddiacon Llanelwy

Y ddaear braff dduoer heb rodd,
Ei graeanwellt a grinodd,
Ond erw braff dan dor bryn
4   A rôi gynnail i'r gwenyn:
Llys a gardd lluosog oedd,
Llannerch lle bu'r holl winoedd;
Ffyrf fu wlith a phorfa las
8   Ffrith y gerdd, ffrwyth ac urddas,
A gŵr o ddysg mewn gardd win
A bair anadl i'r brenin.

Yr archiagon â'r chwegair,
12   Ni ein dy ffyn mewn dwy ffair.
Egores yn deg arab
Y Mastr Pirs ffenestri'r pab.
Yr oedd haul ar ddeheulaw
16   A'i liw'n dy rudd, elain, draw.
Dyn at ras, dawn y trosol,
Diweniaith wyd, down i'th ôl.
Ni roed, y cawr euraid call,
20   Er esgob un o'r ysgall.
I ddwyn rhent ni ddaw y*n* rhad
Ŵr o Loegr er ei lygad.
Aber o ddŵr, bur ei ddal,
24   Afon wyt heb faen atal;
Fyrdsyl 'n y dem*y*l, nid oedd
Fawr adwyth, morf*u*r ydoedd.
Holl arfer cwrt a'r Llyfr Coch
28   A'r ffresiant a ddeffroesoch.
Deunyddiaist W newyddaur,
Yn dwymyn iach, Duw, mewn aur.
Stanlai ryw ys da'n y rhòl
32   A wnâi'r Iesu wyn rasol.

Gellid, o molid milwyr,
Foli dy gorff, flodau gwŷr.
Uwch wyd yn ŵr, ni ch*a*id neb
36   A adwaenai dy wyneb;

Uwch yn y gwaed, a chan gwell,
O iach Edwin a Chadell.
Rhy lân wyd, rhoi lyn i wŷr,
40　　Rhy fân ydyw Rhufeinwyr.

　　Er cyn Croes magwyd Moesen
I dreio ffrwd â'i dri phren,
A'r triphren o nen y nant
44　　At dwf Iesu tyfasant.
O dri gwreiddyn, draig ruddaur,
Y tyfaist, ystynnaist aur.
Haeledd a bonedd beunoeth
48　　I chwi (a dysg) uwch y doeth.
Cerwyni acw a rannwyd
O fewn y wledd Iefan *l*wyd;
Da'r llyn a'r darll*aw* unwaith
52　　Rhwng deufur caer f'*a*ncur faith.
Bu'r llyn mwy, berllan y medd,
O'th win rhad a'th anrhydedd:
Saig a roed mewn siwgr oedd,
56　　Saig Ludd, a sew a gwleddoedd;
Dy ginio, aer Degannwy,
Dy ddesgil i fil oedd fwy.
Da yw euraid don dy wrid teg,
60　　Doeth oedd fyned i'th faneg.
Da y gwelais dy galyn,
F'oes oedd hwy fisoedd o hyn.
O bai esgob i'w wisgoedd,
64　　Nid dy feirdd [　　　　].
Er aros aer ar y sydd
Am Aer Conwy mae'r cynnydd.

　　Iesu, arwydd y seren,
68　　Sy'n euro had Siôn Aer Hen.
Ys da, wenith ei nithiad,
Wedi'*i* hau ydyw ei had.
Oes wyrion a'i mesurynt?
72　　Oes ròl o gyff Israel gynt?
Cawn ym bob a*n*cwyn yma,
Conwyaid oll, cawn eu da.
Cawn urddas yn y plasoedd,
76　　Cludo eu mawl clod ym oedd.
Caid ganllwyth o'r coed gwinllawr,
Caffom oes at y cyff mawr.

Ffynonellau
A—Llst 30, 220 B—BL Add 31078, 194^v

Amrywiadau
7 *B* ffurf.. 11 *A* archiagon.., *B* archaiagon.. 14 *AB* i..y pab 16 *B* ..rodd.. 17 *A*
..a daw yn y.., *B* ..a daw n y.. 18 *B* diweniaeth.. 21 *AB* ..y rhad 25 *AB* ..yn y
deml.. 26 *AB* ..mor fyr.. 29 *A* devnyddaist.., *B* ..y.. 30 *AB* ..dwym yn.. 31 *B*
..ys dan rol y wlad 35 *AB* ..cheid.. 44 *A* ..i tyfasant 49 *B* ..accw ranwyd 50
AB ..llwyd 51 *A* ..darllo.., *B* ..llyn darllo.. 52 *AB* ..fynkvr.. 64 *AB* ..feirdd[ ]
66 *B* ..mawr.. 70 *AB* wedi hav.. 73 *B* carwn.., *AB* ..amkwyn..

6

Gofyn tarw gan Birs Conwy, archddiacon Llanelwy, dros Robert Llwyd,
person Gwytherin

Aed dy wyneb hyd henaint,
Archiagon, dwg goron Gaint.
Oes lys i'th urddasol waed?
4   Oes wardrop, Asa eurdraed?
Yn wir lun, yn wrol wyd,
A Phedr, irbraff ydwyd.
Un dyn a wna Duw'n ei nerth
8   O radd Iesu i'r Ddiserth:
Derwen ir, mab i deyrn wyd
Drwy Stanlai, Andras dulwyd.
Y parc brenhingamp o win
12   A gaiff had o gyff Edwin.

Cenau ir wyd, cai win 'r iaith,
Cynyddaist acw'n oddaith.
Tân yn iawn, gwynt a 'nynnwyd,
16   Tua'r allt dechrau taro'r wyd.
Os oes esgobiaid Saeson
Wrth wynt blaen yr oddaith hon,
Gwŷr ydynt wedi gwridaw
20   Garw; dy wres a'u gyr draw.
Tery'r oddaith tua'r Rhuddallt,
Tân brwd at wyneb yr allt.

Ar ei deitl, aerod atlaes,
24   E ddôi â mud o dda maes,
A'i dda'n y gyr a ddôi'n gall
I dario i wlad arall.
Mastr Llwyd o'r maestir llydan,
28   Mynnai le ŷd, maenol lân.
O'r Mars lle rhôi aur am win
Aeth i oror Wytherin.
Mae ffrith a dŵr, mae ffrwyth deg,
32   Mae'r gorthir mawr i'r gwartheg.
Heb ŵr i'w mysg hy â berw mawr,
Heb gae arnyn', heb gornawr.

Archiagon, Aron eurwisg,
36   Ais a nerth Asa'n ei wisg,
Dyro i'th walch dy aur a'th win
A tharw lliw catberth eirin,
A'i dor yn frwd o arial,
40   A'r dwst ar ei war a'i dâl;
Darn coedallt a'i drwyn cidwm,
Drymer o fewn ceuder cwm.
Gwae a ŵyr gwan o'i aros,
44   Gwas talgrych fforddrych mewn ffos.
Llefain gan nant, llyfn ei gnawd,
Llwyth buwch, cair llaeth o'i bechawd.
Wrth fuwch ym mhorth y fuches
48   E fag o'i groen fwg a gwres:
Trymwas hagr, trwm y sigl,
Tewddu trwm, tŷ o huddygl,
Â gwain a chwd, ac yn chwern,
52   Wrth y tor, werthyd hirwern;
Brau oddaith hir, brath a hwrdd,
Blowmon mewn blew a ymwrdd;
Pwynio tymp mewn pen twmpath
56   Plymen lloi, pawl mwy no llath.
Tua'r gwlith un tew, ir glwyd,
Tagell hyd at ei egwyd;
Twrc ydyw tyrau cedyrn,
60   Tarw ag ôd tew ar ei gyrn;
Bu wrid mawnlo, bord manwlith,
Byr ôl ei ffroen, baril ffrith.
Almari, aeliau morwch,
64   Â gown yn llac ac yn llwch;
Baeli gweunllethr, bol gwinllong,
Bwla oedd flaidd â bloedd flong;
Mal afanc yn ymlyfu,
68   Môr-dwrch â gown mwyar du;
Tuth drom, nid hoywaith, dramawr,
Tarw â llais main, tôr llaes mawr;
Durol blwng, daearol blanc,
72   Du'r efel ydyw'r afanc;
Lledwyllt, gan gŵn y llidiawdd,
Lliw mwg glo yn llamu clawdd;
Cau mewn maes cymain â march,
76   Cwmwl a rôi i'r ci amarch.

　　　　　Llawn ei gwd, lloi ynn a gais,
　　　　　Lliw mawnbwll llwm, o'i unbais:
　　　　　Gweini mab, hylog enwir,
80　　　　Gwm y nant, lliw gwmon ir.
　　　　　Caiff meingorff buwch cyff mawngu,
　　　　　Clyw pwys ei dâl, y clips du;
　　　　　Llun both, mab llaesgroth lleisgryg,
84　　　　Llwdn buwch â lliw odyn byg;
　　　　　Gwryd o led, gwar hyd lin,
　　　　　Gloen, gaeth ŵr, Glyn Gwytherin.

　　　　　Mastr Pirs, moes draw i'r person
88　　　　Mwyarliw bryd morlo bron.
　　　　　E a rydd o'i aur a'i dda
　　　　　I ti, Eisag tŷ Asa,
　　　　　Ei bwyth o rodd, esgob oedd,
92　　　　Am y tarw, em y tiroedd.

Ffynonellau
A—BL Add 14969, 149ʳ B—BL Add 14976, 191ʳ C—BL Add 15000, 183ʳ
D—BL Add 31078, 175ᵛ E—Card 4.10 [= RWM 84], 316 F—LlGC 18B,
322

Amrywiadau
2 *F* arch diagon.. 4 *F* ..wardrob.. 6 *F* ..dyn ir braff.. 10 *A–DF* ..stalai.. 12 *C*
..y gyff.. 15 *D* ..gwynt a myn wyd 17 *E* os esgobiaid.. 21 *C* ..rhuallt, *E* ..tua
rhyddallt 28 *C* mynau.., *F* mynni le yt.. 32 *B* ..i gwartheg, *F* ..a gwartheg 33
F ..hy berw.. 34 *F* ..gau.., *C* ..aryn.. 37 *D* ..air.. 43 *F* gwae ni wyr.., *E* ..gann..
44 *F* gras.. 49 *F* ..ond trwm.. 52 *C* ..hirwen 53 *D* brau o waith hir.. 56 *F*
..llo.. 61 *D* ..mewn lo.. 68 *E* mor drwch.. 76 *F* ..roi r ci.. 77 *D* ..lloi yma a
gais, *F* ..llo yna gais 78 *D* ..mewnbwll.. 79 *F* gweni.. 80 *A* ..liw.. 83 *ABCEF*
..lleisgrys 84 *ABCEF* ..bys 87 *AC* ..moes darw.. 88 *C* mwy orliw bryd.. 91 *E*
..a rodd.. 92 *D* ..karw..

7
Moliant Ithel ap Gruffudd

Oer oedd ofal ar Ddyfed,
Hud tywyll oedd at ei lled.
Mwy gofal Ystrad Alun
4   Ym maen a dŵr am un dyn:
Mynd Ithel fal mab Elen,
Myned fal hynt Mawndfil hen.
Y Gŵr sy a'i lun ar Groes led,
8   Duw mawr, da yw ei 'mwared,
Asenfriw Iesu wynfraich
Yw'r Ddelw Fyw, eurddail faich,
Os carchar sy ar fy marwn,
12   Duw, Tad hael, fo'i detyd hwn.
Os i'r India—da y dêl—
Ydd aeth, efô ddaw, Ithel.
Fo ddaw goddaith drwy eithin,
16   Doed gwalch, tad, enaid, y gwin.

A phan aeth, torri'*i* phen oedd,
Irwlad ar olew ydoedd,
Gwelais (ac arswydais i)
20   Freuddwyd yn fore iddi:
Dŵr a fu hallt drwy fy hun,
Dilyw ar Ystrad Alun.
Troes mordwy trais am wrda,
24   Trosti'n ddwfn fo'i troes Duw'n dda.
Y traeth ar led wrth y lan
Yw'r wlad a'r ddaear lydan.
Y môr trwm ar war y traeth
28   Gŵr o chyfyd gor'chafiaeth.

Draw o'i weled yr wylais,
Dyn un sir dan ewin Sais;
Y cinio ffals yn Salsbri,
32   A gwadu a wnaent ein gwaed ni:
Ennyn twyll yno i'n taid,
Muellt oer am wallt euraid.
Ni bu ar wasg, âi bar onn,
36   Ŵr gywirach i'r Goron.

Pen yn nal, poen fu'*n* 'nylu,
Pendrasus gan Frutus fry.
Ni ddoeth Ithel walltfelyn
40   I'r fan y doeth er ofn dyn.

O'm bron, post obry i'm pen,
Am waed Reinallt mae draenen.
Er dewredd neu drawsedd draw
44   Nis beiddiant roi cosb iddaw.
Mwya' twrn am waed teyrnas
I ddug a iarll oedd ei gas.
Ni ddaw i Sais, addas oedd,
48   Roi'r glud ar eryr gwladoedd.
Ni ddeil hual o wialen
Ar irgarw gwyllt o'r graig wen.
Ni thyr caer uthr er corwynt,
52   Wrth lid rhyw gythr*au*l o wynt.
Mae'r gwallt melynfrig i ŵr,
Mawr melyn, am war milwr.
Ni tharia gwal na Thŵr Gwyn
56   Y cawr melynfrig hirwyn.
Ni allo'r iarll o'r lle'r aeth
I'w berth euraid borthoriaeth.

Afal ir glas, Faelor gledd,
60   Ac un enaid gan Wynedd,
Aed o'r ogof fal dragwn,
A sarff ar Bowys yw hwn;
Y gŵr brigog ei arial,
64   Y ddraig a'i 'winedd ar Iâl;
Syr Gei â'r fiswr gwead,
Sir y Fflint asur a phlad.
Marchog caeth, a merch a'i câr
68   A dreulia'r fodrwy alar.
I'w dduges wen *e* ddygynt,
*Ni d*dorai Gei, fodrwy gynt.

Da fu'r brenin, fortwin faith,
72   Dwyn Iason i'w dŷ noswaith;
Cael caer Iason, cael croesaw,
Cael cost ar ieirll, cael c*i*st draw.
Felly'r iarll â'r fwyall rudd
76   A'r griffwnt yw aer Gruffudd.

Aur o liw'r gwallt, olew'r gwin,
Yma doed am waed Edwin.

Arglwydd, rhodded gledd rhuddaur,
80   Derbyn gwalch drwy bân ac aur.
Nid mynd o'i wlad, farchnad faith,
A ddelo iddi eilwaith.
Drwy stad o urddas y dêl!
84   Duw gywaethog, dwg Ithel!

Ffynonellau
A—Pen 100, 445 B—BL Add 14901, 18ᵛ C—Llst 133, rhif 140

Amrywiadau
3 *ABC* ..ystryd.. 13 *B* ..ei del 17 *ABC* ..torri phen.. 22 *BC* ..ystryd.. 23 *B* troest.. 31 *C* ..ffaes.. 37 *ABC* ..fv nyly 45 ..tyrnas 49 *B* ..haul oi.. 52 *ABC* ..gythrel.. 54 *B* ..ar war.. 62 *B* ..sarss.. 64 *B* ..Wynedd.. 65 *ABC* ..gwaead 67 *AC* marchokaych.., *B* marchoccaeth.. 69 *ABC* ..ni ddygynt 70 *ABC* fo dorei.. 71 *B* ..fortwyn.. 74 *ABC* ..kost..

Marwnad Tudur Llwyd o Iâl

Torred y rhif, troed y rhain,
Tri brad at wŷr o Brydain:
Brad gwŷr Medrod pan godynt,
4   Brad tywyll gan gyllyll gynt;
Brad a garwchwedl, brwd gyrchu
Brytaen fawr, brad tân a fu.
Am darw yn Iâl, mwy darn iau,
8   Mwy'r un brad ym marn brudiau
Pan golled, a dewred oedd,
Tudur, drwg o hynt ydoedd,
Wrth ei aml nerth i ymwan
12   Ag antur, Tudur, i'r tân,
Ac anian brwd, gwenwyn brau,
Ac awr ddrwg awyrddreigiau.
Lladd eryr, llewaidd arial,
16   Llew du Dafydd Llwyd o Iâl.

Ni las yn y rhyfel ŵr
Ond dewrwas ac anturiwr:
Un dramgwydd â'r Arglwydd Rhys,
20   Ac un friw â gwayw'n frowys;
Taro'r mur, tŵr ym Merwig,
Troi'i wayw'n frath, torrai'n ei frig;
Dellten o gethren gythrudd,
24   Darn grin a dorrai'n y grudd.
Ar Dudur, irad ydyw,
Nid oedd frath nodwydd o friw.
O briwai, ni nodai neb,
28   Gwir anap, gwr ei wyneb.
Ni ryfelodd ar filwr
O law ddyn a laddai ŵr.
Nid âi'r einioes i drannoeth,
32   Ni adai Dduw ond a ddoeth.

Arthur ŵr wrth yr eirias,
Ongler, Olifer a las.
Fo las Ector yn forau
36   Â gwayw'n y brwd egni brau.

Nid oedd o'r dynged uddun,
Nesáu'r oed, einioes i'r un.
Gwŷr Siarlys ar gwrs irladd
40   A fu'n y llys, ofn eu lladd.
Dros y nos cau'r drws a wnaent,
Mewn y tŵr maen y tarient.
Ni bu fyw neb, ei ofn oedd,
44   —'Nid oedd oed?—eu dydd ydoedd.
Ni aned mab, enaid mawr,
Ond i'w ddwyn mewn dydd unawr.
Ni ŵyr dyn yr awr y daw
48   Na'r dydd a farnwyd iddaw.
Briw Tudur, llafn hirddur, Llwyd,
Banbri, oedd ben y breuddwyd,
Neu daer dwyll,—on'd irad oedd?—
52   Neu drais herwyr drwy'r siroedd.
O bu ladd gwŷr fal blaidd gynt
Neu siwrnai wynias arnynt,
Nid oedd eniwed i wŷr;
56   On'd adwy a wnâi Dudur?
Bu ddewr y baedd o Warwig,
Brau fu'r oes yn berwi'i frig.
Eryr cad ar Iorc ydoedd,
60   Ector ym Maelor mwy oedd.

Torred oes, taer dewiswyd,
Tawed ieirll oll, Tudur Llwyd.
Os gwaed, digymysg ydoedd,
64   At waed yr ieirll Tudur oedd;
Asen tarw os anturiwr,
Os dewr a gwych yn feistr gŵr.
Y dydd cyn ei fynd o Iâl
68   Ni wnâi Dduw yno ddial:
Fo rôi'r wlad fawr ar ei law,
Am deyrnas amod arnaw.
Ni bu i Eidol neu Badarn,
72   Ewinedd arth, wayw un ddarn.
Torred adwy, troed Idwal,
Trip i'n oes, torri pen Iâl.
Nid âi ddiwrnod oddi arnom,
76   Nis rhoed ar waith, aesawr drom.

Duw gu, trwm dygut dy rodd,
Dwyn hoedl y dyn a hedodd.
Gwn ballu; gwae ni bellach
80   Gael yn ei ôl galon iach.
Ni bu'n ynys na bonedd
Ŵr un faint i'w roi'n ei fedd.
Bedd Tudur a fesurynt
84   Wrth fedd Maelgwn Gwynedd gynt.
Llai rhyw dir lle rhoed Urien,
Llai arch o hyd Llywarch Hen.
O bu lawn na bai 'leni
88   *Y* llawr yn wag; llwyr wae ni!

Brawd o'r twf un bryd â'r tad
Sy anobaith,—Siôn Abad.
Ynnill brawd ni all brodyr,
92   Ond ei nai yn dwyn ei wŷr.
Od yw ifanc ei dyfiad,
Yfory dwg arfau'i dad.
Ni chaid arnyn', awch dyrnawd,
96   Mewn trin i frenin ryw frawd.

O Dduw, cyd a ddaw coedydd
Er holli o wynt yr holl wŷdd?
Cwymp derwen, o'r nen fu'r naill,
100   A dyr y mangoed eraill.
Glaw aeth am walch, galaeth mawr,
Glaw tir Rhufain gwlad Trefawr.
Galwyd hoedl, gwae lu Tudur,
104   Glaw'n waed o galonnau'i wŷr
Fal pe syrthiai—ai reiad?—
'R awyr i lawr ar y wlad
Neu dôi fôr i'w difuriaw
108   Neu'i llosgi trwyddi hyd draw.

Ni bu wrth ddwyn eu bywyd
Ben heb waedd byw yn y byd.
Doe'r âi'r carol drwy'r cerrig,
112   Diryfedd oedd dyrfa ddig.
Ni thyfant fyth o ofal;
Dau gwae Ddyffryn Clwyd ac Iâl.
Llaw i Dudur Llwyd ydoedd,
116   Llaw Gai neu Deÿrnllug oedd.

Llaw dewredd oll a dorred;
Llaw Grist a laddodd holl Gred.

Ffynonellau
A—Pen 86, 59 B—Pen 121, 160 C—LlGC 20574A, 218

Amrywiadau
3 *A* ..pen.. 5 *BC* brad i.. 6 *AC* bryttain.., *B* bryttan.. 11 *AB* wrth amyl nerth..
13 *B* ..brawd.. 14 *BC* ..a wyr.. 17 *C* a las.. 20 *B* ..friw gwayw n.. 21 *C* taro
mur.. 22 *B* ..torrai n frig 24 *C* draen.. 25 *B* ..iriad.. 26 *A* nid oed.. 28 *BC*
..gwrr.., *C* ..i hwyneb 29 *AB* ni ryfailiodd.. 30 *A* ..lladdai wor 31 *B* [31–2]
32 *A* nid ai ddvw ond a doeth 38 *A* ..enioes.. 39 *C* gwyr i.., *A* ..siarles.. 40 *B*
..llv.., *A* ..ofyn.. 41 *B* dros nos.., *C* ..drws wnent, *A* ..a nent, *B* ..a wnent 42 *C*
..man.. 43 *AC* ..oi ofn.. 44 *C* na dydd oed.. 48 *C* na dydd a farned.. 49 *B*
..hirddv.. 51 *A* nidawae i dwyll diwad oedd, *B* nid air dwyll di wad oedd
52 *C* ..drwy siroedd 53 *A* o bv lladd.. 55 *A* ..niwed.. 56 *C* nid adwy.. 58 *A*
..yn berw i frig 61 *A* ..i dywiswyd 63 *A* oes.. 66 *A* os dewr gwych yn feistyr
gwr 68 *B* ..i ddial 70 ..dyrnas.. 71 *ABC* ni bv idol.. 76 *ABC* ..asawr.. 77 *AB*
dvw trwm y.., *C* ..dygit.. 78 *AB* ..hoedyl dyn.. 81 *A* ni bv yw ynys.., *B* ni bv
ynys.., *C* ..yn i ynys.. 85 *AB* llai o dir.. 87 *C* ni bu.., *AB* ..y leni 88 *A* llawr..,
BC llawer.. 92 *B* ond oi nai.. 94 *ABC* ..i dwg.. 95 *B* ..dvrnawd 98 *A* ir.. 99 *C*
..for naill 105 *C* ..pei syrthiad.. 106 *C* awyr.. 107 *B* nev o doe.. 108 *B* nev i
losgi.. 114 *AB* nid iach dyfryn klwyd a ial 116 *ABC* llaw gaem ne.., *C*
..dehyrllug.. 117 *A* ..dewred..

Marwnad Sioned ferch Robert ab Ieuan Fychan

Ni welir tes o law'r tad,
Na llewych yn y lleuad,
Na gwin o boptu i Gonwy,
4 Nac aur, na medd o gyrn mwy,
Na neb i'r wyneb yr oedd
Am gannwyll, mam y gwinoedd.

Saith wae fi os aeth i fedd
8 Sioned, arglwyddes Wynedd.
Awn i gyd, iawn yw gadael,
O'r tir am ferch Rhobert hael:
Cau drws yn lle cad yr aur,
12 Colli rhoddion cell rhuddaur.
Och, oer grain, achau'r grynwst,
Ochain rhai truain fu'r trwst;
Och Dduw, ennyd, och ddynion,
16 —Na bai oed hwy bywyd hon!—
Osod, wenloer o Stanlai,
Drych y wledd mewn derw a chlai,
Llaw arglwyddes, lloer gwleddoedd,
20 Lleuad aur Ieuan Llwyd oedd.
Gwenwyno'n byd—gwae ni'n bur!—
Gwedi urddas gwaed Iarddur.
Tri baich sy'n troi heb iechyd,
24 Tros bawb torri oes y byd.
Blwyddyn, angau biau bâr,
A'i ddiwedd fydd i ddaear.
Gwaith angau, dagrau fu'i dwyn,
28 Gloes i Wynedd, glas wenwyn.
Saeth fu'r loes, saith oerfel iaf,
Sioned, hyd fedd tysinaf.

Oeres wrth farw yr Iesu,
32 Do, awyr ddofn daear ddu.
Tegeingl aeth yn wlad hygoll,
Trais Duw a ddoeth trosti oll.
Y wlad hon am eiliw tes,
36 Ei llawr ymhell a oeres:

Llom fydd draw, fal drylliaw drych,
Lleuad pan gollo'i llewych.
Aethwyd unwaith â Dwynwen
40   Fal Iesu'n dal Sioned wen.
Deillion o dai a wellynt,
Dewinion, gael Dwynwen gynt.
Duw o'i nawdd lladdawdd ni'n llwyr,
44   Dwyn Sioned, dawn a synnwyr.
Duw ynn a roes dawn yr iaith;
Deled ei bywyd eilwaith!

Dwyn calon yr haelioni,
48   Dwyn gormodd o'n anfodd ni;
Dwyn croeso i'n oes, dwyn Croes Naid,
Doe, Duw gwyn, di-dau gweiniaid.
Doe rhoes o'i llaw dros y llaill
52   Dwyrodd gwragedd-da eraill.
Di-glo oedd hwnt ei gwledd hi,
Duw â'i wledd a dâl iddi.
Digaled, ŷd addfed oedd,
56   Didolc am roi da ydoedd.
Llyna gneuen o'r henaur,
Llawn oedd o gynhwyllyn aur.
Y byd trwch, fegis bwrw traeth,
60   A 'mrafaeliodd marfolaeth.

Pan aeth gwawr Goetmawr i gyd,
Y wraig eurwallt, i'r gweryd,
Weithian bid grin y gwinwydd,
64   Ni chair y gwin coch o'r gwŷdd.
Pe byw Sabel ac Elen,
Pe rhoid merched Pria' Hen,
Ni ddygynt, foneddigion,
68   Gwen ei lliw, gannwyll i hon.
Lle'dd oeddynt lluoedd Addaf,
Lleuad oedd hon, lliw dydd haf.
Os ymadrodd, nis medrynt,
72   Is y bu glod Sibli gynt.
Llwyn irfrig, lleian eurfron,
Llaes oedd ei mantell i hon.

Mae gown i mi ac annwyd,
76   A gwely oer, Iago lwyd.

Ni wn—adyn iawn ydwyf—
I b'le trof; heb lety'r wyf.
Mae afon i'm bron heb wres,
80   O'r golwg deigr a'i gweles.
Am ais gul ymysg olew
'Y mron rhoed fal marian rhew.
Torres fal bôn caterwen
84   Tulath o hil talaith hen.
Marw o'r byd mawr a'r bedydd,
Mae awyr ddu am wawr ddydd.

    Aeth alaeth fyth a welir
88   Ar Siôn fal brenin Pers hir.
'Ni thorres Duw—a thristáwn—
Oes hir ar frenhines hwn?
Mynnai'i rhoddi mewn rhuddaur,
92   Meinir, a'i chorff mewn arch aur.
Mwy bu cri, pob mab a'i cred,
Mars heno marw o Sioned.
Arwydd y sydd ar rudd Siôn,
96   Am wraig hael mae oer calon.
Ni chudd y grudd o'r gwreiddyn
Gystudd calon don mewn dyn.
Oer fu alaeth ar filwr,
100   A thost ar bennaeth o ŵr.
Byw nid oes, bu newid ynn,
Bwa lanach, heb linyn.
Daearu hon, nid â 'rhawg
104   Dros gof o dir Ysgeifiawg.
Yno'dd aeth—mae Nudd weithian?—
I'th gôr lawer bendith gwan.

    Bwrw cainc, mae ynn barc o hon,
108   Bur o ganol brig Einion.
Y mae meibion o Sioned
A rôi'r car oll ar wŷr Cred:
Trillew, un at yr allawr,
112   Eurddail am un urddol mawr,
(Adda oedd i'w ddiweddu,
Tair gwialen o'i ben y bu.
Tri dyrnod a roes Moesen,
116   Torrai ffrwd dŵr Pharo hen.)
Ac ni chad o'r Tad dinam,
Irieirll mawr, wŷr well eu mam.

Yr un wraig, aur ynn a roes,
120 Oedd gannwyll i ddeugeinoes.
Y da a roes ynn yn drysor,
Ym mynwes Duw mae'n ystôr.
Gwell o adfyd, golledfawr,
124 Farnu'n oes neu farw'n un awr
No'n bod yn ddynion bydol
Yn rhoi oes ynn ar ei hôl.

Ffynonellau

A—Pen 80, 69   B—LlGC 435B, 93ᵛ   C—LlGC 6681B, 44   D—LlGC
17113E, 23ʳ   E—LlGC 20574A, 336   F—BL Add 14991, 256ʳ   G—LlGC
2033B, 52ᵛ

Amrywiadau

1 *FG* ..lawer tad 2 *CFG* ..llewyrch.. 3 *B* ..a bobtv.. 4 *FG* ..o gymru.. 5 *BCD*
..yn r wyneb.. 7 *C* saith gwae.. 11 *BCD* kaer.. 13 *BCG* ..a chav r.., *F* ..a chaie
r.. 17 *BCD* ..olwen.. 18 *C* ..clai 21 *B* gwenynen beirdd.., *CD* ..yn beirdd.. 22
B ..arddvr 23 *BC* ..yn tori.. 24 *BCD* ..yn tori oes byd 26 *BCD* ..y ddavar
27 *BCD* ..fv dwyn.. 29 *F* ..fu loes.. 30 *B* ..ty synaf 31 *B–G* ..farw r.. 32 *BCD*
..a daiar.., *C* ..dofn.. 35 *FG* yw.. 36 *C* y llawr.. 37 *FG* llon.., *B* ..fyd.., *D*
..drylliav.. 38 *BCD* ..ban.., *BCFG* ..llewyrch 39 *AEFG* [39–40] 41 *A–G* ..a
ellynt 43 *D* dvw nawdd.., *BC* ..i nawdd.. 44 *BCD* ..mynd an synwyr 46 *BC*
delid.., *C* ..iw.. 48 *C* ..gormod.. 50 *BCD* do.., *B* ..gweniaid, *C* ..gweinaid
51 *BCD* ..ai llaw… 52 *B* duwyrodd.. 53 *E* ..oedd hwn.. 54 *BCD* ..eiddi 59
BCD ..fal.. 60 *AC–G* amrafaeliodd.., *FG* ..marwolaeth 62 *F* gwraig.. 63 *BCD*
ni bydd ond krin.. 64 *BCD* ..chair gwin koch ar y.. 85 *BCD* marw r byd..or
bedydd 89 *BD* ..a thristaiwn 91 *A–G* mynnai rroddi.. 92 *F* ..a chorff.. 93
E ..pob ai ked 94 *BCD* ..marw Sioned 96 *B* ..galon 97 *F* ni rudd..ar
gwreiddyn, *G* ni rhudd.. 101 *FG* ..bo.. 104 *BCD* ..gof dy fair o.. 105 *AEFG*
[105–8] 109 *C* ..i Sioned 110 *F* ar aer.. 111 *FG* ..an at.. 113 *AEF* addaf.., *C*
..diweddv 116 *E* ..ffrwd tir.. 120 *C* ..devgeinoes 121 *AEFG* y da roes.., *FG*
..yn drysawr 124 *F* farnu r.. 125 *BCD* na bod.., *F/G* ran/non bodlon
dynion.. 126 *BCD* ..rhoi n hoes awr yn i hol

Marwnad Siôn ap Dafydd ab Ithel Fychan, Broneirian

Bwriwyd derwen, brau torres,
Brig mawr lle bu rywiog mes.
Ni thorres un fath dderwen
4   Ond Duw o'r brenhingoed hen.
Os ddoe'r âi is y ddaear
Siôn, dwf ac asennau dâr,
Nid âi yno, ni 'dwaenynt,
8   Ŵr fwy'i gorff a'i arfau gynt.
Gwae wŷr, wylant gau'r olew
Glaw dŵr hallt ar glwydau rhew.
Bu'n oes yn bibonwy iâ,
12   Bu 'Sgeifiog heb ais gyfa'.

Y baedd du bioedd y dawn
O du Ririd i'r wyriawn.
Mwy'i dda, enw a meddiannoedd,
16   Mwy no'r ieirll mewn maner oedd.
Chwemaib Dafydd a'i ruddlath,
Chwemaib ieirll, ni chaem o'u bath.
Y gwŷr o'r gwaed gorau gynt,
20   O waed Dafydd y tyfynt.
Llai o rudding lle'r oeddynt,
Lle gwag a ddrylliodd y gwynt.
Lle torres, holliad derwen,
24   Llawr gan waedd Llaneurgain wen,
Oer yw bod yn ŵr bydol
Iefan, ei hun, fyw'n eu hôl.

Broneirian, wybren araul,
28   Bydd rhew lle ni byddo'r haul.
Lluwch wrthi, llai yw chwerthin,
Llwyn gwag yw perllan y gwin.
Lle budd, yn gannwyll y byd,
32   Lle'r oedd haf llariaidd hefyd,
Aeth hyn fal achreth Ionawr;
Aeth Lanslod i'r fedrod fawr.
Pwy'n fyw heb ben i'w fywyd?
36   Pawb â i'r awr; ni ŵyr pa bryd.

Marw a wnawn mewn murn anodd;
Marw fu Mab Mair o'i fodd.
Ni buont hir eu bywyd
40 Nawnyn bioeddyn' y byd.
Na gwin o bell, nac un byw,
Na da swydd nid oes heddiw.
Dy fryfiau, glwth angau glew,
44 Un bil ni wnai heb olew.
Yn y bryf, âi onn breufawr,
Yr âi Siôn i aros awr.

Ai marw Siôn, Emrys hael,
48 Gwythi Dafydd ac Ithael?
Marw Sioned, Emrys unawr,
Mair a'i Mab, dyna'r marw mawr.
Ydeiliwyd eu dwy elor,
52 Arwain eu cyrff i'r un côr.
Dyna gôr, dawn o gariad,
Doeth i'w lawr fendith y wlad.
Siôn, mae rhoddion mawr heddiw?
56 Sioned, bydd eisiau nad byw.

Mawr yw, main môr a mynydd,
Meibion yn ôl Siôn y sydd:
Y meitr o aur ym myw tri,
60 Asa, rhoer i Syr Harri;
Gwnâi'n well nawugain allawr,
Geilw Dduw, y mab gloywddu mawr;
Dyn byw etyb dan batent,
64 Duw gwyn rhoed mewn deugain rhent.
Hywel, da i'w fetel fo,
Hwn a fyn hyn a fynno;
Dwrn eryr, derwen euraid,
68 Dyn â blaen, da iawn ei blaid;
Gŵr ir am y gŵr arall,
Gŵr sy heddiw yn lliw'r llall.
A'i wayw yn rest, yno'r aeth
72 Ar Wiliam ei wrolaeth;
Irber ydyw o'r brodyr,
Un nid gwell, enaid y gwŷr.
Tri am Siôn, byd trwm y sydd,
76 Troi llanw mae'r tri llawenydd.

Gŵr a'i glod yn graig lydan,
Gŵr ni roes ei gorn ar wan,
A gŵr y rhoid gair a rhodd,
80   Ac i urddas a gerddodd.
Duw Iôn a fu dan ei fedd,
Dod i'r gŵr dy drugaredd.

Ffynonellau

A—Pen 80, 76 B—LlGC 435B, 92^r C—Pen 72, 97 D—LlGC 6681B, 39 E—
LlGC 17113E, 24 F—Brog (y gyfres gyntaf) 6, 3^v G—BL Add 31056, 167^r
H—LlGC 2033B, 55^r I—BL Add 31078, 187^r J—Pen 129, 2 (llau. 1–30)

Amrywiadau

1 *BD* ..i torres 3 *I* ..math.. 5 *GI* os doe.. 7 *AHJ* ..dwenynt 8 *B–FJ* ..fwy gorff..
9 *B–F* ..wylent.. 10 *GI* ..o.. 11 *H* ..oes y.. 13 *F* ..bioedd dawn 15 *B–FJ* mwy
oedd enw.., *B* ..y meiddionoedd, *CD* ..y meiddinoedd, *EF* ..meiddinoedd, *J*
..y meddinoe[ ] 16 *B–FJ* ..iarll.. 17 *D* ..rrvddlath 18 *BFJ* ..iarll.., *B–FJ* ..ni
chem i bath, *H* ..i bath 21 *GI* llai ruddinge.. 22 *AH* ..i drylliodd.., *GI* ..i
drylliad.. 25 *H* oer y byd.., *B* ..bod wr.., *CDFJ* ..bod i wr.., *E* ..o wr.. 27
AEGHI brynn.. 28 *GI* ..byddo havl 29 *CD* lvwch.. 30 *B–FJ* lle.. 31 *F* lle bu..,
A–EGHI ..bydd.. 32 *B* ..llaraidd.. 33 *F* aeth hin.. 34 *H* ..feddrod.. 35 *AGHI* ..i
fowyd, *F* ..oi fowud 36 *AGHI* pawb ir awr.. 37 *H* marw wnawn.. 39 *B–F*
..bvant.. 41 *B* ..nog.. 45 *F* yn ei brif.., *CD* ..brif.. 47 *AGHI* a marw yw.. 48 *B–
F* a gwithi.., *I* gwth i Ddavydd.. 49 *AGHI* marw sion.. 50 *FH* ..dyna marw..
51 *B–F* ydeilwyd.. 52 *AGHI* ..y kyrff.., *BCF* ..i korff.. 53 *B–E*/*F* dynar
kor..yw/ywr kariad 54 *F* ..i lawr.., *AGHI* ..bendith.., *F* ..i wlad 55 *BCD*
..maer.. 56 *BCDF* ..byd iesie.. 58 *B–F* ..ar ol.. 59 *B–F* y meityr avr.., *F* ..y
myw r tri 65 *I* i roi da.., *AGHI* ..yw fattel.. 66 *B–F* hwnnw a fyn.. 68 *GI* ..da
n i blaid 71 *GI* ..yn rrest.. 72 *B–F* ..wroliaeth 73 *H* ..ydyw r brodyr 76 *B–F*
troir.. 79 *F* ..rhaid..

11

Marwnad Tudur Aled

Doe bwriwyd tad y brut hen,
Diwreiddiodd Duw yr awen.
Ni rown byth ar awen bur
4   Yr ail tad ar ôl Tudur.
Gwedi a wnaeth, gwaith gwydyn,
Gorwedd gwawd fal *y* gwraidd gwyn.
O gerdd na chorff gwrdd ni chair
8   'R un a geidw'r arian gadair.
Iaith Roeg, mae'n waeth yr egin,
Weithian y gwraidd aeth yn grin.
Ni bu lediaith o'i blodau
12   Na gwan frig ei awen frau.
Aeth crair awenyddiaeth Cred
Ar elor, Tudur Aled.

Os hael, dewr a grymus oedd,
16   Os gwaed digymysg ydoedd.
Parabl teg gramadegwr
Pêr oedd, a phob camp ar ŵr.
Awenydd—'f a*e*th—ynn oedd fêl,
20   Irgoed iach o'r gwaed uchel.
Llin ddwysbraff, llawndda ysbryd,
Llawen ei ffriw, llun a phryd.
Y maes dug am ostegion
24   Â cherdd na fu harddach hon.

Llai'n cynnyrch oll yn canu,
Llew, bwriodd feirdd, llwybraidd fu.
Ar y radd orau'r oeddynt,
28   A gorau gwaith y gwŷr gynt.
A ninnau oll ni wnawn waith
Ond gwanfost genfigenwaith.
Collwn, brydyddion callwerth,
32   Cân y byd fal cywion y berth.
A brau a doeth heb air dig
Ar aur ddadl, ŵr urddedig,
Ac aur byw bob gair o'i ben,
36   Ar gywydd rywiog awen,

Ac ar ddysg (ac arwydd oedd)
Ac ar awdl gorau ydoedd.
Canu croyw englynion craff,
40   Cu dewinbraw' cadwynbraff;
Cerdd hoywferch, câi rodd hefyd,
Cerdd gŵr, aur cwyraidd i gyd.
Tudur cun, tad aur canu,
44   Taliesin Caerfyrddin fu.

Uwch fu'*i* rodd a chyf'rwyddyd
No neb o'n oes yn y byd:
Dull Edyrn, deuwell ydoedd,
48   Dafod Aur, a'i dyfiad oedd.
Trôi'n bost at yr awen bur
Tydai; gwell oedd gerdd Tudur.
Rhoed iddo'n anrhydeddus
52   Aur a gwledd rad Arglwydd Rhys.
Tri lle awen trwy'r lluoedd,
Tid i'r beirdd, Tudur bíoedd.
Iesu wyn sy awenydd,
56   Awen bur o'i enau bydd.
Ynynnir awen union,
Acw o'r haul y cair hon.

Ewythr ag aur wrth roi gwin,
60   A'm athro yn fy meithrin,
A'm dewisgar i'm dysgu,
Och Fair, a'm cyfrinach fu.
Awen ddi-ddwl ynddo'dd oedd,
64   Awen awdl inni ydoedd,
A'r awenydd a rannwyd;
Ofer i'r un fwrw ei rwyd.
Cadwynai frig gwawd yn frau,
68   Cangau'n hawdd cynganeddau.
Di-gnwc, mor addfed y gwnâi,
Diddos y cyfrodeddai.
Annoeth yw mab o'n iaith mwy,
72   Am Dudur gormod adwy.

Dy awen, Grist, dawn i Gred,
Doed ar ôl Dudur Aled
I'm genau am a ganwn
76   O gân hardd i gwyno hwn.

Ni châi un pen, achwyn pur,
Ond odid, awen Dudur.
O'i fynd, oer fu ynn y daith
80   O ddolur; na ddôi eilwaith!

Nawdd Dduw, tost na wyddiad dyn
Na'i awr brudd na'i oer briddyn.
Pêr gwyn ar imp ir a gad,
84   Prydydd heb gwympio'i rediad.
Ofer cowfaeth, fry cyfyd,
Oferedd byw heb feirdd byd.
Marw a wnaeth, mae'r un weithion,
88   Mordwy cerdd, mawr y dug hon?
Tudur gwrdd, tad ar gerddau,
Tân praff, a'r gwynt yn parhau.

Tad nawnef, tŷ dyn annwyl,
92   Tudur aeth at dad yr ŵyl,
Ac enaid heb neb gwnnach,
Ac awen ir fal gwin iach.
Darfu 'mhwyll, doe'r âi fy mhen,
96   Dra fwy' fyw darfu f'awen.
Tudur, cerdd a ddatodef,
Aled wyn aeth i wlad nef.

Ffynonellau
A—Card 2.114 [= RWM 7], 584 B—BL Add 14966, 197ʳ C—LlGC
6499B, 208 D—BL Add 31059, 104ᵛ E—BL Add 10313, 168ᵛ F—LlGC
2288B, 87 G—LlGC 668C, 93 H—CM 242, 185 I—J 139 [= RWM 14],
68

Amrywiadau
1 *B* ..i bwriwyd.., *BDE* ..brvd.. 5 *F* [5–6] 6 *A–EG–I* ..fal gwraidd.. 7 *F* ..a
chorph.., *I* ..i chair 8 *F* yr un geidw r.., *GH* ..gadw r.. 10 *F* ..ei gwraidd.., *H*
..a aeth.. 11 *CGH* ..ai blodav, *E* ..na blodau, *F* ..ond blodau 12 *E* ..iw awen..
13 *HI* ..awenyddiaith.. 16 *F* os waed.., *H* os digymmysg.. 19 *G* awen.., *A–I*
..faith.., *BH* ..ym.. 24 *ACHI/BDE* ..cherdd fv/a fv.., *F* ..fe oedd.., *A–FI*
..harddwch.., *H* ..harddwych.., *I* ..o hon 25 *BDE* llai cynyrch.. 27 *I* ..ar
oeddynt 28 *I* ..or gwur.., *AC* ..gwynt 29 *A–H* ninne.. 32 *I* kan i budd.., *ACI* ..i
berth, *DE* ..kowion berth, *F* awn heb oed fal cywion i berth 37 *H* ..ddysg
arwydd.. 38 *ACFGH* ar owdwl.., *I* ar odl.., *F* ..y gorau.. 39 *I* kanu yn
kroyw.., *ACG–I* ..englyn.., *F* canai hoyw englyn croyw craff 40 *F* cu a dawn

brawf.., *H* cu dawn a braw.. 43 *F* ..gun..ganu 45 *A–I* ..fv rodd.. 48 *F* ..ei dyfiad.. 50 *D* tydain.. 52 *E* ..rhad.. 53 *G* ..trwy n.. 54 *F* ..a bioedd 55 *H* ..sy ai awenydd 56 *A–EG–I* ..i bydd 58 *E* ..hael.. 59 *ACI* ewyrth.., *BDE* ewyrthr.., *G* ewyth.. 62 *BDE* ..Fair ych.., *ACG–I* ..am ych.. 64 *ACGH* ..owdwl yn.., *I* ..odl yn.. 65 *F* yr.. 67 *A–EG–I* kadwynav.., *BDE* ..cnwd.., *GH* ..cnawd.., *I* ..ry frau 69 *ACG* dy gnwk.., *I* ..aeddfed.. 73 *H* ..Crist.. 74 *ACG–I* ..ar elor.. 75 *B* ..y ganwn, *G* ..garwn 76 *I* ..o.. 77 *CF–I* ..poen.. 79 *BD–FH* ..fv n y daith 81 *A–CE–I* ..duw.., *F* ..wyddid.., *CF–H* ..hyn 83 *G* ..or imp.., *I* ..imp pur.. 84 *AH* ..gwympo.., *F* ..gwymp iw.., *E* ..rhediad 85 *F* oferedd in feirdd ynfyd, *H* ..y cyfyd 86 *DE* overed.., *F* ..o feirdd.. 87 *FI* marw wnaeth.., *G* ..mae hwn.. 93 *F* ..gwynnach 95 *H* ..o mhen 96 *G* ..rwy.. 97 *I* ..ddattodaf

12

Gofyn march gan Robert Fychan ap Tudur, Berain, dros Ddafydd

Y mab diodwin gwinau,
Dur oddaith braisg, dewrddoeth brau,
Robart, winfaeth benaethryw,
4   O wraidd arglwyddïaidd yw;
Difri'n y gad dwyfron gŵr,
Dewr ag wyneb d'roganwr;
Milwr rhoddglud o Dudur,
8   Melwas doeth mewn maelys dur;
Glanbren ffrwyth gwin swydd Ddinbych,
Gwraidd Heilin farwnlin Frych;
T'wysogryw *dad*, codiad call,
12   Tid euraid o'r taid arall;
Llin â rhyw, llawen y rhydd,
Llwyn aur yw'r berllan irwydd;
O barch ni weled neb well;
16   O waed Rhobin nid rhybell.

Eryr ar saethyddwyr sias,
Egin teyrn ugain teyrnas;
Pennaeth hybarch o Farchudd,
20   Pwys a nerth, yn pasio Nudd;
Cyw eryr llwyd caerau'r llys,
Ceidw ei ran, cadwayw'r ynys.
Pren ir, y ddwysir a ddaw,
24   A dwy ynys sy danaw.
Hapus fab glân, gwaywdan gwych,
Hwylus bonheddig haelwych,
Hawdd y cawn, rywioglawn wraidd,
28   Hwyl ar ŵr hael arwraidd.

Dafydd, ni flinai'i dafod,
Canu wyf fi, cwynai'i fod,
Fy mod heb allu rhodiaw
32   O'r dref i'r chwarwyfa draw,
Na cherdded na myned mwy,
Troi mae'r oed, trymhau'r ydwy'.

　　　　Caf gan ŵr rhwydd arglwyddwaed
36　　Yn rhodd rhag mynd ar 'y nhraed
　　　　Ebolfarch garrir gweirbawr,
　　　　Egwydfain yn llemain llawr;
　　　　Tân o'r sarn dan ei garnau
40　　Tros wrych a thros garwffos gau;
　　　　Gyr gweill o gerrig allan
　　　　Gwreichion fal tewynion tân.
　　　　Dwyglust, mynych ymffustynt,
44　　Fal dwy ddeilen aethnen ŷnt;
　　　　Ffroenau trwyadl anadlfawr,
　　　　Ffeuau mal meginau mawr.
　　　　Yn fy llaw pan fo'r awen,
48　　Yna bydd ewyn o'i ben.
　　　　Da y try'n chwythu dan chwys,
　　　　Derwen o 'nifail dyrys;
　　　　Llygadlon, arr aflonydd,
52　　Llydan a hir fal llwdn hydd.

　　　　Rhwysg brenhinwalch difalchgryf,
　　　　Rhoi bu aur tawdd, Rhobart hyf.
　　　　Caiff o'i erwydd, cyff Urien,
56　　Coed mawr o hil Coedmor hen,
　　　　A chael eurdid o 'Lidir,
　　　　A da Siob, a dwyoes hir.

Ffynonellau

A—LlGC 6495C, 98[r]　B—Llst 124, 360　C—BL Add 31078, 197[v]

Amrywiadau

2 *B* ..o ddoeth.., *C* ..a ddoeth.. 4 *C* ..arglwyddaidd.. 7 *BC* ..rhoddglod.. 9 *C* ..sir ddimbych 11 *ABC* ..tad.. 14 *A* llin.. 15 *A* ..welwyd.. 17 *BC* eryr a.. 18 *C* egni.., *ABC* ..tyrnas 21 *BC* ..caer avr llys　22 *BC* ..cadwai r.. 27 *A* ..rywiowglaw ir wraidd 30 *A* ..kwynai vod 32 *BC* ..chwareyfa.. 36 *BC* vn rhodd..fy nhraed, *C* ..myned.. 37 *BC* ..garn.. 39 *BC* tan ar sarn gan.. 40 *BC* ..a ffos.., *ABC* ..garffos.. 41 *BC* gyrrv.. 43 *BC* ..amffvstynt 44 *AB* ..ddeilien.. 46 *B/C* ffroenav fal/mal.. 47 *C* [47–58] 48 *AB* yna i.. 51 *B* ..are.. 52 *B* llydan hir fal y.. 55 *B* ..oi herwydd.. 56 *B* ..Coetmor.. 57 *B* ..evrdid Elidir

13

*Gofyn ysglatys gan Wiliam ap Wiliam, Cwchwillan,
dros Huw ap Rhys, Llanddyfnan*

Doed i eryr da'i doriad
Aur yn dorch, arian ei dad.
Ydd oedd fal arglwydd iddynt
4   Am sir Gaer, ei mesur gynt.
Eu galw at ieirll, gweled hon,
A wnaeth eu pennau'n noethion.
Ni sorrynt yr holl siroedd;
8   Waywlamp wych, Wiliam píoedd.
Dur, asau llew dros y llall,
A'i lu mawr Wiliam arall.
Tai Ruffudd, cynnydd cannwell,
12   Ti a wnaut y tai yn well;
Tynnu'r gost henaur a gwin,
Tribwrdd a meddiant Rhobin.

Ŵyr wyt Rys, euraid drysawr,
16   Llawn fost yng Nghwchwillan fawr.
Dyro dy glaim, dur dy gledd,
Derwas henwaed, dros Wynedd.
Rhoi gwin sy rywiog o ŵr,
20   Rhyw ariandai yr Hendwr.
Ar gedyrn eurgae ydwyd,
Aur egin, llew o'r Gïwn Llwyd.
Dwyn iach blodeuyn uchaf,
24   Eich gwaed yn gyfuwch a gaf.
Yn y tir iawn yt arwain,
Esgair ymysg aur a main.
Llawnwaith—pwy o'r holl ynys
28   Mor lân ei fwrdd?—mawr ei lys.
Dy neuadd deg dan wŷdd dôl,—
Drych i Wynedd drwy'i chanol.
Dwrn eryr dewr a'n eurodd
32   Arfon draw, erfyn dy rodd.

Mae i Huw ap Rhys lys laswen,
A phyrth heb huling i'w phen.

Uwch ei mur un cochl ni myn
36   Na rhwydwellt braff, na rhedyn.
Diddos, aberffos, ni bu
Do brwynwellt wedi braenu
Fai'n gysgod—fain i'w gwisgaw
40   Faich da, 'n drwm—i uwchdan draw.
Cael neuadd, tad cynnal tŷ,
Cwyn hwn a'i daid cyn hynny.
Henaidd do hon oedd dywell;
44   Ysglatys wisg gled sy well:
To glaswyn, tew eglwyswaith,
Tân a gwynt nis tyn o'*u* gwaith;
Myrdd yn y gist, murddun gallt,
48   Main ysgwâr 'mynwes gorallt;
Llun tonnau llyn at Ionawr,
Lliwdrem iâ fal llwydrew mawr;
Lle bai'n dew oll heb un don,
52   Llai'r awch mantell o wreichion;
Bleidwaith had, blad a thewdwr,
Brigawns tew nis bwrw gwns tŵr.

Lowri hirwen, loer Harri,
56   Lân hael, oleuwen, yw hi,
Main eglwysliw mewn glaswlith,
Main nadd i neuadd ei nith.
Ei llaw eurdrom llawerdraul,
60   Ei lliw fal y gannwyll haul.
Ar hon, ei gair yw hynny,
Gerrig o fron y graig fry.
Hawl y wlad, hael oleudeg,
64   Hi fyn eu dwyn i hafn deg.
Dug merch oleudeg y main,
Dau a rifwyd o Rufain,
A cherrig gan ferch hirwen
68   O ddŵr yn nhir 'Werddon hen.

Meistr Wiliam, mae ais Droelys,
Mae hap rhodd i Huw ap Rhys.
Nid rhif hynod, trof hynny,
72   Ond hyn êl ar ben y tŷ.
Doir â'i long i dir y wlad;
O'u dwyn, llaw Dduw amdanad!

Ffynonellau
A—Pen 100, 477   B—Llst 133, rhif 150   C—BL Add 14901, 23ʳ D—CM
12, 457

Amrywiadau
1 *B* doed ei.., *D* ..da dorriad 3 *AB* ..fel.. 5 *A–D* i.. 6 *AC* ..i.., *B* ..y pennau n..
12 *D* ..wnait.. 16 *D* ..fost wyt.., *ABC* ..ynghwch wiliam.. 18 *C* dewrwas..,
ABC ..tros.. 23 *D* ..ach.. 28 *D* ..ai lys 30 *B* drych Wynedd.. 35 *B* ..un coch..
39 *B* ..fin.. 40 *A–D* faych dan drwm.., *D* ..i fwch dan.. 41 *D* ..calon ty 42 *C* ..i
daid.. 46 *A–D* ..oi gwaith 50 *A* ..fel.. 53 *ABC* bleidwaith blad 54 *A–D*
brigans.., *C* ..gwrs.. 63 *D* ..haul.. 64 *ABC* hi a fyn.., *D* ..ei dwyn 65 *D* ..ei
main 68 *ABC* ..yn hir.. 70 *D* a hap rhos.. 74 *AC* yw.., *BD* iw..

14
Moliant Ynys Môn

Ple trig y pendefigion?
Pebyll y medd pob lle 'Môn.
Un llun yw'r tir meillionaur,
4   Wyneb y wlad, â nobl aur.
Lle di-drist, llaw Duw drosti,
Llun haul, fal perllan yw hi.
Mae'n gaer llu mewn gorllewin,
8   Môr sydd gylch am orsedd gwin.
Mae dŵr mawr am dir meirion,
Mam y tair talaith yw Môn:
Lle brigog lle bai ragor,
12   Llwyn mâl yn droell 'n y môr.
Dwg yno rad Duw'n ei grys,
Da llawn ei Dywell Ynys;
Gwlad gron mewn golud a gras,
16   Gerlant yn y môr gwyrlas.

Yn ystôr, ynys dirion,
Y saint a fu'n dewis hon.
Tir yn grwn, tirionog rodd,
20   Teyrn Iesu a'i tyrnasodd.
O dri achos, edrychynt,
Y bu'n fam i Gymru gynt:
Fry yn honno frenhiniaeth
24   Holl Gymru a fu ar faeth.
Os gwŷr i ras y Goron,
Os meirch, mwya*f* urddas Môn.
Ni thorred cyfraith Harri
28   Na'i sêl yn ei chwmpas hi.
Ni thrig, ni thyr o agos,
I'r tir neb a rotio'r nos.
Ni ddeiryd gwledydd oerion
32   Ar olud teg i'r wlad hon:
Ŷd ar goll o'u daear gynt,
Od oedd, heb ddyrnaid iddynt,
Ir y caem ŷd o'r cymydau,
36   A Duw ei hun wedi'i hau.

Da lluniodd, wlad y llawnion,
Duw mawr chwe chwmwd ym Môn:
Un yw gardd, enw ag urddas,
40   Ym Môn o lan Menai las;
Wrth fwrdd cwmwd Malltraeth faith
Y troed teilwng tair talaith;
Nofies cyn geni Iesu
44   Neifion i Lifon â'i lu,
—A chwmwd hen, perchen parch,
Gwynfyd tir Arglwydd Gynfarch—
A thir a ddoeth â'i fwriad,
48   A'i lys yng nghanol y wlad;
Cwmwd mawr, caem wawd a medd
Cynan, uchelfainc Gwynedd;
Afrlladen aur, llydan wiw,
52   A 'sodes Iesu ydiw.

Mae pob peth, difeth dyfiad,
Maenol wych, yma'n y wlad:
Tai â gwnïad teg newydd,
56   Temlau saint amal iawn sydd;
Gweilch, ieirll yn dwyn eurglych oedd,
Gwenith amal a gwinoedd,
A'r beirdd mawr fal yn llawr llys
60   A fu 'Môn, y Fam Ynys.
Llysiau trwyddi'n llenwi'r llawr
Mewn gwyrthfaich, a main gwerthfawr;
Tro môr hallt, tra mawr yw hi,
64   Main nadd ym mhob man iddi;
Grwn, a theg pob grawn o'i thir,
Gorau ordor a gweirdir;
Pasg ogylch, pysg o eigion,
68   Croyw a hallt fo'u cair o hon;
Gweled adar gwlad Idwal,
Gwylltion a dofion, i'w dal;
Da carnol breiniol o bris,
72   Da parod, Duw a'u peris.

Ni lwydodd oll 'n y wlad dda,
Larder canmil o wyrda.
Cludwn i'w thai clod ni thyr,
76   Clawr gwastad clêr a gwestwyr.
Tylodion cant o wledydd
Trwy Fôn, eu hen gartref, fydd.

Nid âi'n hil, ond gwehilion,
80 I'n byw fyth oni bai Fôn.

Cybi, Seiriel, ddiogel ddawn,
Eilian, Dwynwen, wlad uniawn,
Llun y wlad, llawn, oludog,
84 Llyna groes mal llun y Grog.
Iesu, n'ad o'i ras i neb
Edrych yno drychineb,
Na thân marwolaeth yno
88 Ar Fôn byth, erfyn na bo.
Rhad aml lle rho Duw yma
Ym Môn i'r dynion a'r da.

Ffynonellau

A—BL Add 14978, 24ᵛ B—Llst 125, 250 C—LlGC 5273D, 61ʳ D—
Bodewryd 2, 44 E—LlGC 6499B, 681 F—LlGC 832E, 1 G—LlGC
1024D, 5 H—BL Add 31078, 190ᵛ I—Bangor 5946, 30 J—Bangor 13829,
38

Amrywiadau

1 *F* ..ein.. 2 *D* be ballau medd.., *F* pebyll medd pob lle yw.., *J* pebyll medd..,
CI ..a medd.., *ACEG–J* ..y mon 3 *I* byd llon.. 4 *D* ..fal.., *I* ..ar.., *C* ..fal nobleu
aur, *B* ..nobel.., *F* ..o aur 5 *E* ..ddidrist..Dduw.. 6 *I* llyn hardd.., *CFI* ..mal..,
J ..fel pellen.. 7 *F* main.., *EGH* ..gair.., *CDF* ..min.. 9 *J* mae r.., *C* ..mirion,
D–GI ..Meirion 11 *ABEG* ..llei.., *F* ..bu.. 12 *D* ..mal troell.., *IJ* ..mel.. 13 *C*
..duw gwyn a rys, *D* ..Duw rys, *F* ..Duw gwynn rys 14 *B* ..llawen.., *I* ..y.., *A–
I* ..dowyll.. 15 *H* ..gron golud.., *D* ..golud gras 16 *CE* garlant.., *D* gardd
lawn.., *F* garddlant.., *I* garland.., *DFI* ..gwyrddlas, *ABEGH* ..gwirlas, *C*
..gwrlas 18 *E* ..y sy yn.., *DG* ..sy yn.. 19 *D* ..trionog.., *I* ..tariannog.. 21 *J* ..yr
edrychynt 22 *CDF* i bv fam.., *I* ei bod yn fam gymmen gynt, *H* ..fam
Gymru.. 23 *I* un hoyw fal brenhiniaeth, *CF/D* fry n / try yn honn fal y.. 24 *I*
ei gemmau.., *E* ..Gymru fu.. 25 *D* oes.., *CD* ..dann ras.. 26 *D* oes.., *A–CEG–J*
..mwya.., *D* ..mwy.., *F* ..mwy yw.., *G* ..y Mon 27 *D* ..thorre.. 29 *D* ni thriaa
eithr o achos, *CF* ..eithr.., *I* ..ai nyth oer agos, *J* ..thyrr agos 30 *D* ..rodia r..,
EFGI ..rodio r.. 31 *D* ni ddewyd.. 32 *CF* ..olvd hir.., *D* ..olud neb.., *E* ..y
wlad.. 33 *C* ..ar y goll.., *D* ..ddaear.., *F* ..ai da yr gynt 34 *D* yd
oedd..ddyniad.., *FJ* ydoedd.. 35 *D* tir.., *F* caem.., *H* ar.., *I* ni gaem yd.., *J* ini
caem yd on.. 36 *CDJ* ..wedi hau 37 *A–CEGHJ* da y.., *D* da llanwodd.., *F* da
lloniwyd.., *I* ..a dull union 38 *I* ..y chwe.., *B–FIJ* ..chwmwd Mon, *H* ..chwe
chnwd Mon 39 *D* a i dw gwirddawn ag urddas, *CIJ* ..enwog vrddas 40 *D*
Mon a r lan.., *CFI* ..ar lann.., *EG* ..o lai.. 41 *E* wr y fyrdd cwmmwd
Malldraeth, *G* wr y fwrdd.., *J* 43–4, 41–2 42 *CD* yr oedd.., *EG* i tiroedd

teilwng.., *F* tir teilwng or.., *I* y dae r..dair.., *DH* ..y tair.. 43 *EG* missies.., *H* eisioes.., *I* nosies..geni r.., *J* cesid.. 44 *BG* neision.., *D* Neif.., *J* weision.. 46 *ABEGH* gwnfyd.., *CDF* gwn fod i.., *I* gwinfardd i.., *DEG* ..Cynfarch 47 *C* ..i wriad, *DF* ..i wiriad, *I* ..ei fwriad 48 *H* ar.. 49 *C* ..cawn.., *D* ..can.., *E* ..cawn a medd, *I* ..caem yd.. 50 *BI* ..Wynedd 51 *CDFI* ..yw 52 *D* ddwys wywdeg Iesu ydyw, *HJ* osodes.., *CFI* ..ydyw 54 *F* mann olau wych mewn y.. 55 *D* 56–55, *CF*/*D* tai / ai gwniad teg o.., *H* tai gwiniad.., *B* ..gwndai.., *EG* ..wg newydd 56 *D* mawl y saint yn aml y sydd, *H* teimlaw.., *CFI* ..aml y sydd 57 *ABEGHJ* gweilch yn dwyn.., *C* ..ieirll dwyn.., *D* ..i ieirll dwyn.., *H* ..eurgylch.. 58 *D* a.. 59 *DJ* a.., *I* ..mal.. 60 *D* fu y Mon.., *C* ..y Mon fam.., *E–GIJ* ..y Mon.. 61 *D* lle sydd drwyddi n.., *H* llyfre.., *FI* ..llenwi llawr 62 *A–CEGH* ..gwrthvaych.., *D* ..gwrth-faen.., *F* ..gwrthfeilch.., *I* ..gwerthfaith.., *J* ..gwyrthfaeth.., *DJ* ..maen.., *EG* ..anian.. 63 *CDF* [63–4], *I* mor hallt teg a mawr.., *B* tro mawr.. 64 *EG* maen.. 65 *D* crwn..rhan.., *I* grawn..grwnn.. 66 *CF* ..ardar.., *DI* ..ardal.., *G* ..gweindir 67 *I* campus gogau.., *CDF* ..agos.., *HI* ..pysg eigion 68 *C* croyw neu hall.., *D* croyw n hallt a cheir.., *F* ..hallt ceir.., *CDF* ..yn honn 72 *G* ..a peris 73 *D* oni lwydodd oll y.., *G* mi lwyddodd.., *I* ni lwydodd yn.., *EFJ* ..lwyddodd.. 74 *I* warder.. 75 *C* clown oi thai.., *D* clyd yn ei thw.., *EG* ..ei thai.., *F* ..oi thai.., *I* ..i thai.. 76 *D* clauar..y cwestwyr, *B* ..glera a.., *J* ..o gwestwyr 78 *D* sir.., *J* drwy Fon eurfro gartre.., *F* ..eu gartre.. 79 *I* + i, *D* nid all gwledydd tylodion, *F* nid yw n hil.., *J* nid ae u hil.., *I* nid ai hil di wehilion, *C* ..vn hil.. 80 *D* mor byw.., *I* iw.. 81 *C* + ii, *D* + iii, *I* + iv, *D* ..Seiriol diogael.., *E* ..Seiriol.., *I* ..ddi-gel.. 83 *B* llon..olvdawg, *I* llyna wlad.., *J* llyn.. 84 *C*/*D* llenwi gras er llvn / lun.., *F* llenwi r gras er llun.., *I* ..fal.. 85 *CDF* Iessu na roed.., *I* nod Iesu nad yn oes neb, *B* ..ai ras.., *J* ..o ras.. 86 *F* a.., *J* ..o drychineb 87 *AB* ..marvolaeth.., *FJ* ..farfolaeth.., *I* ..na marwolaeth.. 88 *AEGH* arfon.., *J* ar Fon na than erfyn na fo, *H* ..ni.. 89 *CEFGI* ..aml rho.., *D* ..aml rhoed.., *ABJ* ..llei ro.. 90 *I* ..ar dynion..

i

Tair talaeth eu maeth yw Môn
Aeth a'r gair eithr y Goron
O'r un gwaed, (rhain o godiad
Y Môn) saith Goron a gad.

ii

os vn gwaed ir ai n godiad
y mon saith goron a gad

iii

Or un gwaed i rae n godynt
Cafodd Môn saith Goron gynt

iv

Ni wn i le yn y wlâd
I Gybydd neu Leidr gwibiad

15
Awdl i Dduw a'r Grog yn Llanfair

Ymryson Efa am 'r afal—o'r pren
    Fu'r pryniad a'r gofal,
    Ac Adda, da gwyddai dâl,
4   A Duw a ddug y dial.

HaelFab Mair, aur grair, ar y Groes—y'i rhoed,
    Rhaid oedd brynu pumoes;
    Hyrddu'n arw, oer fu'r farwloes,
8   Hoelion yn greulon 'n y Groes.

'R y Groesbawl 'ffernawl ffyrnig—i'w gorddi
    Ag irddur gwenwynig,
    A'th weled yn frathedig
12   I'th gorff drwy Dy waed a'th gig.

Dy wythi, frig, a chig a chur—'r y Groes,
    A gresyn fu'r dolur;
    D'eurdraed dan frathau gwaetgur,
16   Disgleirbryd, mewn penyd pur.

Duw, pur fu'r dolur a'r dialedd—ddugost
    Drwy ddygyn a chwerwedd;
    Dy roi'n uthrfriw'n y diwedd,
20   Di-ofn fu yn y dyfn fedd.

    Tydi'n codi o'r cadarn fur,
    Nid o fodd plant cableiddbur,
    A chodi'r haul a'r loywloer,
24   A pheri'n wag uffern oer.

Dros D'eurdraed rhedwaed, rhydost—fu'r poenau
    A'r penyd a ddugost;
    Dros bumoes ar y Groesbost
28   Duw lwyd a dynnwyd yn dost.

Pand oer-dost y'th dynnwyd? Pand â'r drain—garw
    Rhoi'*i* goron wieilddrain?
    Pygan fu, hwyr gredu'r rhain,
32   Plaid falais Peilad filain.

Gwthio o'r dall milain trwy'r gwythiau—cwbwl,
    Cael cabyl ac angau,
    Gwayw llifeidlas dan D'asau,
36   Gelyn dur i'r galon dau.

Tithau ddyw Gwener arteithiwyd—ar gabl,
    Duw, yn gwbl y'th laddwyd;
    Tair cether ddur a gurwyd
40   Drwy Dy gorff; briwedig wyd.

    Yr wyd, y Grog euraid grys,
    Mewn blin gysur, dolur dwys,
    Yn ael, Arglwydd ebrwyddloes,
44   Yn Llanfair lân i'th ddangos.

Dangosiad Dy wyneb gwridwaed,—Duw flin,
    Dy f'lynwallt, dioferdraed,
    A'th gorff oll yn archollwaed
48   O'th drem egluraidd i'th draed.

Dy draed yn irwaed dan oerion—frathau,
Aberau dafnau a briwiau dyfnion,
Y Grog ddisgleirbryd a weryd wirion,
52   A mil a nodaist am l*eu* anudon.

O'r nef, urddastref ddiestron—genedlfawr,
Y doethost i'r llawr, friwedig fawrfron;
Hyfryd, gwir iechyd, gwreichion—arianlliw,
56   Lle'r wyt Ti heddiw lliw aur toddion.

Gwyrthfawr yr allawr, gwreichion—llewyrchus,
Garw o gledd dylynus, y Grog, ladd y dynion;
Gwnaethost yn fud am l*eu* anudon,
60   A chwech o'u hanras ni sylfason'.

Ti leddaist y seithfed heb hocedion,
Aruth fu eu twyll, yn y weithred hon,
Llun Iesu waetgoll â mil o archollion,
64   Yn Dad, yn Fab, yn Ysbryd rhadlon.

'N iacháu'r crupliaid yn achwyn—cyn dyfod,
Yn frenin, 'mherod, yn fyw y rhai meirwon;
Yr ynfyd ddêl i ddanfon—tân fflamgwyr,
68   Eglur ei synnwyr, eglurwres union.

Yn Llanfair yr wyd, lle i anfon—o bell,
A gwŷr a'i cymell gydag aur ceimion;
D'arwain a wnair dirion ynys drwyddi
72   I 'gluro g'leuni i g'lonnau'r g'lynion;
Gwisgwyd, bendigwyd gwirion—sidangrys,
GwirFab moliannus, ag aur fain m'lynion.

Rhwymwyd gwir broffwyd â garw breiffion—gebystrau,
76   A thorri'r cymalau dan friwiau'r fron,
A'th wyneb yn waedrestr a than farn estron,
A lladrad gwerylad, a llid Herod greulon,
A syched ynial yn lladd dy galon
80   Pan oeddut ar y Grog dros Gristnogion.

Yno'r addewis un o'r Iddeon
Y finegr llygredig a bustl gwenwynig,
Ac iraid ar ei frig, a'i roi gar dy fron;
84   Wylodd Mair; llithrodd dros ei llathraidd—ruddiau
Gwedi'r dŵr golau gwaed o du'r galon.

Ein Harglwydd gwiwddoeth, n'ad ni yn noethion
I uffern y bradwyr a'i ffyrnau brydion;
88   Ofn uffern gaead a'i mwg afradlon,
A'i lliw ystyfnig a'i llewys dyfnion,
Ofn y farn gadarn a gyfyd—pob dyn,
Ac ofn ein gelyn rhag hyn o holion.

92   Pan fych, wirionwych, ar yr union—enfys,
Yn Arglwydd gwaetgrys, cofus, cyfion,
Er D'wryd ar Groes, er dirion—erchyll,
Er Dy waed yn fentyll ar uffernddryll ffon,

96   Er ffrydwaed Dy dâl, er brath Dy galon,
Er Dy gur ynial yn rhwym wrth golon,
Er D'ysgyrsiad, gabliad gwbl, Iôn,—o archollau,
Er Dy ddoluriau, er Dy ddwylo oerion,
100   Er D'ofid o'th gorff, er D'afon—o'th draed,
Er Dy ffriw'n gleiswaed, er Dy ffyrnig loesion,

Na ddod ni drwy ffenestr i farn estron—ffyrnig,
Nac i dân cenllystig na'i gerrig geirwon;
104   Cadw ni rhag y cythraul a'i hocedion,
Trwm wy', ŵyr Iesse, tor yr ymryson.

Ymryson Efa am 'r afal, &c.

Ffynonellau
A—LlGC 435B, 75ʳ B—LlGC 1553A, 251 C—LlGC 6209E, 221 D—Llst
122, 299 E—BL Add 31056, 187ʳ

Amrywiadau
1 *BC* ..ar prenn 2 *AD* a fvr.. 3 *AD* ..da i.., *A–D* ..gwydde.., *E* ..gwyddav.. 4 *B*
gan Dduw..y ddial 5 *BCE* mab.., *A* ..mab.., *ADE* ..evrgrair.., *D* ..a rhoed, *E*
..yroed 7 *BCE* ..arwloes 8 *A* ..yn groes, *E* ..yw groes 9 *A–D* ..i gorddi, *E* ..i
gordd 10 *AD* ..vrddvr.., *E* ..oerddwr.. 12 *A–D* dy gorff ath waed.. 15 *E* ..dan
frath.. 16 *D* disglair bryd.. 17 *E* ..dolur dialedd.., *D* ..diaeledd.., *A–E* ..a
ddvgost 18 *AD* ..ddygyn boen.. 20 *AD* dy ofn a fv.., *E* dy ofn fv.. 21 *A*
..kadarn oer fedd, *DE* ..cadarn fedd 22 *AD* ..kabyleidd boer, *E* ..cableidd
loer 25 *BC* ..oerdraed.. 26 *D* ..dvgost 29 *A* pan.., *D* ..ar ddrain.. 30 *AD* a rroi
goron.., *BCE* a rhoi coron.. 31 *BC* plygai lu hwyr gredai r rhain, *E* pygan
lu.. 32 *E* ..pilad.., *A* ..fvlain 33 *E* gwthiav r..gwbl, *D* ..trwy gwithiav.. 34 *A*
..kabyl angav 36 *E* gwielyn.., *AD* ..drwy galon.. 37 *E* ..ddydd..arteithiwydd..,
BCD ..a arteithiwyd.. 38 *BCE* yn gwbwl.. 39 *BC* ..dur.. 40 *A* ..briwiedig.. 41
BCE ir wyd.. 42 *AD* ..loes 43 *BCE* ..dolurloes 46 *E* ..felen.. 48 *E* ath..ath.. 49
E ..dan derion.. 50 *B/C* a bare ddafneu y prifwyd/briwie dyfnion, *E* a barav..
51 *D* y gwr.., *E* ..i wirion 52 *A–E* ..am lae.. 55 *BCE* hefyd.., *E* ..wir.. 56 *AD*
..rwyd heddiw.. 57 *BC* gwrfawr.., *E* gwrthfawr ar y llawr.. 58 *ACD* ..ogledd..
59 *A–E* ..am lae.. 60 *B* chwech ac oi anras sefylasson 61 *ADE* ti a.., *BC* di a..,
A ..hobedion 62 *E* aruthr.. 63 *B* ..archolion 65 *A* ..krvplaid.., *C* ..krypliad..,
E ..y crypliaid.. 66 *B* ynn fwy r ymwared.., *BCE* ..ynn fyw rhai.., *D* ..yn yr ai
meirwon 67 *BCE* [67], *AD* ..a ddel.. 68 *A–E* eglyr fydd i.. 69 *E* ..llai anfon..
70 *AD* y gwir.., *E* a gwr..cainon 71 *E* ag arwain.., *A* ..a wnai.. 72 *AD*
..galonav gylynion 74 *BCE* ..aur melynion 76 *A* ..klymav.., *AD* ..dy fron..
77 *AD* ..waedrest.. 80 *A–E* ..groes.. 84 *BE* ..llidiodd..llariaidd.. 85 *A* gwedi
dwr.., *BCE* ..y gwaed or galon 87 *E* ..vffern brudwyr.. 89 *A* a.. 90 *AD* ..i
kyfyd.., *E* ..bob.. 91 *AD* ag ofni.., *E* ..hoelion 92 *BC* ..ar yr enfys 94 *E*
..wrid.., *A–E* ..ar y groes er dy dirion.. 95 *A* ..y fferddyryll.., *C* ..vffern dryll..,
E ..yfferddill.. 96 *BCE* ..a brath.. 97 *E* ..anial.., *BC* ..wrth y.. 98 *ADE* ..dy
siarssiad.., *D* ..cabliad.., *AD* ..kwbwl iawn archollav, *BCE* ..iawn.. 101 *BC* er
dy ddiffriw yn.., *D* er ffriw.. 102 *B* nad ddod.., *C* nadodd.., *AD* ..ffenest.., *A*
..estron 103 *E* ..genllysdig.., *BC* ..nac i.., *AD* ..oerion 104 *A–D* ..kythrel.., *E*
..cythrael ai holl.. 105 *ADE* ..wir Iesv..

16
I'r Grog

Duw, 'r wirGrog, ydyw'r eurgrair
Sydd fab i'r Arglwyddes Fair,
A'r Iesu, eiriau oesir,
4   Yw'r Grog adwyog waed ir;
Un Duw a roed yn Dy wres
I fro Gwen-frewy gynnes.
Ias ddolur, Iesu ddulwyd,
8   Uwchben Urddonen rhudd wyd:
Dirwy Dy loes dŵr Dy wlith,
Duw, gareglwin Dy Groglith,
A'r afon ir a yfid
12   Â lliw'r Groes oll ar ei gwrid.
Ager a sens i'n gwresáu,
Arogl oedd i'r gwelïau.
Graen aruth fu'i gur i'r nawradd;
16   Gan Dy loes, a'r gwayw'n Dy ladd,
Creigiau'n us, cerrig, a wnâi,
Coedydd, pob cainc a wydiai;
Heli, lloer a haul llariaidd,
20   Daear gron a dorrai'i gwraidd.

Gŵr marwol gwâr ymorwedd,
Gwŷr byw yn agor y bedd.
Tost a graen, tewaist, y Grog,
24   Tridiau yn y tir oediog.
Un dyddiol yn dioddef
Â chnawd noeth uchod o nef.
Dydd antur a fesurwyd,
28   A dydd cyfrifol Duw wyd
I'n dwyn yn ôl Dy eni
Allan o'r tân lle'r aud Ti.
A'r ddeudan hen, e ddwedynt,
32   Un i'th gorff, yn oddaith gynt,
A thân rhyfelboeth a iaf
A rôi oddaith ar Addaf.
Oer fyddai, ni ryfeddir,
36   Od âi'r tân yn D'wryd hir.

Nid âi *i* laesgorff dylosgi,
Ni rannai'r tân arnat ti.

Arwydd gloyw ar rudd a glas,
40 A'r dydd elw, euraid ddulas,
Tost ŵydd yn dwyn tyst uddun,
Tlawd yr ord*e*iniwyd dy lun.
A*t* olud aur, gŵr tlawd wyd,
44 A thad *p*ob coweth ydwyd.
Triphren oedd Groes bumoes byd,
A theiroel hir i'th wryd.
Un Mab wyd yn y bydoedd,
48 Yn dri dy gyfiawnder oedd.

Y gŵr du i'r dryglu draw
A'th werthodd,—bydd waeth wrthaw.
Fo'th rifai i waith yr afal
52 *E*r deg ar hugain ar dâl.
Anardd oedd iddo inni
Roi'r newid hon arnat ti.

Drwy bumwaith, Mab perff*a*ith pêr,
56 Duw, tynnwyd Dy waed tyner,
A phum ffrwd croes i'th loes led
I'th gerygl, wythi 'gored;
Gwrid angau'n gleisiau'n *y* glyn,
60 Garw yw gloes y Grog laswyn.
A'th ddelw yn noeth a ho*e*liwyd,
A las, yn y capel wyd:
Y berrau'n groes mewn barn grog;
64 I'th grys, o wythi gwresog,
Duw a'i raff waed ar ei ffon,
Doeth h*w*ylus waed o'th ho*e*lion:
Aber o'th fron o'r brath fry
68 O waed ebrwydd hyd obry;
Duw'n gwaedu, dinag ydwyd,
Daear a nef, dirIon wyd.

Lle da a weithiwyd lle doethost,
72 Llun Duw a'i erchyll yn dost:
Iesu wyn *rhwn*g ais y wal,
Wyd ar Groes o dŵr grisial.
Nid â gwlith na dŵr na glaw
76 I'r tyddyn yr wyt iddaw;

Ni wnâi un wlad, yn iaen las,
Own i deml a wnâi Domas.
Di-gryn adeila D*i i*'r Grog
80   Dŷ gloyw, Mab Duw gwelïog.
Gwna gartref yn y nefoedd
Iddo lys, dy feddwl oedd.

Ffynhonnell
B 14999, 84ʳ

Darlleniadau'r llawysgrif
1 ..evgrair 3 ..eirie oisir 4 ..adwog.. 7 iaas o.. 8 ..aurddenen.. 9 dirwydloes..
10 ..gareglwyn.. 12 a lliw groes.. 13 ..in gwes au 15 gyraen..vu gyrir.. 16 gen
dyloes.. 17 kyreigiau.. 18 ..bob..wydai 20 ..dorei gwraidd 21 ..am orwedd
23 ..ac graen.. 24 tri diav.. 26 ..chynawd..iched.. 27 ..na dur.. 29 ..deni
30 ..lle rau ti 31 ..a ddwedynt 32 vn ai ith.. 36 o dair..yn dwridtir 37 nid ai
lays.. 38 ..ranner.. 42 ..ordeniwyd.. 43 adolud.. 44 ..bob.. 46 ..wrid 51 foth
rife.. 52 ir dec ar hvn gain.. 55 ..perffeithper 59 ..yngyleisiau yn glyn 60 ..y
groeg.. 61 ..holiwyd 64 ith gyrys.. 66 doeth i haylys..holionn 67 a ber..
73 ..rwgais.. 74 ..or dwr.. 79 ..dy r grog

17
Teyrnog Sant

Trisant a fydd tra oesir:
Teyrnog, Pedrog, Cynog hir;
Tri teilwng at ryw talaith,
4   Tri phaun *ar hon*, tri phen-rhaith.

    Teg angel gwlad Tegeingl gynt,
Teyrnog, penrhaith wyt arnynt,
Orwyr Gunedda orhoff,
8   Ystôr a glain Arwystl Gloff.
Duw a oeles dy wely,
Dy wir frawd yw Dier fry.
Teyrnog, gŵr rhywiog o'r rhiw,
12   Tudur dy frawd di ydiw.
Dy frawd ydoedd Dyfrydawg,
Duw dda'n rhoi dy ddawn yrhawg.
Brawd Marchell, dirion belldir,
16   Banhadl-wen, gwna'*r* byw'n hoedl hir.
Ni chair dros un gŵr a chant
Ond un gŵr; Duw yw'n gwarant.
Barn meibion o'i fron un fryd,
20   Brychan, a bair ynn iechyd.
Dawn oedd, yn frodyr dy nain,
Da'u rhagor, dau ar hugain.
Naf a'u heurodd, Nef hirwen,
24   Nerth wyd o Einion Yrth hen.
Oes dim uwch no'th urddas di,
Wir Dduwnawdd, ar ddaioni?

    Y Gwyddel, bydd drwg iddaw,
28   Y dyn a'i lid yn ei law,
Doeth ar hanner d'offeren,
Drud bwnc, i dorri dy ben.
Afraid oedd ei fryd iddaw,
32   Afrwydd oedd ei dramgwydd draw.
Ar ei gweryl 'r âi Geram,
Annoeth o gof, e wnaeth gam.
Dros gam, heb droi ysgemydd,
36   Deigr a phoen a'i dug i'r ffydd.

Pwy âi i'r nefoedd? Pen Ifan;
Pen Teyrnog ddyledog lân.
Ceraint pawb yn y coroedd,
40 Cefnder yt, cyfiawnder oedd,
Einion, Meirion, a mawrwaith,
Seiriol cun sydd un o'r saith.
Plant Ithel sydd angel saint,
44 Da yn Nuw yw dy neiaint.
Cyfyrder lliw, cai fordon,
Cawn *Dewi un* waed cannaid Non.
Ennyn y ffydd yn un ffordd,
48 Lugorn y ddwy olygordd.
Nid oes glwyf na dwys glefyd,
Na gwayw yn boen gan y byd,
Na gofid, na gwayw afiach,
52 Nas gwnaud yn ei wysg yn iach.
Gwae a'i dug, y gwayw dygyrch,
Gar dy gôr, gwareda gyrch,
A'th *l*an sy berffaith o lu,
56 A'th ras a wnaeth yr Iesu.

N'ad i'th blwy*f* un adwyth blin,
Na braw gŵr, na briw gerwin.
Teilw*ng* wy*t* o wehelyth,
60 N'ad o'i *f*ewn *un* n*i*wed fyth.
Dy grys fal dagrau Iesu,
Da, 'r enaid, oedd o rew du.
On'd o ddirwest oed*d* warant
64 (Nid o ran swyd*d*) yr aud yn sant?
Gwa*e*dol bo*n*hedd*i*g ydwyd,
A sant maw*r* ei urddas wyd.
Bu dy ran heb w*a*ed Ronwen
68 Hyd Duw, sant, ŵyr Brutus hen.
Cadwyn bren o'r [   ],
A'i lu o'th frenhinol waed.
Dy nerth oll rhag dŵr a thân
72 Dwyoes a gatwo'r dean,
A cheidwad heddwch ydwyd
I bob dyn, cloch Dyffryn Clwyd.

O ran saint yr ynys hon,
76 I ni'r oedd yn arwyddion.
Trwbl yn troi *t*rwy'r blaned rhôm,
Teyrnog, n'ad ddrygfraint arnom,

80 A'th grair yn benrhaith i Gred,
A'th ŵyl y down i'th weled,
A'th weled heb feth eilwaith
A wna*wn* o fewn y nef faith.

Ffynonellau

A—BL Add 14999, 70ᵛ B—Bodley Welsh f 4, 173 (llau. 1–54) C—LlGC
2010B [= Pant 42], 319 (llau. 1–54)

Amrywiadau

1 *BC* ..saint.., *B* ..a sydd.., *C* ..y sydd.. 2 *ABC* tyrnog.. 3 *A* ..teilwg.. 4 *A* tri
ffin arrhwyn.., *B* tri sain a rown.., *C* ..a rown.. 5 *A* ..glad tegangl.. 6 *ABC*
tyrnog.., *AB* ..wyd.. 7 *A* o wyr gene dda.., *BC* ..genau da goroff 8 *A* ysdar a
glin arwystyr.., *B* ..arwystr.. 11 *ABC* tyrnog.., *BC* ..wr.. 12 *A* ..dyfrwd ti.. 15
C braw.. 16 *BC* banadlwen.., *A* ..gwna y.., *BC* ..gwnawn byw n.., *B* ..hoedlir
17 *A* ni char.. 19 *A* barn e meibion..vn fryde 20 *A* ..a barn i iechyd 21 *A* 22–
21 22 *A* da ir hagor.. 23 *A* ..hir wen 24 *A* nerthwyd o einon yrthen, *B*
..Einion ierth.. 26 *A* wyr.. 30 *A* drug.. 33 *A* ..geran 34 *BC* a noeth oi gof.., *A*
..a wnaeth gan 35 *A* dros igan.., *B* dros i gam.. 37 *AB* pwy air.., *C* ..ai
i..Ieuan, *B* ..pen fuan 38 *ABC* ..tyrnog.. 40 *A* ..kyfiawyder.. 41 *BC* Simon.., *B*
..amhwrwaith 42 *C* Seirioel.. 43 *A* ..angelsant 44 *A* ..ydiw.. 45 *BC* cyfyrdyr
liw.., *A* ..lliw k[ ] fordon 46 *ABC* kawn dy iawn waed.., *BC* ..canid Non 47
B yn un.., *C* un yn.. 48 *BC* ..i ddwy.., *C* ..welygordd 49 *AB* ..glwy.. 50 *C*
..gwayw n y boen.. 51 *B* ..gofid gwayw.. 52 *B* nas gwnaid i ni wisc yn iach, *C*
nas gwnaud di n wisci n iach 54 *ABC* ..gwared a.. 55 a than.. 57 ..blwy.. 59
teilwg wyd.. 60 ..ffawn newed.. 63 ..oed.. 64 ..swyd.. 65 gwadol bohedig.. 66
..maw.. 67 ..wed.. 69 ..or kiawaed 74 ..deffryn.. 77 ..drwy r.. 78 tyrnog.. 82 a
wna o fewn..

18
Awdl i Wenfrewy

Gwenfrewy, Duw fry, gwaed y fron,—mor debyg
    Ydyw'r aber i'r ffynnon;
  A gwaed rhudd yw godre hon,
4   A'r gweryd, a'r main geirwon.

Geirwon fantellfrig, ei gwerin—a bryn,
    Fal bron Saint y Catrin;
  Glwyswaed o'i mwnwgl iesin,
8   Gwared gair o'r gwridog win.

Llawnwin ffons yn llenwi'n un ffair,—llu'n nofio'n
    Llyn afon y byddair;
  Lloer wingrofft, llawr ariangrair,
12   Llwyth o fryn nef, llaeth o fron Mair.

Mae'r dagrau mor deg 'r y main—o bryder,
    Baradwys holl Brydain;
  Dynion rhi', dôn' yno, 'r rhain,
16   Dri rhif rhwng dorau Rhufain.

Mawr yw'r gwyrthiau brau gwedi'i briwo—a wnaeth
    Nith ferch chwaer i Feuno:
  Troi gloywddwr, triagl iddo,
20   Trwy grai gnwd daear a gro.

Drwy y gro a'r dŵr a'r graean
  Y dôi weddi braff, nid oedd brin;
  Duw a rôi'i hoed ar y dŵr hwn:
24   Dau bymtheg teg ydoedd oed hon,
  A diwedd ei hoed ydoedd hyn.

Wedi hyn, o'r bryn, wir Brynwr—bydoedd
    Â bedydd, yr Ungwr,
28   Gorau Brenin gwir Brynwr,
    Y gwnâi Dduw y gwin o ddŵr.

      Y dŵr anfoned i Wen—deg Frewy,
         Dug friwiad bob gwythen;
32   Y gwaed pur am y pen,
         Yr holl waed yw'r afrlladen.

      Afrlladen yw Gwen, a genau—'r Drindod,
         Ac UnDuw'n archollau;
36   Mae'r ffrwd mor braff ei rhadau,
         Mae gwres *ac* mae mwg o'r grau.

      Drwy hon, dŵr o'r fron wedi'r frawd,—o'i mynwes
         Mae anadl y Drindawd;
40   O dir godre dŵr gwaedrawd,
         Dwg yn iach enaid a chnawd.

      O law Tomas urddaswin
         Yr aeth y gost ar waith Gwen:
44   Diwan adeilad, da iawn y dylud,
         Da y darparwyd, iti darperir.

      Pymthecant (mi a'i gw'rantwn)
         A deuddeg oed oedd Duw gwyn;
48   Dwy fodfedd am bunt o'r bont i'r clochdy,
         O'r ddaear i frig yr eurdderw fry;
         Deg mil, deg cant yw gwaith y tŷ—'n Sychnant,
         A deugain rifant i dŷ Gwenfrewy.

52   Yn dorchau arian y dŵr a chwery
         O'r berw graeanwyrdd i'r wybr *i* grynu;
         Yn rhuad fal tarad' tery—tua'r wybren,
         Yr Urddonen freuwen, am Wenfrewy.

56   Nid rhaid myn*e*d heb wared o'r dŵr a bery;
         Os dyn gwan heinus, fo dynn Gwen hynny;
         Os brad gan friwiad, Gwenfrewy—a'i barn;
         Nac un ias gadarn na gwayw nis gedy.

60   Y dall a wŷl o'i dywyll wely,
         Y crupl gwan oerddig a gerdd ar i fyny;
         Y byddar mudwar a 'medy—yn iach,
         Fo'i clyw'n freuach ar ŵyl Wenfrewy.

64 Llawer enaid dyn ar llawr yn un tŷ,
   Lle doir ag offrwm lliw dŵr a gyffry;
   Lle berwodd ennaint yn llwybraidd ynny,
   Yn llyn y dyffryn llawen y deffry;
68 Cyrchu llu ati, llety—llan cleifion,
   Llanwan' yr afon yn llan Wenfrewy.

   O'r berw boglynwyrdd mawr yw'r boglynnu,
   Mae aur ar ei delwau, mor wir y dyly;
72 Mae'r gwyrthiau mor frau mawr fry—'n Ewropa,
   Mae mwnai'r Afia am Wenfrewy.

   Mae'r gwaed yn ei mwnwgl wedi r'gymynu,
   Ni thorrai fo'i heinioes fyth er hynny;
76 'Ffernbryd dybryd hyd obry—a'i llyncodd,
   Ei gelyn friwodd y glân Wenfrewy.

   Gwenfrewy, Duw fry, &c.

Ffynonellau

A—Pen 84, 154 B—Pen 184, 80 C—J 138 [= RWM 16], 252^r D—LlGC
552B, 118^r E—LlGC 5273D, 32^r

Amrywiadau

1 *D* ..mor [ ] 3 *D* ..goddre.. 4 *A–D* gweryd ar y.., *CD* ..gwirion 5 *C* gwirion..,
D gwerion.., *A–D* ..ai bryn 6 *B* ..Sant.. 7 *AB* eglwyswaed.., *C* eglwyswaed
mwnwgl.., *E* a.. 8 *E* gwaed..gwaredig.., *A–E* ..a gair.., *C* ..ar.., *ABD*
..gweridog.. 9 *CD* llewnwin.., *A–D* ..ffons llenwi.. 10 *E* llann.. 11 *A*
..ewingnofft.., *BC* ..ewingrofft.., *D* ..ewing rwfft.., *E* ..wingorff.. 12 *E* ..llaeth
fron aur 13 *A* [ ] dagre..main [ ], *E* ..main breuder 14 *BCD* paradwys..
prydain 15 *A* [ ] don.., *E* ..rhy edon yw r.. 16 *A* [ ] dore.., *E* ..vwch.. 17 *A* ..a
brav wedi briw [ ], *B* ..gwethie wedi i.., *C* ..braw gwedi briw.., *D* ..gwrthiav a
braw wedi briwo.., *E* ..brau n y bro.. 20 *A* ..gnai gnvd.., *CD* ..gnai.., *E* ..grav
grud.. 21 *C* drwy r.., *E* ..y dwfr.. 22 *E* doe gweddi.., *A–D* ..gweddi.. 23 *E*
..dwfr.. 26 *A–D* ..y bydoedd 28 *A–D* ..yn gwir.., *E* ..yw r gwir.. 29 *ABD*
..dduw gwin.. 30 *E* y dwfr.., *B–D* ..a anfoned.., *A* ..i deg wen frewy 31 *D*
..friwad.., *B* ..bod.., *E* ..pob.. 32 *E* ..yw am.. 34 *B* [34–7], *ACD* ..y drindod 35
E ar vnduw.. 37 *AC–E* maer gwres maer mwg.. 38 *A* ..wedi r ff[ ], *B*
..ffrawd.., *C* ..ffrwd.., *D* ..fron r frawd.. 39 *AB* yw.., *C* i mae.., *E* ymanadl..
40 *A* [ ]dir gwaedrawd, *E* ..dwfr.. 41 *A* [ ] yn iach.. 42 *A* [ ] law.., *C* ..urddas-
wen 44 *A* [ ]i wan.., *E* ..dylid 45 *A* [ ] da.., *B–D* a da.., *E* a da darparwyd..,
A–D ..ag itti y.. 46 *A–D* yn bvmthekant.., *E* yn bynthegcant ni.. 47 *BCE*
..oedd oed.. 49 *A* ..ddair.., *D* ..fri..fryn 50 *B* [ ]ng mil a.., *C–E* dengmil.., *AC*

..a dekant.., *E* ..a deucant.., *C* ..gwaith ty sychnant, *D* ..sychnan[ ] 51 *C* [51], *ABDE* ..a rifant.., *B* ..dv.. 52 *A–D*/*E* y dwr / y dwfr a chwery yn dorche arian 53 *E* ar..yn grynno, *A–C*/*D* ..wybyr grynnv / grynv 54 *BC* y rhvad.., *B* ..fel.., *E* ..taradr.., *A–E* ..y tery.., *A* ..teav r.., *CD* ..trwy r.. 55 *E* vn..i wenfrewy, *D* ..am wenfre[ ] 56 *A–E* ..mynd.., *E* ..dwfr.. 57 *D* or dyn.., *B* ..gwahan.., *AD* ..fo a dyn.. 59 *D* ..ais.. 60 *C* ..a weyl.. 63 *ABD* fo ai.. 64 *ABDE* ..ar lawr.. 65 *D* ..lliw yr dwr.., *E* ..dwfr.. 66 *A* ..i ynny 67 *E* ..llawer.. 68 *C* ..llv itti.. 69 *E* llanwe r afon.. 70 *D* o.., *A* ..boglynwyrd.., *A–D* ..boglynnav, *E* ..bolglymu 71 *A* mav.., *A–D* ..ydylyn 72 *D* mae gwrthiav.. 73 *A* mae r fwnai afian.., *B–D* mae r fwnai arrian.., *E* mae r fwyna r.., *C* ..ar.. 74 *ABDE* ..yn y mwnwgl.., *B* ..wedi r gy[ ], *C* ..wedi gymynv, *D* ..wedir kymynv 75 *E* ni throe.. 76 *A* vfernbryd.., *B* ..an llynkodd 77 *E* elyn.., *A–E* ..a friwodd.., *BE* ..y lan..

Awdl i Saint y Catrin

Cerdda'r ffordd rwydda', o wreiddyn—mawrddysg,
    Ma*u* arddel ymddiffyn,
    O radau, lwyth eurwaed lin,
4   Oedd o fron Iddew frenin.

Catrin, merch brenin, breiniol—y'th aned,
    A'th henwi yn ddwyfol;
    Doeth arab dy iaith wrol,
8   Gwyro ei hiaith, gwŷr o'i hôl.

I'th ôl, ferch ddwyfol, o ddyfyn—bobl,
    (Bwy abl i'th erbyn?)
    A'th groyw hyder i'th gredyn
12   Ar ddeau, Dad wirDduw, a dynn.

Pob un a ddychryn o ddechre'r—Beibl,
    A'r bobl ni losge;
    O rad gwyrth *e* red gwyrthie
16   Croes Duw, yn un Crist o ne'.

Gras o nef a gwres yn un,
    A thraw i dŵr a thrwy dân;
    O'r golwg teg a'r galon,
20   Cywira' i Dduw, carai ddyn.

Pob dyn i'th ddilyn, a gweled—grisial,
    P*e*n grasol, ffrwyth anghred;
    I'th ddynion, da pan'th aned,
24   Ac i lu Crist olew Cred.

Holl Gred, eidduned ddynion,—hyd atad,
    Aed eto b'rerinion;
    Rhwyd gwrolaeth, rhad greulon,
28   'N lladd 'neidiau, ll*u*oedd 'nudon.

Anghyfion 'Ddewon oedd ddiwedd—Catrin,
    Cytroed mynydd heulwedd;
    Dygai angylion, degwedd,
32   Cwrffwr bun a'r corff i'r bedd.

Bedd rhyfedd, anrhydedd radau—o'r gras,
    Dinas Mynydd Sinai;
    Yn anian tân a 'nynnai,
36   Yn gerth, Duw, i'r berth y ba*i*.

Perth wen Moesen, *y* mae eisys—â brig
    Briwgyrn mynydd anghrys;
    Moesen a gwympe'n gampus,
40   I lanw'r âi'*i* lu'n ddi-rus.

Dirus ferch gampus ag impyn—Trindod,
    Tri, unDuw, a brenin;
    Isel bêr barabl iesin
44   Ar Dduw i lawr ar ddau lin.

Ar ddeulin pawb addolent,
    A thrwy gof, eu *h*athro gynt;
    Oel i'th gôr, olew wyth gant,
48   Gwaith adar hen gaethdir hwnt.

Awn, dremynt, helynt hylwydd,—*yn* rhydd
    Er gwydni byd tragywydd;
    Ar dy wedd rhinwedd mor rhwydd,
52   Bryn yn aur, bron yn arwydd.

Pob arwydd mor rhwydd, pob irwydd y ca',
    Pob crup*u*l, ddydd Sul, dda swrn dyrfa;
    Pob Mercher, hyder hedan' gynta',
56   Pob rhagor i'th gôr a'th gaer noddfa;
    Pob noddfa i'r cla' rhag clwyf—tan blaid,
    Pob rhaid corff enaid, dinad wyddfa.

Pob abad, pob cad a ddigwydda
60   Pan ddiffoddo'u lamp ar ddydd eitha';
    Pawb yna wylia am weled—angel
    A'i henw dan sêl, sawl pwy benna.

Er dy hyd, irdeb wyneb eira,
64 Er cur a dolur dilyn gyrfa,
Er gwaedrawd y cnawd, cnwd Catrina,
Er wyneb gwiriondeb, gwrando arna':
Na ad arna' ana', enaid,—Dyddbrawd,
68 Rhag sawd oer frawd o fryd Satana.

Er gras a gafas, gyfion archfa,
Er d'eirie hygle' eglur draetha',
Er gwen, grair Mair, merch Leoneisa,
72 Er Iesu a'i welïau penna',
Er y penna' enwa', iawnwaed—o fron,
I'th berson iach fron, galon rwydda'.

Cerdda'r ffordd rwydda', &c.

Ffynonellau
A—LlGC 6499B, 663 B—Pen 120, 596

Amrywiadau
1 *B* kerdh r ffordh rhwydh.., *A* ..rhwydda.. 2 *AB* mae.. 3 *B* ..roday.. 13 *A* ..e
ddychryn.. 15 *AB* ..a red.. 16 *B* ..dyw n yn krist.. 17 *B* ..yn yn 19 *B* ar.. 22 *AB*
pan.. 24 *B* ..oley kred 25 *A* ..gred ai[ ], *B* ..ai dhined.. 26 *A* [ ] eto.. 28 *A*
..lleoedd.., *B* ..lhe oedh.. 30 *B* kytraedh.. 36 *AB* ..bau 37 *AB* ..moesen mae..
39 *AB* ..gwmpen.. 40 *AB* ..rai lu n.. 46 *AB* ..athro.. 49 *AB* ..hylwydd rhydd 53
A ..kaf 54 *AB* ..crupl.. 58 *B* ..dinay wydhva 59 *AB* ..ddigwyddaf 67 *AB*
..anaf.. 68 *B* ..Satna 70 *AB* ..dy eiriau hyglef.. 72 *AB* ..pennaf

20
Cywydd merch

Hyll yw'n gwaith, hollwn y gwŷdd,
Hyll yw gwawd a'i holl goedydd.
Henawr oedd honno i ni;
4 Hwnt diwreiddiais hon trwyddi.
Hyfain wisg, hoywfun wysgerdd,
Honno a gaiff hynny o gerdd.

 Hyddfain nid wy', heddiw nid iach,
8 Hiraeth a'm gwnaeth yn hwyrach.
Hir serch heb droi annerch draw,
Hyn oedd yn fy heneiddiaw.
Hebog byw heb euog bwyll,
12 Hedaf at 'y nyn hydwyll.
Hudo dyn, un hediad wy',
Hyn oedd feddwl hen Fawddwy.
Hir ynn oedd herwa y nos,
16 Hwn nid oedd hun na diddos.
Hir boen yw herwa beunydd,
Hwy arna' faich hëyrn fydd.
Hen wae fi heno yn f'au,
20 Hyd y fan hwde finnau:
Hual 'y nhroed â hoelion,
Hual y serch hoelies hon;
Holion trwm am helynt rhai,
24 Hon, Annes, a'u henynnai.
Hwyra' swydd i aros hon,
Heno'r wyf hun yr afon.
Hwyr y dowch am hir oedau,
28 Hoyw Annes, fyth, hyn sy fau.

 Hëwyd wyneb hyd Annes
Helaeth iawn o haul a thes.
Hir ym ddwyn,—on'd ym mhrin ddail?—
32 Ha' a gaea', hug wiail.
Henwais wen, hynaws iaith,
Hon, gwn ei henw ganwaith:
Henw 'mun, hëwn ei mawl,
36 Hi yn bedair henw bydawl.

Herod bun, hiroed boenau,
Hurt iawn wyf, herwa' tan iau:
Hwyl ewig wedd haul a gwynt,
40 Heliwr a ŵyr ei helynt.
Heliaf unfodd hael feinferch,
Heliais ym â hwyliau serch.
Hael ydyw'r ferch, haul drwy f'au,
44 Haeddodd morwyn hawdd'morau.
Hon a rydd bob hanner awr
Heddiw ymy hawddamawr.

Hun ni chaf, hwy nych ofer,
48 Hun eos fach hafnos fer.
Hyfryd yw 'y neheufraich
Honno fydd heno yn faich.
Hynaws ced, hi onis caf,
52 Hon, o'i bodd, hen ni byddaf.

Ffynonellau
A—Card 2.114 [= RWM 7], 285 B—J 139 [= RWM 14], 191 C—Pen 112, 370

Amrywiadau
2 *B* ..a.. 3 *C* [ ] oedd.. 4 *B* ..tiwreiddwas.., *C* ..diwreiddiant..
5 *C* ..hoywvain.., *A–C* ..wisgerdd 10 *A* ..fynheneiddiaw 15 *AC* ..herwa nos
18 *B* ..arnai faich na.. 19 *B* ..honno.. 20 *B* ..fin.. 21 *B* [21–4] 25 *A* ..swyd..
27 *AB* hir.. 29 *C* ..hyd wyneb.. 30 *B* heleth.., *C* ..iawn havl.. 31 *B* ..ond yn
rhin.. 33 *B* ..waith 35 *B* ..a mawl 43 *A–C* havl..hael.. 44 *A* ..hawdd
ddanmorav, *B* ..hawdd ddanmiorau 46 *C* ..i mi..

21
Cywydd merch

Gwra mae'r ferch a gerais
Cor o liw sud, carl o Sais.
I minnau'r aeth hiraethfyd
4   Os gwir golli'r maes i gyd.
Gresyn i ferch gryswen fain
Garu mêl y gŵr milain.
Dy roi, 'nyn, mor dirion wyd,
8   Dan Iddew byrflew barflwyd,
Ni chai fyth, anwych yw fo,
Un teg air ond dy guro.

    Na fyn was llibin glinfaw,
12   Na'i bawen i'th lathrwen law.
Gwell yt ddyn mwyn cynhwynawl
Yn ordderch, meddylserch mawl,
No chymryd, gwedd ynfyd gŵr,
16   Bryd hasti, briod hwstwr.
Na châr gwcwallt o alltud,
Na fyn un bawddyn o'r byd,
Na dyn celwyddfin cleddfoer,
20   Na rhuad awen anad' oer.
Llysa granc, byr afanc bach,
Llwyd, begergrwyd', gwargrach.

    Y fun f'lenwen, wefr befrfrig,
24   Liw eiry ar fron, loer aur frig,
Ai gwir dy fod yn gwra
(Uchenaid tost!) o chwant da?
Os gwir hyn, nis ysgoraf,
28   Onid gwir, f'enaid a gaf.
Na fyn arth o ddyn carthgrys
Â'r henaidd, chwerw, wladaidd chwys.
Dyn carnflew, byr Iddew bach,
32   Du rhythdin, gaflgrin, gweflgrach,
Dyn wen i'w rhoi dano ef,
Gwyddwn mai drwg y gweddef.
Gwrthod arddyrngrest westai,
36   Gweddwas caeth, gwae iddi os câi;

Carl hwstwr, gwedd teilwr tom,
Carthgwd, trwynffrwd, taranffrom;
Twrch bawlyd, hoen hirbryd hin,
40   Traws gleddlwfr, goeg trwsgleiddlin;
Corn hadlestr gwedd elestr gwyllt,
Cul ei ais, c'wely Esyllt;
Ci oerdra ffrom, cordarw ffrith,
44   Crynwas baw, aelfras bolfrith;
Llowdrgagl dwrn, grinfagl groenfaw,
Llyrfaidd granc, byr afanc baw.

Gwrthod gywely gwrthun
48   O'th roddir i ddihir ddyn.
Bywyd i'r ferch, dreiglserch dro,
Bâr Suddas, byrroes iddo,
A rhoi'r byrgwd mewn gwden,
52   A chwithe i minne, amen.

Ffynonellau
A—BL Add 14967, 67ᵛ B—LlGC 5269B, 214ᵛ C—Pen 112, 479 D—LlGC
642B, 141ʳ E—LlGC 834B, 282 F—LlGC 6471B, 154 G—LlGC 566B,
48ʳ H—BL Add 10313, 39ʳ I—Bangor 13512, 252 J—BL Add 31078, 179ᵛ
K—CM 501, 12 L—LlGC 783B, 27

Collwyd rhannau o destun llawysgrifau D, E, F gan fod ymyl y tudalen
neu'r ffolio wedi llwydo neu rwygo.

Amrywiadau
2 *G* korluw a syd.., *K* korluw a syl.., *HL* ..sutt.., *F* ..syt.. 3 *A* i nnavr aeth.., *J*
i miau r.. 4 *GK* o gwir.. 5 *GK* gryssyn.., *C* ..ir verch.., *HL* ..yt ferch.. 6 *F* [ ]
mul garu.., *GHKL* geirie mel garu.., *BEI* ..moel.. 7 *F* ..roi yn.., *C* ..y nyn.., *L*
..y nyn dirion.., *D* ..nyn dirion.. 8 *B* i.. 10 *GK* ddun deg aur.., *F* ..aur.., *A*
..ondygo, *J* ..ond digio 11 *GK* ..ddyn.., *K* ..glinsaw 13 *F* ..wr..kynhwyn fawl,
HL ..wr.. 14 *FI* ..meddylferch.., *HL* ..meddygl-serch.., *GK* ..mawr 15 *F* 16–
15, *BEG–IL* na.., *FHL* ..ysbrud gwr 16 *GK* pryd..priod.. 17 *AJ* nach
gwkallt.., *BEI* nac un kwkwallt.., *CD* nach kwkwallt.. 18 *B* ..fynn bawddyn..
19 *F* ..kelwyddog gweflboer, *GK* ..kwiliddwefl gweflboyr 20 *BEI* rhvad
awen.., *F* anrhwyddadl ruw anadl oer, *GK* rhuadl arw anadl.., *AJ* ..rrvadl..
anadl.., *CD* ..anadl.. 22 *H* llwyd fo gyrgrwyd llwfr.., *L* llwyd fogurgwyd llwrf
gwawrgrach, *BEI* ..a begergrwyd.., *F* ..fegergrwyd llwrf gwargrach, *GK*
..fegergrwyd.. 23 *BE* y felenwen.., *FGK* fy nun felen wefr.., *I* y
felynwen..benfrig, *HL* na i gorph oernych gwir ffyrnig, *ACDJ* ..bevrig 24
BCEFL lliw..lloer.., *H* lliw eira r fron.., *I* lli.., *FL* ..eira.., *GK* ..eira fron loiw..,

D ..or.., *DHI* ..lloer.. 25 *HL* os.., *F* na fynn vn anoeth yna 26 *HL* ..a chnawd
da 27 *F* [27–8], *BEI* ..nid esgoraf 29 *F* na fynn ath rad ddyn.., *H* gwrthod
arth o dyn.. 30 *F* arenaidd.., *H* or.., *GK* ..chwydd.. 31 *L* dyn aulflew.., *F*
..krach flew.., *GK* ..karthflew.., *H* ..culflew.. 32 *F* drythdin.., *GK* du rythin..,
H dyn.., *J* ..rhychdin.., *L* ..rythdin.. 33 *F* 34–3, *C–EIJ* ..yw roi.., *F* ..i roi.., *H*
..ai rhoi..e 34 *DH* ..gwedde 35 *H* gwrthod ei arddwrn.., *I* gwrth arddyrn
grefft.., *GK* ..arddyrgest.. 36 *B* gweddwas gwae.., *F* gwaed was kaeth gwdi
os k[ ], *GK/H* gwadwas / gwdwas kaeth gwae di.. 37 *H* cael.., *FHK* ..tailiwr..
38 *H* ..truan ffrwd trwyn ffrom 39 *F* ..hirfryd hun, *GK* ..hen hirfryd hyn, *H*
..hen ysbryd hun 40 *F* [ ] gleddwr koeg trwsgleidd lun, *H* ciw sceddlwfr coeg
ysgwyddlwm, *B* ..gleddwfr.., *I* ..gleddfwr..trwgleddlin, *GK* ..leddlwfr
trysleidd lyn, *A–EJ* ..trwsgleddlin 41 *H* ..gwydd edlester.. 42 *F* [ ] i ail.. 43 *F*
[ ] darw ffrom kor daewffrith, *G/K* ki oyr taer ffrom / ffun n teirffridd, *H* ci
oer dewr ffroen cor draw.., *BEI* ..kordraw.. 44 *BCEI* krinwas.., *F* [ ] rin
was.., *GK* krinwas bawaflfras bolfrith, *H* trwyn fras baw.. 45 *F* [ ] dwr gagl
grinfagl.., *G* lodr gagl fwrn.., *K* codrgayl fwin.., *H* ..gagl grin.., *B* ..dwr
gringagl.., *C–EI* ..dwr.. 46 *F* [   ] lysa grank byrr afafank.., *GK* lwfwr
waidd.., *H* llyfr-iaith.. 47 *ACDJ* ..gwrthvyn 48 *C* oth rhoddir.., *H* oth yrrir ir
dihir.., *J* ..iddi hir.. 49 *F* ..yt ferch drasserch.., *HKL* ..it ferch.. 51 *GK* rhoddi
r kayth gwd wrth wden 52 *GK* a hithe.., *H* chwithe.., *BEI* ..chwithe i minev..,
J ..minneu..

Trefn
GK 1–6, 9–10, 7–8, 11–26, 29–30, 35–40, 43–6, 31–2, + i, 49–52
H   1–10, 13–18, 11–12, 21–6, 29–52
L   1–10, 13–18, 21–6, 31–2, 49–52

i

krwydrwas karn krinwas krydd
kachiad ki krwydrad koydrydd
Ow gwae dy gorff gidag e
dilwydd bob man i dele
gwae fine ferch anherch gayl
fod rhai nith garai ith gayl
na bod vn rheudis yswallt
ddyn deg yn tynu dy wallt

Pennawd
B K: i athrod rhwng i gariad ag un arall ag yw ddyfalv; *C* kowydd moliant
merch ag yw hathrod ar dyn yr oedd i chenedl ar odde i dyweddio iddo; *D I*
athrod rhwng Gruffudd ap Ieuan [ap Rhys Llwyd] ar ran i gariad a dyn yr
oedd i thylwyth yn i rhoi iddo; *E J* athrod rhwng i gariad a dyn ar oedd
ymryd i thylwyth ar i rhoi iddo ag i ddyfalv y kyfaill hwnw; *G* Ethrod; *HL I*

Ferch oedd yn mynd iw phriodi; *I* i athrod rhwn i gariad a Dyn yr oedd i thylwyth am i rhoi iddo

Awduraeth
GK Siôn ap Hywel ap Llywelyn Fychan; *A–EJ* Siôn ap Hywel Fychan (*ond casgliad o gerddi SHLIF yw'r olaf*); *I* Ifan ap Hywel Fychan (*?gwall am Siôn*); *F* Gruffudd ab Ieuan; *H* Cymro a'i cant; *L* Dienw

22
Cywydd merch

Treio cannoed, troi Conwy,
Taro'r wal â'r afal 'r wy',
Neu ddyn dall ar fôr allan
4   Yn ceisio 'mlusgo i'r lan,
Neu ŵr a fai saith wryd
Mewn y bedd dyfna'n y byd;
Gorfedd rhwng iâ a'r garwfaen,
8   Gyrru 'mys drwy gwr y maen.

Bwriad serch ac anerchoedd
Ar ddyn wen,—anniben oedd.
Rhy wen oedd, rho' win iddi,
12   Rhy ddu, mi a wn, oeddwn i.
Balch fydd merch o'i hanerchion
A'i phryd teg, eiliw ffrwd ton.
Mab a fydd, awydd awen,
16   Mawr ei chwant i gael merch wen.
Tybied wrth ei mynd heibio
Ei bod yn well nog y bo.
Nid hwyrach, gwnnach no gŵr,
20   Ei bod o'i mewn yn bwdwr:
Bradog liw fydd brodiog len,
Bariaeth fydd ar ddyn burwen.

Am degwch Elen wenradd,
24   O'i phlegid bu'r llid a'r lladd.
Bu'r gad, llawn llwybyrfrad llid,
Gamlan drwy ladd ac ymlid,
A Gwenhwyfar, gain hoywfaeth,
28   Walltfelen, gnawdwen a'i gwnaeth.
Ac Efa, ddifwyna' ddyn,
Drwch aml, a dorrai orchymyn.
Y fad felen oedd benna',
32   Un deg, heb un rhinwedd da.

Teg arlwybr fydd draig wybrddydd,
Tân llidiog, rhyfelog fydd.

Na fydd falch, eiliw'r galchwawr,
36 Ni phery pryd ennyd awr.
Ni phery gloywder seren
Na phryd ond ennyd i wen.
Ni ddylud, em wedd wiwlan,
40 Ddirmygu dyn gloywddu glân.
Mae i'm bryd innau'n brydferth
Garu dyn burddu dan berth,
A chynnal oed mewn coed cyll
44 Ein deuwedd, mi a'm dyn dywyll,
A gochel dyn drem wenlas
A rôi destun mewn glyn glas.
Gwell ym un a faco llo,
48 Gwawr henaidd, no'r wawr honno.
Gwell ym gael dyn, diffael don,
Dywyll ag aeliau duon.
Gorau i'r mab a garo merch
52 Garu hon a gyrru i'w hannerch.

Ffynonellau

A—Pen 93, 86 B—LlGC 3037B [= Mos 129], 212 C—CM 22, 49 D—BL
Add 14994, 109ᵛ E—BL Add 14999, 92ᵛ F—BL Add 14988, 28ʳ G—Card
2.114 [= RWM 7], 337 H—Pen 112, 399 I—CM 129, 380 J—Llst 122, 354
K—Llst 122, 351 (llau. 13–26)

Amrywiadau

1 *BCE* tori..treio.., *DF* curio gan oed treio.., *GHI* tori.., *J* ..cynoed..,
A ..konwyf, *E* ..kannwy 2 *A* ..rwyf 3 *J* ..or mor.. 4 *J* a fai n ceisio
ymlwybro.., *A–F* ..ymlwsgo.. 6 *B–FJ* yn y bedd.., *EJ* ..mwya.., *D* ..yn byd 7
BDF gorwedd.., *B–FJ* ..a garwfaen 8 *D* grymys.., *B* ..y mis.., *CFJ* ..y mys.. 9
B–F bwriais.., *G–J* bwrw.. 10 *C* ..ag anniben.. 11 *D* rhy we.., *C* ..rhof.., *IJ*
..rhown.. 12 *DFI* ..mi wn.. 13 *CDF* ..a fydd.., *E* ..ai.., *DFK* ..anherchion 14 *D*
oi.., *B–FK* ..wyneb ffriw ton 15 *E* ..ddawydd awen 16 *E* ..chant.., *B–FJK* ..i
garv.. 17 *AB* tybiaid.., *EGHI* ..wrth fyned.., *J* ..wrth fynd.., *DF* ..myned.. 18 *I*
..yn amgen ni bo 19 *C* ..gwrach.., *E* ..gwennach.., *AEK* ..nai gwr 20 *GH*
..oddi fiewn.., *I* ..oddfewn.., *B* ..i mewn.., *D* ..bwdr 21 *A* brodiawc..
bradawc.., *E* baradog..byrodiog.., *J* ..o liw brodiog.., *B–GIK* ..fal.., *GHI*
..llid..llen 22 *BCGHK* barieth.., *DF* brraith.., *E* baraith.., *BCD* ..a fydd..
23 *DF* yn deg wych.. 24 *D/F* oi / o phelegid i.., *AE* ..fv r.., *F* ..lid ar ladd 25
BD/C bvgad / bv gad brvdd llawn llythvr llid, *E* bv ygad brvdd llawn
llythyrydd llid, *F* bv god brvdd llawen llythyr llid, *GHI* bv gad rvdd llawn
cyfrvdd llid, *J* bv gad brvdd llawn cythrudd llid, *K* ar gad brvdd lawn
gythrvdd lid, *A* ..llwybrfrad.. 26 *F* gomlan.., *C* ..trwy.., *J* ..bv ladd.. 27 *D*
..haywvaeth 28 *C* ..gwawdwenn.., *E* ..gnowen.. 29 *A* [29–30], *C* a.., *BEF*

..addwyna ddyn, *D* ..addwynoc ddyn, *J* ..addwyna o ddyn 30 *D* druch anwyl a drodd i chymyn, *J* trwch.., *F* ..a droe.. 31 *GHI* ar.., *E* ..vu bena 32 *BCDF* deg.., *AJ* yn dec.., *EGHI* oedd dec.., *B–FJ* ..arwydd.. 33 *A–CE–J* ..ar lwybr.., *C* ..a fydd.., *E* ..yw r ddraig.., *GHI* ..wybyrwydd 34 *C* ton.., *D* vanllidiog.., *E* ..rryselog., *GH* ..rraf fydd 35 *EJ* na fid..eiliw kalchfawr, *J* ..balch.., *B/C* ..rryfalch liw / liw r kalchfawr, *DF* ..ry valch liw galchvawr 36 *B* ..y pryd ond.., *C* ..r pryd ond.., *D* ..ei phryd ond.., *J* ..r pryd.., *F* ..ond enyd.. 37 *AE* [37–8] 38 *D* ei phryd.. 39 *B–DF–I* ni ddyle.., *E* ni ddyly.., *J* ni ddyle r.., *B* ..y ganaidd wylan, *C* ..gannaid wylan, *D* ..ganaid wiwlan, *F* ..genaid wiwlan, *GHI* ..gemwedd wylan, *EJ* ..geinwedd wylan 40 *DEF* ..gloiw du.. 41 *J* mae im bryd myna n.., *B* ..ond iw brydferth, *CD* ..o rym brydwerth, *E* ..om grym brydferth, *F* ..o rym brydferth 42 *D* ..cywirddu.. 43 *GH* i gynal.., *I* ei gynal oed.., *B–DF* ..dan goed.., *J* ..dan y coed.. 44 *DF* y dowedd.., *I* ein deuoedd awn i dowyll, *G* ..mewn yn dywyll, *H* ..awn i dowyll, *B–FJ* ..bvn.. 45 *A* [45–50], *E* [45–8], *DF* 51–2, *J* ..dyn wen dremlas 47 *BDF* ..lo, *C* ..i llo 48 *DF* wawr.. 49 *CDF* ..vn.., *D* ..dyvael.., *J* ..difael.. 50 *D* dawydd.., *F* dowydd.. 51 *D* garw.., *J* a gore.., *B–F* ..i fab..ferch 52 *D* garw..a gyrr.., *A* ..gyrv w..

Trefn

GHI 1–2, 9–12, + i, 23–8, 31–4, + ii, 19–20, + iii, 39–40, + iv, 21–2, 17–18, 43–4

J 1–12, *13–18, 21–2,* + *v,* 23–6, 27–36, + *vi,* 39–44, 49–52, + *vii,* 45–6, + *viii*

i

troea a las gynt trwy loes gwaith
troes duw anrrefn trisd anrraith

ii

tec wy eira yngayafnos
ne farig rrew ar frig rros
delw a evrer dal arian
deg i fryd loyw hyfryd lan

iii

er ioed amyl ar dy dameg
i bwriwyd twyll ar bryd teg
dyn wenfwyn damwainfyd
dismydliw i ffriw ai ffryd

iv

llawer iewn oll oi ranv
awr dda yn y dydd ar ddyn dv

v

gwen y fydd gymmen ag ir
a thomlyd iawn o theimlir

vi

balchder o bvrder y bydd
boen dirfawr bvan y derfydd

vii

gorav im pen na dyn wenfwyn
garv dyn loywdd dan lwyn

viii

Ofer wedi r carv a fv
a gais enaid gusanu
o dduw pan elwy ir ddaiar
a ddaw cof iddi ai car

Awduraeth
ABEFJ Siôn ap Hywel; *CD* Dienw; *F* Dafydd ap Gwilym; *GHI* Robin Ddu
(*ychwanegwyd yn J* Robin ddv ai cant medd arall)

23
Cywydd merch

Wedi i Dudyr Aled wneythyr y cowyddau ychod ['Gofalu heb dŷ heb dâl', 'Serch a roes ar chwaer Esyllt'] *ef aeth siarad am danyn a llawer yn i canmol. Ond John ap howel prydydd o emyll ffynnon Wenfrewy a ddywad i Dudyr ganu yn dda iddo i hun ac na chlowsai ef fawr gerdd dda oi waith i verched, ond i wyr. Pa fodd ynte heb r tudyr i cenwch i i ferched. Yno i gwnaeth John ap howel y cowydd hwn.*

Medra' o'm pwyll, mydr o'm pen,
Marchwriaeth pob merch hirwen
Ond un ni wnaeth Duw i neb
4   O lun a moddawl wyneb:
Mae parch yn ei hwyneb hi,
Mae'n weddus pob man iddi.

Lliw ar fanwallt lloer feinir,
8   Llwyth aur yw hwn, llathraidd hir.
Disglair dâl, deg afal dydd,
Dan aur a melfed newydd.
Edau eurlliw i'w darllain
12   Yw ael y ferch olau fain.
Golwg wâr, lliw mwyar llwyn,
Gloywddu, a mwnwgl addwyn:
Main byw ym mhen dyn wenglaer,
16   Muchudd balch ym mrig calch caer.
Odid fyth, drem loywsyth draidd,
O'r llu wyneb mor lluniaidd:
Deurudd fal blodau eirin,
20   Dau fan goch fal dafnau gwin;
Mae trwyn moddus gwedduswyn,
Main, bach, ni bu degach dyn;
Gwefusau fal mannau'r mêl,
24   Gwrid brig y cerrig cwrel;
Pert ddannedd glwys, ddwys ddadl,
Pur wnion mewn pêr anadl.
Pwy lathreiddiach? Pleth ruddaur,
28   Pêr yw blas pob parabl aur,
A llaw fechan mewn maneg
A gwenau doeth a gwên deg.

Mynwes gan fal rhan o'r haul,
32 Glaerwen, a mwnwgl araul.
Dwyfron fy nyn dirion dal
Dan grys fal dau faen grisial.
Ysgwyddau, breichiau un bryd
36 Lluniaidd dan bebyll unyd,
A hir yw, fy hoyw riain,
Ystlys y ddyn fedrus fain.
Am ei gwasg, yma'i gwisgwn,
40 Fy llaw i gau felly gwn.
Main ydyw'r llaw mewn dŵr llyn,
Oes aur am bob bys hirwyn?
Gorlliw 'winedd bysedd bun,
44 Gwridog mal y grae ydyn'.
Esgair dda'i llun i'm bun bach,
Ôd unnos nid yw wnnach.
Perffaith y moldies Iesu
48 Ei ffêr dan ei ffwrwr du.
Aur gaenen eira gweunydd
Yw'r traed dan ysgarlad rhudd.

Dinam, gyfliw ôd Ionawr,
52 Ydyw'r llun o'r iad i'r llawr.
Ni chaid tolc, a'i gwched hi,
Na thwrn amherffaith arni.
Dug eurllun, ddyn bertlun bach,
56 Nis dug angyles degach.

Ucha' unrhodd, wych anrheg,
A ran Duw i riain deg:
Duw i'w dangos a'i gosyd
60 Uwchben holl degwch y byd.
Anrheg y ddyn feindeg fu
A roes deheulaw'r Iesu.
Pwy oedd—mae hap iddi—
64 Mor deg ei hanrheg â hi?

Ffynonellau
A—BL Add 10314, 122 B—BL Add 14866, 106ʳ C—BL Add 14880, 35ʳ
D—BL Add 14880, 38ᵛ E—BL Add 14999, 91ʳ F—BL Add 24980 [=
RWM 36], 264 G—BL Add 31078, 172ʳ H—Bodley Welsh e 7, 26ᵛ I—
Brog (y gyfres gyntaf) 1, 347 J—Brog (y gyfres gyntaf) 2, 218ᵛ K—Card
3.4 [= RWM 5], 252 L—Card 5.44, 160ᵛ M—Card 2.114 [= RWM 7], 735

N—Card 2.68 [= RWM 19], 710 O—Card 2.40 [= RWM 26], 50 P—Card
4.156 [= RWM 64], 359 Q—Card 2.202 [= RWM 66], 364 R—CM 10, 556
S—CM 27, 319 T—J 101 [= RWM 17], 293 U—LlGC 170C, 119 V—
LlGC 560B, 216 W—LlGC 642B, 26ᵛ X—LlGC 970E [= Merthyr
Tudful], 495 Y—LlGC 1246D, 27 Z—LlGC 1260B, 121 a—LlGC 1553A,
188 b—LlGC 9048E, 9ᵛ (llau. 1–12, 19–26) c—LlGC 11816B, 63ᵛ d—
LlGC 13067B, 41ʳ e—LlGC 21290E [= Iolo Aneurin Williams 4], 443
(collwyd rhannau o'r testun) f—Llst 47, 354 g—Llst 118, 411 h—Llst 125,
136 i—Llst 134, 271ᵛ j—Pen 76, 193 k—Pen 312, 21 (dechrau yn unig) l—
Bangor (Penrhos) 1573, 53

Amrywiadau

1 GOWXb medrav.., SY medrv.., HK mvdr..medra.., VZh mydr..medrai.., l
mudr..madrodd.., AFc ..im pwyll.., HPQ ..am pwyll.., M ..amydr.., U
..mydru.., Ib ..madrodd.., K ..am pen 2 A marchwiriaith.., EJNQT
marchwrieth.., H mayrchwrieth.., I marchhwrieth.., LXfi merchwriaeth.., W
marchwraiaeth.., h marchwraith.., E ..bob.., DPSYd ..irwen 3 G [3], D
..duw..dyn.., P ..ni wnn adwen neb, XI ..wnaeth dyn.., AD–FH–NQ–VX–hj–l
..na neb 4 Ac o ddawn.., MQ o lyn.., P ..na meddwl.., J ..aniddawl.., X
..moddaw.. 5 Z ..parch ei.., f ..am i.. 6 Ac ..weddaidd.., EFHNP–RUk ..bob..
7 AHKLNP–RUXcdfil lliw aur.., VZh lliw r aur.., e [ ] o aur.., a ..aur veinir 8
Z [8], K llwyth avr tec oedd llathraidd ir, D–FNP–RUVdh ..oedd.., j ..oed
hwn.., L ..hon.. 9 Ac grisial.., K ..tec.., I ..dec dal.., b ..deg afael ydd, d ..tec
fal dydd, BGOSWYk ..deg fal y.., Hl ..dw afal.., NP–RUVZh ..dwf afal.., JTag
..disgleirliw dydd 10 LXefi ..velfed.. 11 c o dau.., jl ..eirlliw.., DLXefi ..ai.. 12
M ..ael ferch.., K ..weinav vain, D ..fin 13 AD–FHKMSYacdgij–l golwg
gwar.., LXf golwg lliw gwarr.. 14 E goloyw a.., k glowddu.. 15 JTg maen.., j
man.., Ac dau fain.., NQRUVZh ..sy mhenn.., Dd ..bvn.., J ..ddyn.. 16 H
mvwchwdd fal.., M mvchwydd.., j mychwydd.., D ..ymlith.. 17 j odid vydd
drem lowsydd draeth, EISY ..fydd.., Fk ..byth.., M ..dreim loywssyd raidd, I
..dragowydd draidd, SY ..lwysddydd.. 18 I or llyn.., k allu wyneb.., j ar
ly..liniaeth 19 MU dwy rvdd.., H ..mal.., DKNP–SUVZhkl ..lliw.., b ..liw.. 20
k dau ddaf goch.. 21 Ac ei thrwyn.., BDEG–JL–WY–bdf–ikl a thrwyn.., X a
thrwy.., M ..modd.., EI ..gweddus modduswyn, VYZch ..gweddvsfwyn, O
..wedduswyn, W ..gwyn 22 Ib mwyn.., D ..ni bv n.., P ..ni fu.., AIMPZ
..deccach.. 23 CHl/a gwefysav mannav mel / or mel, I genav..or mel,
JKMTdgj ..a mannae mel, ADFLNP–RUVXZcefhil ..mannau mel 24 E byrig
kwrid kerig kwrel, I fel bryc.., e [ ]kerrig y kwrel, PU ..o frig cerrig.., K ..brig
keric.., LXFI ..brig kerrig y kwrel 25 AHKNP–RUVZbchl per.., E bert.., k
byrr.., f perton.., D ..agwys.., C ..perddwys ddadl, ADbc ..dwys dadl, QRUY
..o ddwys.., P ..o ddadl, F ..i ddadl 26 E bvr.., ACEIKLRUXb–dfij ..wynion..,
FGPQYk ..vnion.. 27 E bwy..bleth.., k ..lathreiddia bleth.., c ..bleth..,
ABGKWcjk ..rhuddaur 28 VZ ..blas parabl.., ACEFHMNP–SUYcdhkl ..y

parabl.., *I* ..y barabyl.. 29 *D* ..vychan.. 30 *M* ..mewn.. 31 *D* a..lliw rhan.., *I*
..vn rran ar.. 32 *Dj* glaerwyn.. 33 *E* 35–6, *C* ..ir ddyn.., *EHdjl* ..y ddyn.., *F*
..im dyn.., *MNP–RUVZhk* ..i ddyn.., *RSh* ..dâl 34 *RU* dwfn.., *BGJOWag*
..grwys.., *j* ..gris.., *P* ..a dyna r.., *VZh* ..dafnav.., *Y* ..fain.. 35 *f* ..a braichav..,
C ..yn bryd, *VZh* ..ym brvd, *d* ..mwyn bryd, *j* ..o bryd 36 *j* llyniodd..,
AFIMNP–RUVZCchl ..fel pebyll.., *Hj* ..mal pebyll.., *C–EKSY* ..mewn pebyll..,
LXefi ..ennyd 37 *NQRUVh* hir yw vn hoyw wiw riain, *Z* hir yw un hoyw.., *I*
hyr fydd i.., *P* hir.., *d* ..yw hoiw.., *E* ..yw n hoyw.., *l* ..yw im.., *j* ..yw brone
rriain, *FM* ..yr hoyw.., *H* ..im hoyw.., *P* ..fy hoyw wiw.., *D* ..fal.. 38 *K* ysdlys
dyn.., *EFHINP–RUVZhl* i hystlys ddyn.., *BGJLOTWXae–gi* ..y fun.., *D* ..vy
nyn.., *AHILNPQVXZC–fh–jl* ..foddus.., *RU* ..felys.. 39 *BGJOTW* ..mi ai..,
CPRUd ..yma gwisgwn, *I* ..yma y gwasgwn, *SVYZh* ..gwasgwn 40 *d* ..llaw
gav.., *PQ* ..a gau.., *KM* ..i gyd.. 41 *BGJKOTWadg* 45–8, *I* a main yw r.., *c* a
gwen yw r.. 42 *I* os..pob.., *CLXfi* ..ar.., *SUV* ..irwyn 43 *F* [43–4], *j* 45–50, *I*
llyw ewynedd.. 44 *LXei* gwridiog.., *A* grwydeg.., *C* grwydog.., *AC–*
EIJMPTCdgj ..fal.., *K* ..val gwinegyr.., *l* ..fal y dagrav.., *C* ..gra.., *M* ..graf..,
T ..garw.., *U* ..gro.. 45 *IJT* ..ir fvn fach 46 *U* ..nid wynnach, *DEKLPRXdefij*
..wynnach, *I* ..ni doedd wenach, *j* ..wannach 47 *E* berffaith.., *OZ* ..moldiais..
48 *Q* [48], *P* ei phryd.., *AEcl Ial* y *l* ei ffer deg dann.., *D* y ffer yw dan.., *FSj*
y..y.., *U* ..o dan.., *R* ..don.., *Ac* ..y ffur du, *I* ..y ffwr dv, *D* ..y ffwr ddv, *l*
..ffwr.., *O* ..ffwrw.., *KSUYZ* ..y porffor.., *E* ..y borffor.., *V* ..y pwrffor..,
CMNRhij ..y pwrffwr.., *LPXd* ..phorffor.., *e* ..phwrffor.., *f* ..ffurffwr.., *F*
..pwrffil.. 49 *BDFGJLOTWe–gi* ar.., *H* nor.., *RU* aur gennym.., *Xj* ar
gangen.., *d* ail ir gaenen.., *h* ..goenen.., *BGLOWXefi* ..liw eiry.., *F* ..o eiry.., *I*
..eryr gwynedd, *LXfl* ..gwynydd, *ei* ..gwynedd, *j* ..gwynwydd 50 *C* yw
troed.., *P* yw r hoed.., *EHKNQRUVZdl* ..troed.., *j* ..troed yscarlad.., *I* ..y
melfed.., *DGJLNRT–VXZce–i* ..rhydd 51 *d* a main gorlliw.., *LXefi* teg ddigon
liw od.., *SY* a dinam lliw od.., *DEFHIKjl* ..gorlliw.., *NPRUVZh* ..deiliw.., *Q*
..deilw.., *M* ..kyfliw..vnawr 52 *i* yw dy lvn..i lawr, *I* ydyw llvn.., *BGOWa* ..i
llun.., *M* ..i lliw.., *NP–SVYZhl* ..lliw.., *U* ..llwyn.. 53 *EIKd* ..chad.., *LXefi*
..dolk.., *J* ..twlk.., *BDGOWa* ..oi.., *EKLRUXdeij* ..gwyched.., *I* ..gweched.., *P*
..ai chwiliaid hi 54 *C* a.., *JLTXefi* ..erni, *I* ..i erni 55 *j* dvg ar lawnt dyn..,
LXefi dyg aur lamp bvn.., *P* ..alaint.., *CI* ..alawnt.., *D* ..gerlont.., *EFKd*
..erlont.., *HMl* ..erlant.., *NQRUVZh* ..arlant.., *D* ..vn.., *F* ..fun.., *d* ..lvn.., *C*
..vn bvrlvn.., *NQRU* ..fvn berflvn.., *P* ..byn befrlyn.., *M* ..ddyn bert bach, *HIl*
..berlvn.., *VZ* ..befrlyn.., *h* ..befrlan.. 56 *Z* ..deccach 57 *SY* gwcha..gwych.., *J*
..ynodd.., *F* ..vwch anrrec, *Lefi* ..ywch anreg, *M* ..yw anrreg 58 *Yl S* roddes *l* a
roddes dvw ir ddvwies deg, *F* a ranai duw riain.., *I* o rodd duw yn.., *d* a
rhan.., *Lcefi* o rhann.., *A* o.., *C* i rhan.., *D* yw rhan.., *BGOWa* ..ar.., *JTg* ..yw
r rhiain.., *C* ..y rhai in.., *Lefi* ..y rhiain.., *ADc* ..fy rhiain.. 59 *F* duw ai
rroddes.., *D* dvw engyles.., *j* dwyn.., *C* ..a ddangos.., *HNQRUVZhl* ..er
dangos.., *P* ..er mawrlles.., *DFPVZh* ..ai gesyd 60 *YZ* ..degwch byd 61 *Ac* ..o
ddyn.., *DHIKMNP–RUVZhj* ..i ddyn.., *BFGJOTWag* ..y fun.., *D* ..fwyndeg..,

M ..a fv 63 *F* [63–4], *HNR* ..a oedd.., *LXYefi* ..i mae.., *DPQUl* ..a mwy.., *C* ..a mawr.., *j* ..mawr yw r.., *M* ..mawr hap.., *NR* ..mwy hap.., *BGJOTVWZagh* ..mwyaf.., *I* ..hab.. 64 *GWf* ..anrheg.., *I* ..hanrrec hi

Trefn

Ac 1–16, 21–2, 19–20, 23–8, 31–2, + i, 35–6, 41–4, 37–40, 45–50, 57–8, 61–2

C [1–20], 21–6, 43–4, 51–4, 27–36, 39–[40], 47–50, 41–2, 55–6, 63–4, 57–60

D [1]–12, 19–20, 15–18, 21–8, 13–14, 29–30, 37–40, 35–6, 33–4, 31–2, 45–50, 41–4, 51–64

H 1–12, 15–16, 19–28, 13–14, 35–6, 33–4, 37–40, 45–6, 49–50, 29–30, 41–4, 51–2, 55–6, 63–4, 61–2, 59–60

I 1–12, 17–28, 31–2, 35–44, 29–30, 45–58, 61–4

LXefi 1–12, 19–20, 15–18, 21–6, 13–14 (*e* [13–14]—*rhwyg*), 29–30, 37–40, 35–6, 45–50, 41–4, 51–58 (*X* [57–8]), 61–4

M 1–4, 7–12, 19–20, 15–18, 21–4, 13–14, 25–30, 33–4, 37–40, 35–6, 45–8, 41–4, 51–8, 61–4

NP–RUVZhl 1–12, 15–16, 19–28, 13–14, 35–6, 33–4, 37–40, 45–6, 49–50 (*l* 45–50), 29–30, 41–4 (*V* [43–4]; *y ddau gwpled ar ymyl y ddalen yn* h, *ond ni ddangosir ym mha le yn union yn y testun y dylid eu lleoli*), 47–8, 51–6, 63–4, 61–2, 59–60

SY 1–22, 25–8, 33–6, 39–42 (*Y* [39–40]), 45–8, 51–2, 59–60, 57–8, 63–4

k 1–22, 25–30, 33–4

i

Ei bronn bach fel y gronn bel
Gradd cariad gruddiau cwrel

Pennawd

BGO (*fersiwn B a ddyfynnir uchod*)

Awduraeth

BCEGJMOTWadgj Siôn ap Hywel; *FHLNPQRSUXYefil* Tudur Aled; *AKc* Bedo Brwynllys; *VZ* Dafydd ap Gwilym (*y drefn a'r darlleniadau yn cyfateb i'r testunau sy'n priodoli'r cywydd i Dudur Aled*); *D* Gruffudd ab Ieuan ap Llywelyn Fychan; *I* Ieuan Dyfi; *bk* Dienw (*ond collwyd y diwedd*); *h* Tudur Aled ai cant medd arall Gr: ap Ifan llyn fychan. Arall Sion ap Howel; *l* ychwanegwyd mewn llaw arall: John ap howel ap llywelyn vchan a wnaeth y kowy vchod a thybykach yw

24
Cywydd merch

Y ddyn fwyn ni ddaw yn f'ôl,
Nos da i'r wyneb estronol.
F'enaid ni ddywaid na ddaw,
4   Ddyn weddusteg, fain, ddistaw.
Wrth y bad hir y'm gadai
I'w gweled draw heb gael trai.
Minnau am garu meinir
8   Nos a dydd nid nes i dir.
Am gariad dianwadal
Oedd amod ym ddim o dâl.
Os oedd, madws yw iddi,
12   Gorau merch, gywiro â mi.
Addewidion a ddoedai;
Mae yn ôl ym am na wnâi.
On'd taer y mae yn torri?
16   Eithr un awr ni thorrwn i.
O chair oed dydd, gwych yw'r tâl,
Â gweniaith mae'n ei gynnal.

Edrychen' oll mewn drychau;
20   Edrych ei modd yw'r drych mau:
Nid gwnnach ôd no'i gwaneg
Nac ewyn dŵr no'i gwên deg.
Mae'r manwallt am war meinwen,
24   Mae aur ffyrf mawr ar ei phen.
Rhown i ddyn ('r hyn oedd anodd)
Bunt a mwy am beintio'i modd
Mal y bai am ail bywyd
28   Ddelw o'i bath i ddal y byd.

Mae yn y drych a wna drwg:
Ei dwy ael a'i dau olwg,
A'i hwyneb oll, hon, a bair
32   Un o'i gof yn ei gyfair.
A doedyd yn odidawg:
Addo; er hyn ni ddaw 'rhawg.
Rhy ddidrwstan 'r hydd drosti
36   A thra mwyn eithr i mi.

Un fater wy', ynfyd, draw
Â'r dall ni wŷl ei dwyllaw;
Dyn i'r môr, un don yw'r mau,
40   A neidiai wrth un edau;
Ni thiria byth o thorrir,
Ac o deil ef a gâi dir.
Maith y rhois, o metha'r rhyd,
44   Fy llawnbwys mewn lle enbyd,
Enaid trwm mewn amwynt draw,
O fewn pwys yr wy'n pasiaw.

Os gadai Iesu gadarn
48   Ar ryw ferch mau roi'r farn,
Mae chwelle ym i'w cholli;
Mae un i fyw o myn fi.
I wen, nid gwell, onid gwaeth
52   (A'i glaned) ddwyn gelyniaeth?
Ei faddau ydd wyf iddi
Nid â'n un â'm *duun* i.
Ni ddymunwn ddim ennyd
56   Ond bun neu newidio byd.
Nid hir fy oes fal Moesen.
Mae'n gyd ag y mynno gwen.

Ffynonellau
A—Pen 76, 115 B—Pen 184, 22 C—Llst 163, 29 D—CM 27, 339 E—LlGC
5283B, 286 (*ond collwyd rhannau o'r testun*) F—CM 238, 30ʳ G—CM 467,
71 H—Pen 124, 124 I—BL Add 10313, 29 J—CM 40, 19 K—Card 2.1069,
245 L—LlGC 672D, 120

Ffynonellau eraill
M—CM 281, 86 (*llwgr*)

Amrywiadau
1 *K* y ddyn wen.., *F* ..ddyn ni ddoi.., *C–EGHJL* ..ni ddoe.., *I* ..ni ddae.. 2 *J*
nos da r.. 4 *C–L* fvn.., *D* ..weddudeg.., *F* ..wefusdeg yn ddisdaw, *DEG–L*
..fwyn.. 5 *A* wr i bad.., *K* wrth ei gwrid.. 6 *F* oi gwiled heb weled trai, *GL* ai
gwiliad.., *H* ai.., *J* a gwilied.., *CDHIK* ..gwilied.., *E* ..gwiliaid.. 7 *DFG–L* a
minav n karv.., *CE* ..yn karv.. 8 *F* nos dydd.. 9 *J* an.. 11 *GKL* ..madwys.. 12
K ..maeth.. 13 *B* addyweidion.. 14 *AB* mayn ol.. 15 *B* ..y mae n torri 16 *B*
eithyr vn a wnn.. 18 *A* ..ymay.. 19 *CE* edrychan.., *DF–L* edrychwn.. 20 *EF*
..yw drych.. 21 *J* nid ei gwaith od.., *L* nid gwaith od.., *A* ..gwynnach noi..,
CE ..no gwanec 22 *CE* ..no gwen.., *F* ..ewyn na gwen.. 23 *BK* mae manwallt

ar.., *CEFHJ* ..ar.. 24 *C–JL* mae r.., *C* ..ffyrff.., *BJKL* ..ffurf.. 25 *CE* ..rrwn
oedd .., *J* ..y rhodd anodd, *L* ..yr oedd anodd 26 *J* bunt neu ddwy > neu
um.., *E* pvnt..er paentio i.., *F* ..a mau.., *L* ..ne ddwy ym.., *H* ..baentio [ ] 27
DEHIJL fal.., *FGK* fel.., *C* val na bai yn.., *D–IK* ..yn ol i bowyd, *J* ..yn fawl
bywyd > yn ol bywyd, *L* ..yn ol bywyd 29 *JL* 30–29, *F* mae n ddrych
im..ddrwyg, *DEG–IKL* ..vm a wna.., *J* ..yma wna.. 31 *K* ..all.., *C–L* ..hyn.. 34
A ..yr hvn.., *B* ..yr hyn.. 35 *AB* ..ddi dwrstan y rhydd.., *B* ..dy stori 37
DGHI/F vn antur vm / am fyned.., *JL/K* un natur ym / am fyned.., *C* ..ym
fynet traw, *E* [ ]r vm fyned.., *A* ..wy i svttraw, *B* ..wy yfyttraw 38 *C–L*
..wyr.., *GH* ..moi dwyllaw 39 *K* dyn ae ir mor ac ir don mau, *C–JL* ..ar mav
40 *I* a newidiau.., *K* i neidio.., *C* ..neidiodd.., *F* ..nevdio.. 41 *C* ni threia
fyth.., *DEI* ..fyth.. 43 *HL* maith rhois.., *F* ..rhoir o metha ar hud, *ADHIJL*
..metha rhyd, *B* ..o metha yrryd 44 *D* ..fewn.., *F* ..embyd 45 *B* [45–6], *A*
..amwyn traw 48 *B* ar hynn ferch mae.., *AB* ..rhoir varn 52 *B* ai gylanedd.., *J*
a glaned dwyn.. 53 *B* maddav.., *C* er i faddef i Rwyf.., *D–JL* er i faddav
rwyf.., *K* Duw madde bob dim iddi, *AB* ..i ddwy.. 54 *K* os lladd gwen
feinwen fi, *FHJL* nid am un.., *A–I/JL* ..am / om dynion i 57 *D* nid yw kyd
foes a.., *CE–HJ–L/I* nid kyd / cyf fy einioes a..

Trefn
C–M 1–12, 37–8, 23–4, 19–20, 29–32, 25–8, 21–2, [+ i *D–L*], 39–44, 51–4,
57–8

i

mi yw r dyn ar mor danaw
a roe i droed ar ia draw
o thyrr yn iach havachen
fy llam yw felly am wen

Awduraeth
AB Siôn ap Hywel; *C–M* Bedo Brwynllys

25
Cywydd merch

Bwriais fryd, briwais y fron,
Bryf hynaws, brofi hinon.
Bwriedais, bore ydoedd,
4   Bun ben gall bwy'n bynnag oedd.
Bu riddfan am bereiddfath
Bod bun yn y byd o'i bath.
Bu rinwedd beri annerch;
8   Blasus oedd rhwng blys a serch.

    Barwnes er bwrw anun,
Bryd gwawr loyw, brodiog aur lun.
Bortreiad y bert riain,
12   Bur iawn un fodd brwynen fain;
Blodeuog oedd blaid ag aur,
Brau gwyreiddwallt brig rhuddaur;
Breiniol ydoedd bron loywdeg,
16   Byw einioes dyn, bennes deg;
Bwyd i lân gorff bodlon gus,
Bwrw ymadrodd brau medrus;
Braidd i'r byd, bro ddaear ben,
20   Bwyso manaur bys meinwen;
Bwrw adameg o wybr deml,
Bonedd Esyllt, bun ddiseml.
Be dôi hawl—bwy ydyw hon?—
24   Blin ei henwi, blaen hinon.

    Bwriais, gloywnaid braisg, lanwych,
Brofiad ar ddyn, bryf wych.
Brau gael nâg, briw galon wyf,
28   Breuddwydiwr, a'i bardd ydwyf.
Banhadlen aur, bun wiwdlos,
Briwodd fi un awr berfedd nos:
Briw aeth ynof, brath onnen,
32   Blygiad gwaeth, oblegid gwen.
Bu anach oer ban na chaid
Benadures,—band euraid?
Brau doedaf bured ydyw;
36   Beth a wnaf fi byth yn fyw?

Blin redeg, blaenio *i*'r adwy,
Basio fy oed,—be' sy fwy?
Byd union yw, bod annerch,
40   Byd da'r modd, byd diwair merch.
Byd—pwy â'n fyw?—bod poen faith,
Byd diboen betai obaith.
Brychais oll, brawychus wyf,
44   Bryd clotglaer, brad caletglwyf.
Bariaeth, fy ngwaed yn berwi,
Blys merch ni bu les i mi.
Bu ddeunydd, bai oedd anial,
48   Bechu'n dost, bychan o dâl.

Blin yw, ynnill blaen einioes,
Beri i hoyw fun byrhau f'oes.
Byd graen yw bod yn y gro;
52   Bid i fun byd a fynno.

Ffynonellau

A—Pen 76, 140 B—BL Add 12230 [= RWM 52], 102 C—BL Add 14866 [= RWM 29], 99^v D—BL Add 14962, 36^r E—BL Add 14969, 264^v (*collwyd rhannau o'r testun*) F—BL Add 31076, 13^r G—Brog (y gyfres gyntaf) 2, 112^v H—Brog (y gyfres gyntaf) 6, 55^r I—Card 2.114 [= RWM 7], 928^v (llau. 1–18) J—Card 4.156 [= RWM 64], 287^v K—Card 1.133, 14 L—Gwyn 3, 175^v M—J 101 [= RWM 17], 165 N—Llst 118, 420 O—LlGC 1246D, 3 P—LlGC 5269B, 309^v Q—LlGC 8330B, 166 R—Pen 112, 718 S—LlGC Mân Adnau 57B [= Abertawe 3], 221 T—LlGC Mân Adnau 1206B [= Tanybwlch], 75

Ffynonellau eraill

U—LlGC 673D, 16 (*llwgr*)

Amrywiadau

1 *J* bwriadais fry briwdwys fron, *B–HK–T* ..fry.. 2 *B–EGHJ–T*/*F* bwriad hynaws bryd / i bryd hinon 3 *BDEKOPS* bwriadais.., *HT* bwriadus.. 4 *H* ..ba vn bynag.., *JT* ..bun bynag.., *KN* ..bwy bynnag.. 9 *GM* ..anyn 10 *BDEKOPS* bryd glwys o liw brodiog lun, *F* bryd gwiw.., *H*/*T* brud gwawl / gwawr o liw briodi lun, *J* bryd wawr liw briodi ei lun, *CFGLMNQR* ..o liw.., *N* ..brodiog lun, *CFLQR* ..brodiawg lun, *GM* ..brodiog lyn 11 *I* ..i bert.. 12 *BDEOPS* bur iawn fodd.., *K* ..o fodd.., *BGKMN* ..burwen fain, *DEOPS* ..y burwen fain 14 *HT* braw gwraiddwallt.., *Q* ..gwyraidd gwallt.., *B–IL–T* ..ruddaur 16 *HJT* briw yn oes dyn.., *BFHKOST* ..beunes.., *J* ..barwnes deg 17 *BDEGHJKM–PST* bowyd lan gorff.. 18 *A* ..madrodd.., *HJT* ..ymadroedd.. 19 *B* brau.., *D* ..bro

ddaearen 20 *GMN* ..manair.. 21 *HJT/B–GK–S* bwrw dameg wybr i / ewybr deml 22 *K* ..byw n.., *HT* ..ddisiml 23 *GMN* bedw a havl byw.., *HT* ..haul.., *BDEHKOPQST* ..byw.. 24 *KOS* ..yw henwi.. 25 *F* bwriad.., *GM* bwrw.., *BDEKOPS* ..loywnaid bras lanwych, *A* ..brais glanwych 26 *JT* ..fun.., *B–HJ–T* ..wastad wych 27 *K* braw..brau.., *OS* braw.. 28 *M* ..a.. 29 *BDEGHJKM–PST* 30–29, *S* banhadlen bun hoywdlos, *J* ..ben hoywdlos, *CFGLMNQR* ..ar ben hoywdlos, *BDEHKOPT* ..hoywdlos 30 *J* bwriodd fi n oer.., *OS* brifodd.., *GN/M* briwodd yn awr berwedd / brewedd nos, *A–CFKLOQ–T* ..vi n awr.., *DEHP* ..yn awr.. 31 *GMN* ..yno.. 32 *H* bigiad gwaith.., *KOST* ..gwaith.. 33 *K* ..bun.. 34 *A* ..bond.., *HT* ..boen diraid, *BD–GKM–PRS* ..boen diriaid 35 *B–FLP–R* brau y dwedaf.., *HT* brau i.., *KOS* ..dwedaf.. 37 *Q* 39–40, 37–8, *BDEGMOPS/HJT* blino erioed blaenor / i blaenor wyf, *K* blin erioed a blaenor wyf, *N* blin erioed blaenor wy, *ACFLQR* ..blaynio r adwy 38 *BDEJKOPS/GHMNT* blin redeg / blino o redeg blaenor ydwyf, *FLQ* ..bwy.., *Q* ..fyw 39 *HJT* byd ini yw.. 40 *A* byta ir modd.., *GMN* byd ta ermoed.., *H* byd ta r mod.., *T* byd da yw mod.., *DEP* ..moed.., *F* ..mor.., *JK* ..bid.., *Q* ..diwar.. 41 *KOS* bid..byd.., *A* ..amfyw.., *JT* ..an fwyn.., *BDEKOPS* ..pwy yn.., *CFLQR* ..pwy un.. 42 *A* bytiben.., *LQ* ..betfai.., *J* ..bid da obaith, *T* ..byd da obaith 43 *BDEGHJ–NP/CFR* brawychys / brawychais oll brochus wyf, *OQT* brawchus oll brochus wyf, *S* brawchus brochus wyf 44 *A* ..glod gorff brid gariad glwyf, *BDEKOS* ..cydglod brad cauad glwyf, *P* ..kydglod brad kafadglwyf, *CGHJMNT* ..clodgorph.., *Q* ..cledgloer.., *N* ..brud.., *HJT* ..kariadglwyf 45 *T* ..fu.., *J* ..a ngwaed.., *KOS* ..am gwaed.. 48 *JT* ..a dal 50 *AKOS* beri hoyw fvn.., *BDEP* beri o hoyw fun.., *HJT* bri hoyw fun.., *J* ..barhau.. 51 *CFLQR/GMN* budd gorau ym / yw bedd a gro, *K* boed i fab y byd a fo 52 *OS* boed fun.., *HJ* byd.., *K* boed.., *T* ..ir fun.., *ACF–HL–OQ–T* ..y byd..

Awduraeth

A Siôn ap Hywel; *BDEGKM–PSU* Dafydd ab Edmwnd; *CFLQR* Siôn ap Hywel neu Ddafydd ab Edmwnd; *HIJT* Dienw

26
I ganmol y cardwyr a'r diswyr

Y gwŷr a wnâi'r gaer yn well,
Di'sgymun, nid oes gymell,
Annhebyg, ddewrion hybwyll,
4   I bridwyr tir, bradwyr twyll.
Ysurwr a'i holl sorod,
Ei dda fo'i cuddia mewn cod
(Lleidr i gyd yn ennyd nos)
8   Ac a'i dwg i goed agos.
A bendith Dduw i chwithau
Yn chwyrn frwd a'i chwery'n frau,
Gildwyr mawr ar bob awr bach,
12   Haelion dewrion dieiriach;
Talwyr, praff ildwyr heb bryd,
Tefyrn er maint a yfid.
Ac o hapiai i fawai fod,
16   Llai budd yw lle bai ddiod,
O chlyw, ei gas pan gasglwy',
Sôn am ilt,—ni sai yno mwy.
Heb un dafn, a'i safn yn sych,
20   Y ffy allan â'i ffellych.

Ni fwriwch werth, trafferth trwch,
Ni wnewch ysur, ni cheisiwch.
A'r cybydd hwnt, ddygnfrwnt ddyn,
24   A'i fawrdda mewn hen furddun,
Ni chaiff cydymaith na châr,
Un ohonyn', o'i heiniar.
Mynych oedd gas, myn Asa,
28   I ddyn oblegid ei dda.
O dôi ryfel i drefi,
Gwŷr di-chwys, gorau ydych chwi,
Ceisiwch, gwell ydyw'ch cysur,
32   Cardiau a disiau a dur;
Chwarae'n lew, ffeirio newydd,
Cardio oni dyfo'r dydd;
Cwmpnïo, cyd y bo barn,
36   A dyfod bob ddau i dafarn;

Yfwn win yn ddiofal,
Carliaid tir Caerloyw a'i tâl.

Cybydd ni bydd yn y byd,
40   Na da annwyl, ond ennyd.
Ei dda a guddia, heb gael,
Dan ewinedd, dyn anael.
Odid i hwsmon bronsyth
44   Onest o'i fag 'Nos da' fyth.
Gwell fydd ywch beunydd eich byd,
Gwir fu, no gwŷr o fywyd,
A dillad glân amdanoch,
48   Ac yno cael y gwin coch.
Daw ymhlith—Duw i amlhau!—
I chwi arian i chwarae,
Ac ni bo, co' cyfiawnsyth,
52   Uwch nos drai ar fwnai fyth.
Chwarewch chwi, f'arglwyddi glân,
Chwithau na pheidiwch weithian.
O daw dyn ffôl a'ch holi,
56   Cerdiwch, ac na choeliwch chwi.

Ffynonellau
A—LlGC 3050D [= Mos 147], 313 B—BL Add 14966, 255ʳ C—Card 2.68
[= RWM 19], 749 D—Bangor (Mos) 9, 7ʳ E—Bangor (Mos) 11, 150 F—
BL Add 31078, 181ᵛ G—Brog (y gyfres gyntaf) 2, 219ᵛ H—J 101 [=
RWM 17], 294 I—Gwyn 1, 134 J—LlGC 3056D [= Mos 160], 49 K—
Card 3.37 [= RWM 20], 78 (llau. 1–34) L—LlGC 21248D, 205ᵛ M—BL
Add 14882, 12ᵛ N—Pen 104, 239 O—LlGC 16129D, 5 P—Card 2.4 [=
RWM 11], 65 Q—CM 14, 109 R—Llst 156, 347 (llau. 1–13) S—Card
2.114 [= RWM 7], 413 (*darn*)

Ffynonellau eraill
T—LlGC 95B, 38 (*anghyflawn a llwgr*)

Amrywiadau
1 *O* [1–13], *P* [1–5], *FK* y gwr.., *L* gwyr a wnai gair.., *MQ* ..a nai gaer.., *AK*
..gair.., *F* ..y gaer.. 3 *F* ..ddynion.., *LMNQ* ..haelion.., *E* ..hygall 5 *CDF*
ysurwyr.., *GHI* vnsyrwyr.., *K* ansvrwyr.., *B* vsvriwr.., *E* ysuriwr.., *J*
vnsiriwr.., *L* vwssvrwr.., *M* ansyriwr.., *N* ansiriwr.., *Q* ansuriwr.., *R* vsyriwr..,
FR ..i holl.. 6 *BCFGIPR* ai.., *N* oi dda.., *L* ..ef ai.., *M* ..fo ai.., *P* ..fo yn
kuddio.. 7 *K* daw lleidr.., *R* lleidr ai gyd.., *L* daw lleidr yn ennyd o nos, *MQ*
..mewn ennyd.. 8 *MQ* ai dwg od.., *KN* ..i gyd agos, *L* ..o goed.., *P* ..oi god.. 9

D ..duw.. 10 *B–FLP* ..frwysg.., *CE* ..am chwarae n.., *F* ..ai chwerw n.., *G–J* ..yn chware n frav 11 *M* y gildwyr.., *P* giltiwyr.., *K–NPQ* ..mawr bob.. 12 *GHI* ..dioerach, *R* ..dieiraich 13 *E* tailiwr.., *P* dalwyr.., *D* ..tevlv r proffit, *B* ..dilwgraff lid, *CK* ..dilwrgraff lid, *EP* ..dilwgrgraff lid, *F* ..dilwyrgraff lid, *G–J* ..dilwyrbraff lid, *L* ..dilwrfgraff lid, *MNQ* ..dilygraff lid 14 *N* ..ar maint.. 15 *F* a hapiai.., *B–EG–LNOP* o.., *M* [ ]iav i.., *Q* [ ] fawai fod, *P* ..harpiai.., *A* ..hapiai fawai.., *L* ..o fawai.., *BDF–K* ..fwnai.. 16 *MQ* [ ] lle.., *B–K* ..oedd.. 17 ..*BEF* ..y rasgl.., *D* ..gwas glan.., *AG–JL–N* ..pen.., *K* ..ban.., *M* ..gasglyw 18 *K* somiant.., *N* son am vd.. 19 *M–Q* 20–19, *K* ..safn sych, *M* ..syl 20 *DMOQ* e ffy.., *LN* a ffv.., *P* ef a.. 21 *A* ni fwriech.., *E* ni ffwrchiwch.., *F* ni fwriaf.., *G–J* ni weithiwch.., *K* ni cheisiwch.., *M–OQ* ni ffrynwch.., *P* ni fvrniwch.., *O* ..nerth.., *A* ..traserch.., *M–OQ* ..drafferth drwch 22 *N* na.., *A* ..wnech.., *KMOQ* ..fesvr.. 23 *B–FKP* cybydd.., *G–JNO* y kybvdd.., *DM–Q* ..ddigfrwnt.. 24 *A–F* hwn ai.., *BD* ..fowrdda n hen.., *CE* ..fowrdda i hen.., *F* ..fawredd n hen.., *P* ..fordda.. 25 *A* ni chais.., *ABF* ..gydymaith.., *CE* ..na chydymeth.. 26 *A–DF* ..nai.., *E* ..ai heniar 27 *K* mynycha.., *L* mynech bv gas.., *N* mynach fv gas.., *M* mynech fy gai.., *OQ* ..fu.., *P* ..bu.. 28 *N* i ddwyn.. 29 *CIJNP* ..rhyfel.., *M–OQS* ..ar drefi, *L* ..o drefi 30 *KP* y gwyr.., *BD–FNOS* ..di chwant.., *D* ..gwar ydych i 31 *N* ..well.., *O* ..gwell fydd kysur, *MNQS* ..fydd ych.., *CE* ..ydiw kysur 32 *BDFNOS* gardie.., *MQ* gardie dissie.. 33 *A* chwrewch yn.., *O* chwarwau n lew.., *AKM–Q* ..ffeiriav.. 34 *A* gardio.., *K* [ ]a[ ]die oni ddle yn ddydd, *MQ* kardie oni dvnie yr dydd, *BDF* ..dawnio r.., *GIJ* ..dwymo r.., *H* ..dwynio r.., *N* ..dwymno r.., *O* ..dwmno r.., *S* ..dywno r.., *CE* ..dyfo dydd, *P* ..dywyno dydd 35 *AS* a chwmpynio.., *M–OQ* a champio.., *P* kwmpynio.., *A* ..lle bo barn, *G–JS* ..cyd bo barn 36 *G–JL* dyfod.., *Q* ..bawb.., *B–FM–O* ..bawb ir dafarn, *P* ..pawb ir dafarn, *G–JLS* ..ir davarn 37 *BDF–JL–QS* yfwn bawb.., *CE* yfwn i bawb.., *E* ..yn ddyfal 38 *B–DFL–OS* chwithav ar delwav.., *P* chwithe ar ddelwe.., *Q* chwithau y delwau.., *EG–J* chwithe ar disie.., *B–JLMOPQS* ..a dal, *N* ..ar dal 39 *A* y kybydd.. 41 *D* y da.., *L* a dda.., *O* [ ]da a.. 42 *BD–FLMOQ* dan i winedd.. 43 *BCEFLP* ni cheiff vn.., *M–OQ* ni cheiff hwsmon.., *D* odid hwsmon svr bronsyth, *L–OQ* ..dwy fronssyth 44 *MQ* ..ai fag.., *P* ..oi fath.. 45 *LMQ/B–FNO* gwell fydd / a fydd bevnydd.., *MQ* ..i byd 46 *G–J* gwir fydd.., *P* ..yw no gwr.., *CS* ..nar gwyr.., *E* ..war gwyr.. 48 *LS* ..yna.., *B–F* ..i cawn.. 49 *P* da.., *Q* duw.., *L* ..ymhlith i.., *MQ* ..daw.., *N* ..duw yn.., *JO* ..duw amlhav 50 *M* ..oi chwarav, *O* ..a chwarau 51 *O* ag na ddel nifer iownsyth, *M/NQ* ag na ddel i ssel / insel iownsyth, *B–FP* ..na bo.., *BDF* ..treisio trasyth 52 *B–EG–JM–Q* ywch.. 53 *G–JLNOPS* ..chwi arglwyddi.., *CEMQ* ..ag arglwyddi.. 54 *BDF–JM–OQ* chwithav ymarferwch.., *CE* weithie ymarferwch.., *LP* chwithe arferwch.., *S* ..a marferwch.. 55 *B–JOS* ..ich.. 56 *G–J* chwarevwch.., *S* kardiwch na choeliwch..

Trefn

B–F 1–36, + i, 37–56 (*CDE* [49–50])

G–J 1–24, 27–32, + ii, 33–6, + i, 37–56

K 1–24, 27–32, + ii, 33–4 [*diwedd*]

L 1–22, 31–2, + ii, 35–6, + i, + iii, 45–6, 41–2, 39–40, 43–4, 27–8, 37–8, 29–
  30, 47–8, 53–4, + iv, 49–50,

M–QT 1–22, 31–2, + ii, 23–4, 33–4, 51–2, 55–6, 35–6, + i, + iii, 45–6, 41–2,
  39–40, 43–4 (*Q* 39–44), 27–8, 37–8, 29–30, 47–8, 53–4, + iv, 49–50

S 29–40, 45–8, 53–6

i

o bydd gwas glan dianair
yno gwedi cinio i cair

ii

kerdiwch er gwirfedd kowrda
krio dydd lle bo kwrw da

iii

byta ir neb ai bwytv yr nos
a chwery yno ddechreynos

iv

gresyn i ddyn am i dda
yn oes gŵr onis gwaria

Ateb Gruffudd ab Ieuan ap Llywelyn Fychan

Duw a weryd ei wirion,
A Duw a ŵyr synnwyr Siôn:
Canu mawl, nis cân miloedd,
4   Canmol afrwol yr oedd;
Clodfori'r hyn dihira'
A goganu dysgu da.
Edrycher yr arferau,
8   A'r gwir i gyd, a'r gair gau.
Yr arddwyr piau'r urddas,
A'r grawn a'r egin a'r gras.
Ni bydd ddim o'r budd yma
12   Eithyr Duw a gwneuthur da.
Pwy biau y nef hefyd
(Lle bôn') ond llafurwyr byd?
A'r cardwyr, diwynwyr, dôn',
16   A'r diswyr yn rheidusion.

Fal dyma, lyfr y damwain,
Ystyr hir, ystori'r rhain:
Ymgasglu i gyd, byd a'u barn,
20   A dyfod i goeg dafarn;
Ymgyfrinach dan ddiddos
Yn chwerwon iawn ddechrau nos;
Ymddiddan mewn brydanieth,
24   Maeddu pawb a meddwi peth;
Galw am sucan diflan du,
Gloddest ac ymgelwyddu;
Ymdyrru'n ffest, ymdroi'n ffôl,
28   Fal dynion anudonol;
Gwadu pob sant—on'd antur?—
Gwadu Duw wrth godi dur;
Chwant i ymladd â chaddug,
32   Arfer o ffalster a ffug;
Dwyn pechod hen i'r enaid,
Digio a brwysgo heb raid.
Beth yw mameth pob methiant?
36   Seguryd chweinllyd a chwant.

Drwg ei farw, garw o gerydd,
Drwg hefyd ei febyd fydd.
Soredig fydd siaradwyr,
40   Sychedfod, gwaddod a'u gyr.

Ple neidian', pla annedwydd,
Pan welon' ddigon o ddydd?
Rhai i'r berth, rhywyr y bu,
44   Rhai i fythod i'w rhoi ar fethu;
Llechu'r dydd, nid gwladwyr glod,
Llyna agwedd llwynogod.
Llawer heb gael offeren,
48   —Wb o'r pwynt!—heb gribo'r pen;
D'lyfu gên mewn dail ac us,
Hepian fal gwŷr anhapus;
Dolurio, digio deugwrs,
52   O'r pen wrth gyfri' â'r pwrs.
Fo dybir pob anwiredd
Arnun yn ymofyn medd.
Bychan cwyn heb achwyn câr
56   Bes cyrchid i bwys carchar.

O'u mebyd nac aed meibion,
Er cywydd y sydd gan Siôn,
Rhai'n ddiswyr, di-iawnwyr da,
60   Rhai'n ardwyr, hwyr yn wyrda.

Ffynonellau

A—Card 2.114 [= RWM 7], 413 B—Bangor (Mos) 9, 8ʳ C—Bangor (Mos) 11, 150 D—BL Add 14882 [=RWM 31], 13ᵛ E—BL Add 14966, 256ʳ F—BL Add 31078, 184ʳ G—Card 2.4 [= RWM 11], 67 H—Card 2.68 [= RWM 19], 750 I—Card 4.156 [= RWM 64], 266ᵛ J—CM 14, 110 K—Gwyn 1, 134ᵛ L—LlGC 17114B [= Gwysanau 25], 70 M—J 139 [= RWM 14], 72 N—LlGC 3049D [= Mos 146], 83 O—LlGC 3050D [= Mos 147], 31 P—LlGC 3050D [= Mos 147], 315 Q—LlGC 3056D [= Mos 160], 51 R—LlGC 10893D, 37ʳ S—LlGC 13064D, 13 T—LlGC 16129D, 6 U—Llst 6, 206 V—Llst 133, rhif 913 W—Pen 104, 240 X—Stowe 959, 104ʳ (*anghyflawn*) Y—Card 3.37 [= RWM 20], 79 (*collwyd y dechrau*) Z—LlGC 21248D, 206ᵛ

Ffynonellau eraill

a—CM 7, 91 b—Card 3.2 [= RWM 27], 189 (*anghyflawn*) c—LlGC 95B, 40 d—Llst 55, 89 (*13 ll. annibynnol*)

Amrywiadau

1 *BCEFHN* mair.., *A* ..i weryd.., *BCEF* ..mor wirion, *W* ..wyrion 2 *W* duw.. 3 *I* ..nid.., *U* ..is.., *KQ* ..nid kanmoloedd, *LO* ..nis kanmoloedd, *AU* ..milioedd 4 *Z* ..yr afrol.., *A* ..afwrwol.., *F* ..afrywiol.., *IMUV* ..afreol.., *KQ* ..arwrol.., *L* ..afrol.., *O* ..afryol.., *P* ..afrowol.. 5 *F* 6–5, *KQ* kynghori r dyn.., *R* gwladfori yr hwn.., *S* y wlad fori rhwng.., *T* klod vyr er yn di hyria, *W* klodfoli..ddihira, *M* ..vn.., *B* ..dihiraf 6 *GPRSUV* a dirmygu.., *V* ..y dysgu.., *B* ..daf 7 *M* ..ir.., *VWZ* ..ar arferau 8 *DJW* y.., *U* a.., *BSZ* ar gwyr.., *KQ* ar gwr.., *R* a gwyr.., *B* ..or gair.., *CEFH* ..heb air gau 9 *M* ..pur ir.., *KLOQZ* ..biav r.., *RU* ..y bia r.., *S* ..a biay r.. 10 *IN* y grawn.. 11 *NP* [11–12], *CM* ni bu.., *KQ* ni by dim.., *Z* nid byd dim.., *LO* nid budd dim.., *U* or bydd dyn.., *DIJTW* dim nid oes.., *BEF* damwain dim or byd.., *CGV* ..dim or byd.., *DI–LOQTUWZ* ..or byd yma 12 *Z* oni thyrr dyn i wneythr da, *B* ..o duw.., *DGIJ* ..dyn i wneythr.., *V* ..y dyn fon gwneuthur da, *TW* ..y dyn i wneuthur da, *U* ..er dyw wnaythyr.., *BEF* ..a gweithred da, *C* ..a gwneythwyr da, *KQ* ..a gweithiwyr da, *H* ..gwneithwyr da 13 *BI* pwy a biair.., *N* a ffiav nef.., *P* a ffiav r y nef.., *RSU* a phwy biau nef.., *CDH* ..piau.., *EFJ* ..piav r.., *Z* ..biav nef.., *G* ..biav nef a.., *V* ..piau nef.. 14 *ACHNQV* lle i bon.., *B* llafur boen llafyrwyr.., *EF* llafvr boen ond.., *G* lle bon llafvrwyr y byd, *P* lle fry yw r llafyrywyr yd.., *DIJTW* o barch ond.., *A* ..on.., *CDHJLNOQRSU* ..llafyrwyr y byd 15 *BKQRSVX* y kardwyr.., *G* y kardwr.., *T* kardwyr oferwyr y von, *Z* ar garddwyr.., *A* ar kardiwyr diwinwyr.., *DIJTW* ..diownwyr.., *GZ* ..afylwyddwyr fon, *BCEFHKLOQRSX* ..oferwyr fon, *NPV* ..afrwyddwyr von 16 *S* a disswyr yn rhoi disson, *V* a.., *M* ..dissiwyr.., *N* ..a yn.., *A* ..y rrydvssion, *L* ..y rhevdvsion, *M* ..a rhydisson, *U* ..yw rrydision, *BE* ..rhydission, *D* ..ridission, *KQ* ..rhvdysion, *RX* ..rydysson, *ITW* ..rhedision 17 *Z* wel.., *S* dyma.., *P* a dyna lyfyr adwainwn, *BEF* dyma fal llyfr damwain, *T* ..dyna.., *M* ..lyfn i.., *ILOU* ..lyfyr dammwain, *C* ..yswyr damwain, *N* ..lyfr adamwain, *H* ..lyfre damwain, *GVZ* ..or damwain 18 *Z* ysgor hir a sgoria y rhain, *BCEFHN* ..hil.., *DJPUX* ..hir yw.., *A* ..o ysdori rrain, *B–FHIJX* ..ystori rhain, *V* ..o stori r.., *M* ..ostor rhain, *P* ..ysdori hwn 19 *Z* ymwasgv.., *ISUX* ymgasclu gyd.., *BCEFHKQVW* ..ynghyd.., *M* ..i bud.., *V* ..y byd.., *IRSTUX* ..byd a barn, *P* ..bowyd barn 20 *Z* a ddyfod.. 21 *B/E/F* yn genitiach / ymgeintiach / ymgeintach yn ddiachos, *X* ymgaintach heb vawr achos, *LO* yn gyfrinach.., *M* ymgyfrinachi.., *GV* ym gyfri ochen ddiwedd nos, *KQZ* ymgyfri o chan ddiddos, *P* ym liasv llv llios, *DIJTW* chwarav yno ddechrevnos, *S* ..heb achos 22 *B* yn ddychryn.., *F* yn chwareuon.., *U* yn chwyrn iawn yn echray nos, *X* yn chwyrn.., *J* ..chwerw.., *KQ* ..ddechre r nos 23 *P* ymddifan.., *BCENV* ..brydaniaeth, *DIJM* ..brwdanieth, *G* ..brwdaniaeth 24 *Z* a.., *B* maddai.., *G* madde bawb er.., *V* meddai pawb yw.., *N* maddav poer.., *P* maddv poer.., *W* maddv poer meddwi.., *CEF* am dda pawb.., *DIJT* ..poer.. 25 *R* galw syckan.., *S* galw r succan diddan.., *U* galwan sykan difilan dy, *X* galw r ssikan dilan.., *C* ..diflaen.., *I* ..di lan.. 26 *X*

gloddes dechray m gwlwddy, *FI* ..ym gwilyddu, *M* ..am ymgelwyddu 27
BEFHKLN–Q ymdeyrv n ffest.., *C* ymderry n ffesd.., *UX* ymdaro..yn dra ffol
28 *B* na.., *CEFH* y dynion.., *LO* mal.., *F* ..anudol, *L* ..a anvdonol 30
BCEFHLNOP a gwadu.., *S* ..dan godi dyr, *G* ..godi r dvr 31 *BCEFH* mewn
chwant ymladd.., *KQR* o chwant ymladd.., *L* ymchwant ymlladd.., *NOPZ*
ymchwant ymladd.., *V* ymladd ymwan drwy gaddug, *G* ymwan ymyladd..,
D ..ymlan.. 32 *DIJTW* ymarver ffalssder.., *V* ac arfer a ffalster.., *Z* ..or
ffalster ar.. 33 *CH* ..penn ir.. 34 *D* digio brwysco.., *KQ* a digio.. 35 *W* peth..,
AM meth yw mamaeth.., *J* beth yw manach ini meddant, *S* peth waeth na
maeth pob methiant, *U* ..yw gobaith.., *FGRVXZ* ..mamaeth.., *BT* ..bob.. 36
AM [ ], *DJNOTW* segvrllvd.., *S* ymheuryd.., *GV* ..a chwinllyd chwant, *RSUX*
..a chymryd chwant, *EF* ..chwenllyd.., *N* ..chweinllid.., *J* ..i chwant 37 *P* ..o
farw.., *BCEFH* ..yn farw.., *DJTW* ..hyd varw garw oer gerydd, *I* ..hyd farw
dro garw gerydd, *AGKPQVZ* ..garw gerydd, *M* ..garw i grudd, *B* ..o gefydd
38 *CH* drwg iw fowyd o fyd fydd, *V* a drwg.., *BEFKPQZ* ..o febyd..,
DIJMTW ..oi febyd.., *LNO* ..o vowyd.., *J* ..a fydd 39 *Y* soredig sychedig
fydd.., *BCE–HV* ..yw r.., *Z* ..yw.., *D* ..sariadwyr, *W* ..siaradwydd 40 *I*
sychedig gauedig gur, *P* sychfod gwaiddod.., *T* sychedig.., *G* ..gwaeddod ai
gwyr, *LY* ..gwaeddod.., *J* ..ei gyr, *V* ..gwyr 41 *ADGTY* ple i.., *U* ple nodan.., *Z*
ple i neidia.., *R/S* ble y neidia blaen edwydd / edydd, *BDJ* ..neidia r pla.., *C*
..neidiaw pla.., *IL* ..neidia.., *T* ..neidia y pla.. 42 *BDZ* pen.. 43 *B* ..or berth.., *J*
..i berth.., *CW* ..rhowir.. 44 *X* rai vythod a rai vethy, *Y* a rhai i fythod i fethv,
L Rai vythod rroi.., *S* rhai fythod.., *B* ..o fythod.., *I* ..fythod i fethu, *NO*
..vythod Roi.., *UV* ..vythod rai y.., *DJTW* ..yn roi i.., *BCE–HKPQS* ..a rhai i
fethu, *M* ..i rhoi fethu, *R* ..a rhai fethy 45 *BCEFHLO* [45–6], *V* llechen y
dydd gwiliedydd glod, *G/KQ* llechen / llechv y dydd gwledydd glod,
DJNPTW ..nid gwledydd glod, *I* ..gwiliedydd glod, *Z* ..golevddydd glod 46
GVZ llawn ogan fal.., *KQ* llawn agos fal.., *T* llyma.. 47 *I* fforiaw heb un.., *S*
ffeiria heb.., *X* rai heb gaffel.., *Z* ..heb geisio yfferen, *M* ..i fferen, *R* ..yr fferen
48 ..or berth.., *S* ..or parch.., *G* ..bwynt heb grib ir ben, *KQ* ..wrth.. 49 *DJ*
dyly gen.., *RUX/S* diliwo gen / gwen.. 50 *M* hippian.., *UX* hopan.., *AIMTWX*
..dyn.., *J* ..bun.., *KQ* ..gwr.. 51 *P* + i, *J* wylo a digio.., *R* meddylio a.., *S*
meddylio.., *U/X* a digio vwy / mwy no.., *P* ..dygwrs 52 *IT* y pen..y pwrs, *Z* oi
benn..ai bwrs, *R* ..ymgyfrif.., *Y* ..gyfio.., *X* ..ymliw.., *JW* ..gyfri r pwrs, *U* ..or
pwrs 53 *BCEFHLOP* + i, *Z* yfed wedi pob anwiredd, *DGJW* fo deirir.., *V* fe
haerir.., *KQ* fo a.., *B* ..fod.., *GX* ..bob.., *A* ..anweiredd 54 *Z* draw arnyn
ymofyn medd, *BDEFIJKMQTUXY* ..wrth.. 55 *CH* ..i cwyn.., *EF* ..y cwyn.., *V*
..gwyn.., *DJRUW* ..pob.., *T* ..ochain.. 56 *DGLO* pes.., *Z* pei.., *V* pe cyrchid
pawb ir.., *CH* ..cyrchen.., *W* ..kyrchir.., *G* ..kyrchid bawb i garchar, *M*
..kyrchoedd bwys.., *P* ..gyrchvd..garchar, *BX* ..o bwys.. 57 *BCEFHLNOP* +
ii, *X* och vebyd nag ewch vaibon, *R/SU* o febyd ..feibon / feibion, *C* ..nad
aed.., *U* ..ef ay.., *P* ..na wnaed.. 58 *BCEFH* er y kowydd sydd.., *IV* yn ol
cywydd sydd.., *KQ* wrth y kowydd sydd.., *DJNTW–Z* ir.., *U* y kywydd.., *GL*

..kowydd sydd.., *LORSUX* ..i sion 59 *B–EG–LOQTVWYZ* yn ddiswyr.., *F* yn ddifwynwyr.., *BEF* ..di synwyr.., *CGHKLN–QVZ* ..diwynwyr.., *UX* ..distrywyr da 60 *BEF* na chardwyr.., *CDGHJKQTWYZ* yn ardwyr.., *I* yn gardwyr.., *V* yn arddwyr.., *LO* nev yn ardwyr.., *K* ..gwyr yn.., *BEF* ..yn yach eirda, *I* ..eu geirda, *TZ* ..wrda

Trefn
DITW 1–26, 29–38, 45–6, + iii, 39–44 (*W* [40–1]), 53–4, + iv, (*ITW* + v), 47–52, + ii, + i, 55–60
GVZac 1–24, 29–30, 25–6, 31–8, 45–6, + iii, 39–44 (*Z* [43–4]), 53–4, + iv, + v, 47–52, + ii (*Z y fraich gyntaf yn unig*), + i, 55–60
J 1–26, 29–30, 35–6, 31–4, 37–8, 45–6, + iii, 39–44, 53–4, + iv, 47–52, + ii, + i, 55–60
KQ 1–10, 13–14, 11–12, 15–32, 35–8, 45–6, + iii, 33–4, 39–44, 49–50, 47–8, 51–4, + iv, + ii, 57–60
RS 1–2, 5–10, 13–22, 25–6, 29–30, + vi, 31–2, 35–6, 41–4, 47–52, 55–8
UXb 1–20 (*Xb* [1–14]), 59–60, 21–2, 25–30, + vi, 33–6, 41–4, 47–58
Y 33–4, 39–44, 49–54, 57–60

i
gwilo kael peth ar fethiant
yn aros nos ynrws nant

ii
ysdyrier lle dysger da
ysdyrier hen ystoria

iii
gwaer kollwyr geirw i kylla
gidar dydd yn gador da

iv
hevddy gogan aganair
heb ddiwedd ffoledd y ffair

v
lled feddwon ag afylonydd
segvrllyd ofebyd fydd

vi
chware karde kowirdeg
cael dau ar vgain cael deg

Awduraeth

ACDFHIJKMQVZa Gruffudd ab Ieuan ap Llywelyn Fychan; *LOP* Gruffudd ab Ieuan; *N* Gruffudd ap Hywel ap Llywelyn Fychan; *BE* Gruffudd ap Llywelyn ab Ieuan Fychan; *GTWYc* Gruffudd ap Llywelyn Fychan; *RS* Rhys ap Morys; *UXbd* Ieuan Du ap Dafydd ab Owain

28

Englynion Siôn ap Hywel a Thudur Aled i'r picin yn Ninas Basing

Ef a ddamweiniodd ar amser i Dvdvr Aled a Sion ap howel vod yn llys yr Abad Tomas Pennant yn Ninas basi, ac a roed Pikin tlws newydd yn llawn o vedd gar ei bronnav. Ac yn y pikin oi vewn yr oedd delw merch yn marchogaeth ar gefyn march. A yna y kanassant ir pikin val hynn:

Nid cyrrith yw'r picin, nid carreg,—nid prin
Mo'r pren newydd-deg;
Picin llydan ei waneg
4   A march yn dwyn merch *yn* deg. Tudur Aled

Picin rha*e*adwin ar anrhydedd—bwrdd
Ymhlith beirdd cyfannedd,
A march llydan diomedd,
8   A llun merch yn y llyn medd. Siôn ap Hywel

Ffynhonnell
LlGC 3039B [= Mos 131], 297

Darlleniadau'r llawysgrif
4 ..merch dec 5 ..rhvadwin.. 7 ..diomwedd

29
Englyn Siôn ap Hywel a Thudur Aled
i Dai ap Wiliam ap Llywelyn ap Robin Ddu

Ef a ddamweiniodd i Dvdvr Aled ddyfod ar amser i Chwitffordd ir pylle glo i edrych y gwaith. A yna y dyvod Dai ap Wiliam ap llen ap Robin ddv (yr hwn oedd yn dorrwr glo tan y ddayar), a phan weles ef Dvdvr Aled y dywod: O meistr Tvdvr moesswch Englyn. Yna y kanodd Tvdvr y bân olaf i englyn (val hynn) ac a barodd iddaw vyned ac ef at Sion ap howel ap llen vychan yw orffen:

> *dewr a glan i dorri glo*
> *yw Dai wiliam yn dilio.*

Ag yna yr aeth Dai Wiliam ar hanner Englyn hwn at Sion ap howel [i] erchi iddo ei orffen. Ac yna y dywad Sion ap hol, Ef a ddarvv i dvdvr i orffen. Rhaid i ti gael ei ddechre ef. Ac yna y kanodd Sion ap hol val hynn:

> *Yn y ddayar ysgwar yn ysgyrio gelltydd*
> *ai gwlltwr yn kloddio.*

Yn y ddaear sgwâr yn sgyrio—gelltydd,
　　Â'i gwlltwr yn cloddio,
　　Dewr a glân i dorri glo
4　　Yw Dai Wiliam yn dilio.

Ffynonellau
A—LlGC 3039B [= Mos 131], 297 B—J 138 [= RWM 16], 45ᵛ C—LlGC 1573C, 428

Amrywiadau
1 *ABC* ..ysgwar yn ysgyrio..

30
Englyn i ferch

Mwy yw milltir am wir, em wych—feinael,
 I fyned oddi wrthych
 No phedair, mor hoff ydych,
4 (A llai o boen) mynd lle bych.

Ffynhonnell
Pen 184, 77

Darlleniadau'r llawysgrif
4 ..i fynd lle i bych

31
Toddeidiau Siôn ap Hywel a Thudur Aled

Llyma Englin or vn rhyw ar rhai vchod a wnaeth Tvdvr Aled a Sion ap howel:

Gwrol tra gwrol, trugarog wrol,
Ni bu tra gwrol na bai trugarog. Tudur Aled

Meddw rhyfeddw, rhyfeddod feddw,
Ni bu rhyfeddw na bai rhyfeddod. Siôn ap Hywel

4

Ffynonellau
A—BL Add 14891, 10ʳ B—BL Add 14964, 18ʳ (llau. 3–4) C—BL Add 14964, 182ᵛ D—CM 25, 37 E—J 138 [= RWM 16], 37ʳ F—LlGC 96B, 51 G—LlGC 695E, 152 H—LlGC 1559B, 350 I—LlGC 1573C, 427 J—LlGC 3039B [= Mos 131], 253

Amrywiadau
1 *DF* 3–4, 1–2, *G* [ ] gwrol.., *A* ..gwrol 2 *G* [ ]ragwrol..drigarog, *EI* ni tragwrol.., *H* ..fv..fei.., *A* ..dragwrol..drugarog 3 *G* [ ] rhyfeddw rhyfedd feddw, *AH* ..meddw 4 *G* [ ] Rv feddw.., *AD* ..ryfeddw..ryfeddod, *H* ..ryfeddw..

Pennawd
EIJ

Awduraeth
ADFGH Dienw

32

Cwpledi o waith Dafydd ab Edmwnd, Dafydd ap Gwilym, Siôn ap Hywel a Thudur Aled

5 Welshe poets or Beirdd Made up n the instant each of them one penyll Orchestall [sic]:

      Mi a ganwn â'm genau
      Na allai un ei wellhau. Dafydd ab Edmwnd

      Mi a ganaf fel Dafydd;
4   A ganwyf fi digon fydd. Dafydd ap Gwilym

      Mi a wna' gerdd fel maen gwn
      A'ch gosteco, gystowcwn. Siôn ap Hywel

      Canaf o'm min ddoethineb
8   Yn well nag y cano neb;
      Pren wyf fi pur yn ei fôn
      A gwellt ydych, alltudion. Tudur Aled

      Mae gennyf gof am a fu,
12   A mesur am y sydd,
      Ac ateb am a fydd. Dafydd ab Edmwnd

Ffynonellau
A—Card 4.10 [= RWM 84], 947 B—LlGC 11816B, 204

Amrywiadau
1 *A* ..om genai 2 *AB* ..alle.. 5 *A* mi a gana gerdd.. 11 *B* [11–13], *A* ..gennydd..

Pennawd
A

Atodiad i

Cywydd i'r niwl

Oed â rhiain addfeindeg
A wnaethwn yn dalgrwn deg
I fyned, wedi 'mgredu,
4   Ymaith, ac oferwaith fu.
Yn gynnar, mynd i'w haros,
Egino niwl gyn y nos.
Cuddiodd loywlwybr yr wybren,
8   Codi niwl cau hyd y nen.
Cyn cerdded cam o'm tramwy
Ni welid man o'r wlad mwy:
Na gorallt bedw na goror,
12   Na bronnydd, mynydd, na môr.

Och yt, wybren felenfawr,
Na throit ti, na threiit awr.
Casul yr wybren ddulwyd,
16   Carthen anniben iawn wyd;
Tew wyd a glwth, tad y glaw,
Tyddyn ydwyt ti iddaw;
Uchel ei dop, oer gopwe,
20   Fal gweilgi'n llenwi pob lle;
Mwg ellyllon tân Annwn,
Abid tew ar y byd hwn.
Cuddio, megis mwg goddaith,
24   Cornentydd a mynydd maith.
Gwrthban glaw trymlaw trymlyd,
Gwe ddu o bell a gudd byd;
Cnwd anhygar diaraul,
28   Clwyd forlo rhyngo' a'r haul.
Y nos y bydd dydd dyfrglwyd
A dydd yn nos, diddawn wyd.
Tew araf fry yn toi'r fron,
32   Tad llwydrew, taid y lladron;
Mal tarth uffernbarth ffyrnbell
Mwg byd yn magu o bell;
Gwasarn eira llon Ionawr,
36   Goddaith yr wybren faith fawr;

Ager o odynau eigiawn
A môr wyd Annwn mawr iawn;
Hudol y gwawn yn hedeg
40 Hyd barthlwyth y tylwyth teg.

O'm blaen i'r rhiw, hagrliw hyll,
Obry'n dew wybren dywyll,
A'm troi i fan—trwstanwaith—
44 Fal uffern, figinwern faith,
Lle'r ydoedd ar bob gobant
Ellyllon mingeimion, gant.
Ni chawn o'r wern uffernawl
48 Dwll—bu ddig—dywyll heb ddiawl.
Ni wnaf oed, anhyf ydwy',
Â'r niwl maith, am anrhaith mwy.

Ffynonellau
A—LlGC 1246D, 14 B—Bangor 6, 105 C—Bangor 704, 8 D—BL Add
14870 [= RWM 53], 276ᵛ E—BL Add 14932, 37ᵛ F—Bodley Welsh e 1,
126ʳ G—Bodley Welsh e 3, 34ᵛ H—Brog (y gyfres gyntaf) 2, 201ᵛ I—Card
2.4 [= RWM 11], 83 J—Card 5.11 [= RWM 33], 70 K—Card 5.10 [=
RWM 48], 42 L—Card 4.156 [= RWM 64], 367ᵛ M—Card 4.330 [= Haf
26], 425 N—Chirk A 3, 37 O—CM 5, 231 P—CM 125, 123 Q—CM 206,
75ᵛ R—Gwyn 2, 137ᵛ S—Gwyn 4, 30 T—J 101 [= RWM 17], 274 U—
LlGC 832E, 81 V—LLGC 3021F [= Mos 1], 230 W—LlGC 3066E [= Mos
212], 46 X—LlGC 5475A [= Aberdâr 2], 260 Y—LlGC 6499B, 319 Z—
LlGC 6706B, 69 a—LlGC 8341B, 84 b—LlGC 11115B, 191 c—LlGC
12873D, 8ʳ d—Llst 14, 129 e—Llst 15, 49 f—Llst 120, 15ᵛ g—Llst 133,
rhif 1056 h—Llst 155, 7 i—Llst 156, 273 j—Pen 66, 6 k—Pen 124, 124
l—Pen 184, 122 m—LlGC Mân Adnau 1206B [= Tanybwlch], 239

Ffynonellau eraill
n—BL Add 14933, 33ᵛ (*collwyd y rhan fwyaf o'r testun*) o—LlGC 6471B,
182ᵛ (*collwyd rhannau o'r testun*) p—Card 4.10 [= RWM 84], 474 q—CM
467, 70 r—Gwyn 13, 39 s—LlGC 560B, 10 t—LlGC 9111A, 10

Amrywiadau
1 *B–EGHJL–OR–ad–gi–m* ..am rhiain.., *FKPQbc* ..am rhian.., *Mh*
..addfwyndeg, *R* ..feindeg 2 *W* a wneuthym.. 3 *CHK–MQS–Wbcfh–j* ar
fyned.., *CNRh* ..gwedi.. 4 *BEIJOPY–aehjkm* ..oferdaith.. 5 *BD–GJN–PRUX–
adegjkm* mynd yn gynnar.., *I* ..ymynt.. 6 *h* ac yn y niwl kyn.., *C* eginai.., *L*
eginau.., *U* eginodd.., *e* egnio.., *OSVWefi* ..yn nywl.., *R* ..y nwyl..,
BEJPQUYa–ck ..cyn.., *DF–IMNR–TV–Xdfgl* ..gan.., *j* ..ganol nos 7 *U* cuddio

pob llwybr dan.., *BD–GJN–PSV–ad–gk–m* cyddio golwybr.., *CL/KQbci*
crwybrai / crwybrodd oleuni r.., *I* kvddio gloiwlwybr.., *M* ..golwybr.., *HRThj*
..goleyni wybren, *SVWf* ..or wybren 8 *Kbc* codi yn niwl.., *R* kodi ynywl kru..,
l ..niwl kavad hyd nen, *A* ..cae.. 9 *m* ..im tramwy, *BEIP* ..dramwy 10 *N* ni
weled.., *U* ..o wlad.. 11 *BEIJP* na gallt fedw.., *h* na gorallt wybyr na.., *CDF–*
HK–MOQ–TV–b–gi–km ..fedw.. 12 *CHLTl* na moelydd.., *M* na gelldydd..,
Kbci na mynydd moelydd.., *Q* na mynydd meusydd.., *a* ..meusydd.. 13 *k*
och niwlen.., *Y* och niwlun felunwawr, *l* ..liwlen.., *B–XZ–j* ..niwlen.., *m*
..wiwlan felanfawr 14 *DFGOVXad–gk* o.., *SW* oth roit ti.., *IKLQbc* na thorvt
ti.., *C* na threiyt ti.., *HTZim* na tharytt i.., *BD–GIJOPRSUVWad–hl* ..nath
arut awr, *HMNTX* ..na thorrytt awr, *CKLZbcim* ..na throit awr 15 *N* kasvl
amgylch gwr dvlwyd, *j* kascl.., *BEIJP* ..ar wybren.., *l* ..yr wybyr.., *f* ..or
wybr.., *CDF–HK–MOQ–TV–eg–km* ..or awyr.., *U* ..yr awyr.. 16 *M* iawn
garthen aniben wyd, *U* carthlen.., *R* ..aniben wyd 17 *GN* ..wyt..,
DFGMSVWdfgl ..a glew.., *OYZaekm* ..a glvd.., *X* ..a gwlyb.., *N* ..y gwlith.., *I*
..dad.. 18 *BD–GJMOPSV–XZad–gk/Ilm* ..a mam wyt / wyd iddaw, *Y* ..a
meien wyt iddaw, *N* ..heb vn ty iddaw 19 *HT* ychel rhagordop dopie, *Ml*
vchel ragor gop topie, *CKLbc/Qi* uchel rhagorgrop dropie / dopie, *R* vchel at
hergop topie, *h* vchel hadrgab dopie, *U* uchel gop goror toplwyn, *BD–*
GIJN–PSV–ad–gkm uchel dop.., *BE* ..adr gopwe, *OSVWZaefm* ..adar gopwe,
N ..yr adyr gopie, *k* ..o dad gobwe, *Y* ..adad gobwe, *DJ* ..weder gopwe, *FGdg*
..weddr gopwe, *IP* ..wadr gopwe, *X* ..weddr y gopwe, *j* ..ethergop doppie 20
MX gweilgi.., *U* ..gweilgi llenwi pob llwyn 21 *B–FH–JL–PR–ad–m* ..ellylldan
o annwn, *G* ..o Annwn 22 *FGNUXdg* abi.., *APR* a byd.., *CL* a baw.., *m* a
bwyd.., *CHMNThij* ..yn y byd.., *R* ..yn y bowyd.. 25 *U* 26–25, *BEIJP* ..traw
tryccinlaw trymlyd, *X/CDFGHKLMQTbcdgij* ..glaw / y gwlaw draw
drymlyd, *Rh* ..y glaw draw drymbyd, *NOSVWYZaefkm/U* gwrthban draw /
traw.., *l* ..trvmlaw tremlyd, *Y* ..twynlaw tomlyd, *k* ..tymlaw tomlyd, *NSVWf*
..tremlyd, *OUZaem* ..tromlyd 26 *N* gwg.., *Q* gwedd ddu.., *b* gwedda.., *BEIP*
gwe ddirin bell.., *NOSU–WY–aefklm* ..ddv bell.., *I* ..a gvdda y byd, *l* ..a
giddie byd, *BD–FHJN–TVWY–bd–gjkm* ..y byd 27 *CDF–HK–MQTUXb–dg–j*
clwyd.., *R* klwy.., *Nm* ..anhowddgar.., *c* ..anhagar.., *Rhj* ..anhygyrch..,
CHLMRThj ..ei haraul, *KQbci* ..iw haraul, *U* ..ddiaraul, *Ykl* ..daearaul 28 *A*
clwy farlo.., *R* klwy afarlo.., *CHK–MQTUbci* clyd.., *lm* knwd.., *N* llwyd.., *k*
lwyd torlo.., *FGSVWf* ..o forlo.., *Y* ..forfa rhynga.., *i* ..rhyngthv.., *CHK–*
MQTc ..rhyngtho.., *b* ..ae rhyddo.. 29 *U* cob am fy mhen yn benlwyd, *Y* nos
im fydd difyrglwyd, *BEIJP* nos ym fydd dy dew fur glwyd, *DFOSV–XZad–*
gk–m nos ym fydd.., *G* nos un fydd.., *HT* nos i bydd.., *N* marwisk fynydd
dydd.., *A* ..y fydd.., *h* ..yw bid dydd diglwyd, *Zm* ..ddydd ddiferglwyd, *CLb*
..dulwyd, *HRTij* ..dyddglwyd, *KQc* ..duglwyd, *M* ..dowddglwyd, *DFGXdg*
..diferclwyd, *OSVWaefk* ..difyrglwyd 30 *i* a dydd a nos ddiddawn wyd,
BEHIJN–PRTUYZehj–m dydd a nos.., *DFSVWadfg* dydd yn nos.., *KQbc* y
dydd.., *M* y dydd a n nos.., *OZaem* ..pand diddawn.., *Yk* ..pand diddan.., *Rj*

..nid duddawn.., *h* ..nid diddan.., *SVWf* ..a didhawn.., *I* ..ym wyd, *N* ..yn wyd, *BEP* ..ydwyd 31 *GallOSVWZefk* tew eira / eiry fry rhyd tai r fron, *m* twr eiry fru hyd tai r fron, *Y* tew eiry fry r tai r fron, *CDFHK–MQRTXb–dg–j* tew fry.., *NU* ..eira.., *Rhj* ..yn troi ar y fron, *I* ..yn doi y fron, *KLQbci* ..wedi toi y fron, *N* ..troir fron, *CDFHMTXdg* ..ar y fronn 32 *U* to..tad.., *DFHK– MQRTXb–dgij* taid..tad.., *GNQb* ..y llwydrew.., *h* ..ar holl ladron, *N* ..taid lladron, *GJSVWfl* ..teidie lladron, *BEP* ..teidie r lladron, *I* ..deidie r lladron, *COYZaekm* ..tidau lladron 33 *h* val traeth o vffern ben ffwrnben, *j* fel traeth o vffern, *Y* mae.., *X* ..torth uffern borth.., *M* ..vfern bell.., *R* ..o vffern ffwrngell, *ABD–GIJL–NPSU–Xdfgl* ..ffwrnbell 34 *ABD–GIJL–PRSU–WY– aefhj–m* ..y byd.., *l* ..o badell 35 *Q* gwasgaru.., *l* gwas aren.., *MSUVWZfim* ..eiry.., *OYe* ..yr eiry.., *ak* ..yr eira.. 36 *BEIPU* ..yr wybr.., *Gfl* ..or wybyr.., *S* ..yw or wybr.., *VW* ..yw r wybrfaith fawr, *CDFHK–OQTX–eg–km* ..or awyr.., *J* ..yr awyr.., *R* ..ar awyr.. 37 *Y* agan yn eiry eigiawn, *A* agr.., *U* ag or.., *P* oger.., *N* anger odynav.., *BEIP* ..o donnau.., *G* ..yn tynv i.., *JVl* ..yn tynnu o.., *OSWZaefkm* ..yn tynny.. 38 *OSVWZaeflm* mor wynt o anwn.., *G* morwyn o anwn.., *BEJPUk/IY* mor wyd / wyt o annwn.., *N* mor wyd o annion.. 39 *R* fel hydol gwyn.., *h* val hvdol gwen.., *j* fel hvdol gwenyn.., *HMT* mal hvdol byd.., *BEGINPSV–Xdfgl* hudol gwan.., *JU* hudol gwyn.., *CKLQbci* hudol drwy r byd.., *D* ..y byd.., *FOYZaekm* ..egwan.., *BEIJP* ..yn ei hedeg, *N* ..yw ehedeg, *SVWXf* ..ehedeg 40 *BEIJNPl* hir..ir.., *OSVWYZefkm* hir..or.., *GUa* hir.., *X* i.., *DFHMTdg* o.., *KQi* o barth ffrwyth.., *bc* o borth ffrwuth.., *h* yr porth llwyth.., *j* ir parthlwyth or.., *R* ne barllwyth or.., *CL* aberthffrwyth.., *U* ..boerlwyth.., *I* ..dylwyth deg 41 *N* o blaen frv hyddigl dv hyll, *Rj* anhygar lyw hagar hyll, *h* hygr liw hagr dew hyll, *CHKLQTUbci* ag yn dduliw.., *M* ag vn a [ ]w hagrliw.., *DFGOSVXYZadefgk* ..ar riw.., *BEIJPWl* ..ar liw.., *m* ..o liw.., *BEIP* ..hagr lu hyll, *J* ..hagr hyll 42 *h* obrv daw.., *Rj* ..yn tewi..towyll 43 *BD–FIJOPSVWYZad–gk–m* fy nhroi.., *G* fy nhroi fan.., *M* fynv roi vann.., *X* fy nrho.., *N* mine yn rhyw fan.., *U* myned i fann.., *Yk*..drwstanwaith, *MNl* ..dwrstanwaith, *GU* ..dwrstan daith, *V* ..trwstanfaith, *X* ..trwstaniaith 44 *N* fal safn vffern fyrgynfraith, *U* mal i uffern figwern.., *I* i dy vffern.., *BEJP* ty uffern.., *A* ..tugeuwern taith, *k* ..feginwern.., *DGl* ..i figwern.., *FMOSV– XZad–g* ..i fignwern.., *m* ..ei figinwern.. 45 *N* ag mi a gawn.., *FGSVWXfhl* lle r oedd.., *B–m* ..ymhob.., *VW* ..gofant 46 *HIThjl* o llyllon.. 47 *BEIJP* nid oedd.., *M* ni cheir.., *CHRThij* ni chaid.., *KLQc* ni raid.., *b* ni roid.., *c* ..mewn gwern.., *CDF–HK–OQ–bd–m* ..mewn gwern uffernol, *BJ* ..ar wern uffernol, *EIP* ..uffernol 48 *X* dwll heb wrysg dywylledd Rol, *CKLQbc* dwyll heb Rwysc..rol, *BD–JM–PR–WYZad–m* dwll heb wrysg..rol, *KLQbc* ..dywell.. 49 *J* na.., *Q* ni wnai oed.., *F* ..wnaf fi oed.. 50 *L* anrhaith ar y niwl maith mwy, *N* a niwl a merch yn ol mwy, *c* an rhith or niwl maith mwyf, *G* ar y niwl.., *KQb* ..maith anrhaith.., *X* ..whith am unrhith.., *VW* ..im.., *RYhjkl* ..hanrhaith..

Trefn

KQbc 1–16, 25–32, 35–6, + ii, 19–20, 39–42, 45–50

MXdg 1–16, 25–6, 33–4, 27–32, 35–6, + ii, 21–2, 19–20, + iii, 17–18 (*d* + iii,
   17–20), 39–50

G 1–16, 25–6, 33–4, 27–30, 21–2, + iii, 17–20, 31–2, 35–6, + ii, 39–40, + iii,
   37–8, 41–50

CHTi 1–16, 25–6, (*C* + iv), 21–2, 27–32, 35–6, + ii, 19–20, 39–42, 45–50

L 1–16, 25–30, + i, 17–18, + iii, 21–2, 31–2, 35–6, + ii, 19–20, 39–42, 23–4,
   33–4, 37–8, 43–50, + iv (*ar ochr y ddalen, heb ddim i ddangos ym mha ran
   o'r testun y dylid lleoli'r cwpled*)

BEIJN–PSVWYZaefk–oqr 1–6, + i, 7–16, 21–2, 33–4, 19–20, 17–18, 25–32,
   35–6, + ii, 39–40, + iii, 37–8, 41–50

Rhj 1–6, + i, 7–16, 25–6, 33–4, 21–2, 27–32, 35–6, + ii, 19–20, 39–42, 45–50

s 1–6, + i, 7–16, 25–6, 33–4, 21–2, 27–32, 35–6, + ii, 19–20, 39–40, + iii, 37–
   8, 41–50

DF 1–6, + i, 7–16, 25–6, 33–4, 27–32, 35–6, + ii, 21–2, + iii, 37–8, 17–20,
   39–50

pt 1–2, 5–16, 25–6, 33–4, 21–2, 27–8, 31–2, 35–6, + ii, 19–20, 41–2, 47–8,
   45–6, 49–50

U 1–8, + i, 9–16, 26–5, 33–4, 21–2, 27–32, 35–6, + ii, 19–20, 39–40, + iii,
   37–8, 41–50

i

Twyllawdd wybr fantellau
y ffordd fal pettwn mewn ffau

ii

Ymlysgwr bwriwr barrug
ar fynydd grianwydd grug

iii

Gown ir graig gnu awyr gron
cwmwl blaenedau ceimion

iv

anadl carth lle cyfarth cwn
ennaint gwrachiod annwn

Awduraeth

Dafydd ap Gwilym ac eithrio *A* (Siôn ap Hywel ap Llywelyn Fychan) ac *n*
(dienw, ond collwyd y diwedd); *M* D ab Glm meddantwy a thebig mae
gwir.

Atodiad ii

Cywydd Cadi

Cadi, dyn ieuanc ydwyd,
Call ar sôn, cellweirus wyd.
Gwyddost, Cadi, deg wiwddyn,
4 Lyfr Ofydd mewn glaswydd glyn.
Marw fyth yma yr wyf fi
(A'm gwae ydoedd) am Gadi.
O'm golwg mae mwg wylaw,
8 Cadi lân, fal cawod law.
Cariad fal plwm, trwm y trig,
Cadi, mewn tŵr caeedig.
Dygum gwynfan amdanad,
12 Cadi, haul goleuni gwlad.
Cerddor wyf mewn cae irddail,
Cadi, down rhwng coed a dail:
Callaidd wyd ym mhob cellwair,
16 Cadi, da y cedwi d'air.
Canu gwaith acen y gog,
Cadi, mewn gwyrddlwyn coedog.
Myn y Tad, ni chair, Cadi,
20 Amgen air o'm genau i.
Cadi, ni chredi, wych rodd,
Canu o'r neb a'i cwynodd.
Yr aur wawd orau a wn,
24 Ar Gadi yr ergydiwn.
Nid ergyd ffraeth saeth saethydd;
Ergyd serch ar Gadi sydd.
Cai, Gadi lân, yn d'annerch,
28 Ergydion saethyddion serch.

 Gwae fi, Cadi, rhag cyd
D'aros fal rhoi diowryd.
Colli gwas glân, anlan oedd,
32 Cadi, mwyaf pwnc ydoedd.
Ni ddoedaf, ni fynnaf fi
Chwedel ond, Duw, â Chadi.

Ffynonellau
A—Card 4.330 [= Haf 26], 450 B—Bodley Welsh e 1, 134ʳ C—LlGC 3066E
[= Mos 212], 119 D—LlGC 3021F [= Mos 1], 267 E—Llst 14, 141 F—Llst
133, rhif 1065 G—LlGC 5475A [= Aberdâr 2], 289 H—BL Add 14870, 324ʳ
I—Bangor 6, 494 J—CM 381, 50

Amrywiadau
1 *B–EG* ..ifangc.. 3 *IJ* gwyddos.., *A* ..Gadi.. 6 *A* ym.. 7 *D* am golwg mewn..,
J am.. 8 *B–J* ..kafod.. 12 *J* ..hael.. 18 *HIJ* ..coediog 22 *F* [22], *A* y canau r
neb ai canodd, *B–EGH* ..ai kanodd 27 *D* ..Cadi.. 28 *C* ergydio.., *B*
..sevthyddyddion.. 29 *CD* a gwae.., *G* ..O Cadi.., *A* ..cyyd 30 *C* ..diwryd 33 *A*
[33–4], *BE–J* ni ddywedaf.. 34 *B–DFH–J* chwedl.., *G* un chwedl..

Awduraeth
A–J Dafydd ap Gwilym; *A* ai Jo: ap Ho: ap lln vychn

Nodiadau

1

Cywydd i Ddafydd ab Owain ap Deio ap Llywelyn ab Einion ap Celynin, gw. WG1 18; WG2 22; hefyd ByCy 90–1; D.R. Thomas: HDStA i, 220–1; CTC 297–304. Fe'i penodwyd yn abad Maenan tua 1490. Canwyd y cywydd hwn, felly, rhwng y flwyddyn honno a 1503 pan gysegrwyd ef yn esgob Llanelwy.

Dyma'r noddwr eglwysig *par excellence*. Ni chanodd cynifer o feirdd i'r un gŵr eglwysig arall. Erys ar glawr 25 cerdd a ganwyd iddo, a pherthyn 18 o'r rhain i dymor ei abadaeth ym Maenan (ond ni roes y gorau i'r swydd hon pan benodwyd ef yn esgob Llanelwy), gw. CTC cerddi 20–37 o waith Tudur Aled (7), Lewys Môn (2), Wiliam Egwad, Rhys Pennardd, Ieuan Llwyd Brydydd, Hywel Rheinallt, Gruffudd ap Llywelyn Fychan, Ieuan ap Tudur Penllyn, Owain ap Llywelyn ab y Moel, un bardd anhysbys, a Siôn ap Hywel, awdur y cywydd dan sylw.

5 **heb henaint** 'Heb bresenoldeb hynafgwyr'. Ond gellid diwygio yn *heb ennaint*, i. 'eli'; ii. 'badd', gw. GPC 1218.

6 *n* wreiddgoll.

7 **mae'n olau** Ymadrodd mwys. Naill ai cywasgiad o *mae ynn olau* (ll. *ôl*, 'llwybr, ffordd'), neu *mae yn olau* (*golau*, a. 'disglair, llachar'; e. 'goleuni').

Wyth sillaf yn y ll.

8 **Maenan** Wedi'r goncwest Edwardaidd, codwyd castell newydd yng Nghonwy ar safle'r abaty, gw. HAA 61–77. Codwyd abaty newydd ym Maenan, ond ni pheidiwyd â'r hen enw, gw. llau. 11–12.

Myniw Dyma ddarlleniad y llsgr. ond *Mynyw* yw'r ffurf a arferir gan Lewys Môn, e.e., GLM IV.49–50 *Gwae wŷr Môn grio'm Mynyw; / gwae windai beilch gan nad byw*. Gwelir Lewys Glyn Cothi, fodd bynnag, yn arfer y ffurf hon a *Myniw* (e.e. GLGC 8.9–10 lle yr odlir *Myniw / lliw*). Ar sail rhai o'r darlleniadau, gellid tybio mai oddi ar dafodleferydd y codwyd y cywydd, gw. Darlleniadau'r llawysgrif llau. 4, 6, 7, &c., a gallai hyn esbonio'r modd y camddehonglwyd *rhyw* am *rhiw* ym mraich gyntaf y cwpled. Gw. ymhellach y sylwadau ar odli'r ddeusain *yw* yn J. Morris-Jones: CD 248–9; hefyd D.J. Bowen, 'Pynciau cynghanedd: odli i, u ac y', LlCy xx (1997), 142.

9 **cafell** Gwedda'r ystyr 'cangell, teml' yn y cyd-destun, ond nid yw'r gynghanedd ar ei hennill. Gellid diwygio yn *gafel*, ffurf lafar *gafael*, 'meddiant'.

14 **wythran** Gall gyfeirio at ddysg yr abad (yr wythran ymadrodd a ddisgrifir ym Mhum Llyfr Cerddwriaeth Simwnt Fychan, gw. GP 94ff.), neu at ei linach hyd yr wythfed ach, cf. GLGC 182.5–8 *Y mae ardeml Meredydd / i'th law'n rhod rhwng wythlin rhydd. / Y mae treth Hywel Gethin / yngo'n y llall rhwng naw llin.*

15 Cynghanedd wallus yn dechnegol, ond un foddhaus o ran ei sain ar gyfrif y modd yr ailadroddir y cytseiniaid *g.l*, a cf. y ll. hon o eiddo Lewys Glyn Cothi, GLGC 26.50 *ac ar ôl eisiau'r gŵr grym.* Wrth ddiwygio *kalon* y llawysgrif, collwyd y cymeriad llythrennol, ond sylwer mai cymeriad llythrennol 'caled a meddal' sydd yn y cwpled sy'n dilyn. Ond gellid cynghanedd sain reolaidd trwy ddiwygio yn *Calon Owain, glain gloywnwyd.*

18 **Brochwel** Dangosodd Enid Roberts yn 'Gwehelyth', Mont Coll lx (1967–8), 55–6, a hefyd yn 'Hen Nantcriba', Mont Coll lxiii (1973–4), 170, fod tri Brochwel. Perthyn y cyntaf i'r 6g. (Brochwel Ysgithrog); yr ail i'r 8g. (Brochwel ab Elise); a'r trydydd i'r 10g. (Brochwel ab Aeddan). Cyffelybir Dafydd ab Owain i ffigurau hanesyddol blaenllaw yn y cwpled hwn ac yn y tri sy'n dilyn. Enwir nifer o'r rhain drachefn yng nghywyddau'r beirdd eraill a ganodd i'r un gŵr, cf. CTC 26.11–16:

> Rhodri a'i waed, eurdraed oedd,
> Rhyw Gwennwys yn rhoi gwinoedd;
> Gwaed Celynin frenhinawl
> Ag Owain, maeth, gwin a mawl;
> O'r achau gorau a gaf
> O du Randwlff hyd 'r Indiaf.

Elidir Anodd gwybod at ba gymeriad hanesyddol y cyfeiria Siôn ap Hywel yma, gw. G 469. Priododd Llywelyn ab Einion (gw. y nodyn brig) â Lleucu, merch Ednyfed Llwyd a hanai o gyff Tudur Trefor. I'r un cyff (ond i gangen arall) y perthynai Elidir ap Rhys Sais ... ap Tudur Trefor, gw. WG1 870.

19 **Rhodri** Rhodri Mawr a fu'n frenin ar Wynedd, Powys a Deheubarth yn y 9g.

20 **Rhirid ... Flaidd** Arglwydd Penllyn yn y 12g.

21 **puman** *Pump* + *man*. Nis cofnodir yn GPC 2927, ond cf. Hywel Rheinallt: Gw 43.13–14 *Gŵr rhyfedd mewn gwir hefyd / Yw'r Dean dros buman byd.*

21–2 **'Lystan ... / Glodrydd** Rheolwr y deyrnas Rhwng Gwy a Hafren y dirwynai ei thywysogion eu hach ato.

22 **edryd** 'Ach, tras; gwehelyth', gw. GPC 1168. Gall *edryd* hefyd fod yn amrywiad ar *edfryd*, i. 'adferiad'; ii. 'barn, penderfyniad, dedfryd', gw. GPC 1164.

23 **Gwennwys** Sylfaenydd un o'r ddau gostoglwyth ym Mhowys, gw. L. Dwnn: HV ii, 27.

24 **Randwlff** Awgrymir yn CTC mai Ranulf III, Iarll Caer, oedd hwn. Ond yn y canu iddo, mawrygir Dafydd ab Owain am iddo adfer adeiladau'r abaty ym Maenan, gw. HAA 138. Sefydlwyd abaty Dinas Basing trwy nawdd Ranulf II, gw. 'Basingwerk Abbey', Arch Camb, First Series, i (1846), 98 a J.E. Lloyd: HW 500, ac efallai mai dwyn i gof ei gyfraniad ef a wneir yma.

28 **Lladin** Graddiodd yr abad yn Rhydychen, a thalodd Tudur Aled deyrnged i'w ddysg gan honni ei fod yn hyddysg mewn tair iaith, sef Groeg, Lladin a Hebraeg. Ond cyhuddodd Glanmor Williams y beirdd o wneud môr a mynydd o hyfedredd ieithyddol Dafydd ab Owain, gw. WCCR 393.

29–34 Cyfeiriad byr a chynnil at ryw anghydfod yn ymwneud ag esgob o Sais. Ni chynigir goleuni ar hyn yn HAA, ond y mae'n sicr y deallai cyd-brydyddion Siôn yr ergyd gan fod yr un syniad yng nghywydd Hywel Rheinallt, gw. CTC 309–10 a hefyd TA XVI.1–6, 69–74 a GLM LXV.55–60. O gofio am y gwrthdaro hwn, y mae'n eironig mai Sais o'r enw Edmund Birkhead a olynodd Ddafydd ab Owain yn esgob Llanelwy, a dilynwyd hwnnw yn ei dro gan Henry Standish, gw. D.R. Thomas: HDStA i, 221. Sylwer hefyd ar yr hyn a ddywed Siôn yn ei gywydd i ŵr eglwysig arall, sef Pirs Conwy, archddiacon Llanelwy, gw. cerddi 5.19–22; 6.17–20. Cafodd y ddau hyn bardwn cyffredinol gan y brenin Harri VIII yn ystod blwyddyn gyntaf ei deyrnasiad, gw. *Letters and Papers, Foreign and Domestic of the Reign of Henry VIII*, I / i (London, 1920), 246.

30 *f* led-lafarog.

33 *m* wreiddgoll neu *m* = *n*; cf. 5.14, 7.41, 20.31. Gellid cryfhau'r gynghanedd trwy ddiwygio *ener od* yn *amherodr*.

35 **tair mynachlog** Yn ôl HAA 137, o Ystrad-fflur y daeth Dafydd ab Owain i Ystrad Marchell, ond tystia Rhys Pennardd a Hywel Rheinallt mai symud o Ystrad Marchell i Ystrad-fflur a wnaeth Dafydd, ac mai oddi yno yr aeth i Faenan.

m wreiddgoll.

37 Yr ardd. yn cynnal ail odl y gynghanedd sain, a cf. 6.89.

38 *n* berfeddgoll (ar ôl diwygio'r ll. a sicrhau bod ynddi saith sillaf).

41 *n* wreiddgoll.

47 **lleinw** Yn ddeusill, neu *pobl*. 'Y mae'r casgenni … yn bodloni pawb'.

51 Diwygiwyd *dofyn* y llsgr., ond geill mai gair deusill yw *aml*.

54 Cf. GGl² CXX.32 (mewn cywydd i'r un gŵr) *Abad mal lleuad mewn llwyn.*

55–6 Gall y cwpled awgrymu i'r abad fynd ar bererindod i Santiago, ond ni welwyd cyfeiriad yn yr un o'r cerddi eraill i'r perwyl hwn. Ar yr arfer o bererindota, gw. Thomas Roberts, 'Cywyddau Pererindod', *Y Traethodydd*, 1944, 28–39. Y posibilrwydd arall yw fod y bardd yn cyfeirio at y cyfnod hir er pan welodd Ddafydd ab Owain ddiwethaf, a'i fod yn dwyn i gof fordaith yr apostol i Santiago. Am gyfeiriadau eraill gan y Cywyddwyr at fordaith Iago, gw. DN IV.25–8; GDID 8.39–40; GLGC 25.41, 82.29–30.

Cynghanedd lusg bengoll a welir ym mraich gyntaf y cwpled, gw. J. Morris-Jones: CD 175, ond ceir sawl enghraifft yng nghanu Siôn, gw. llau. 43, 57, 59, 75 yn y cywydd hwn.

2

Cofnodir ach Tomas Pennant, abad Dinas Basing, yn WG2 1673; PACF 214; L. Dwnn: HV ii, 305; HPF iii, 377: Tomas ap Dafydd ap Tudur ab Ithel. Enwir nifer o'i hynafiaid yn y cywydd a ganodd Gutun Owain iddo, gw. GO cerdd XXXII a 184–5. Ceir testun o gywydd Gutun Owain, ynghyd ag awdl o waith Tudur Aled, y cywydd dienw 'Pwy a ddring y Ladingffordd?', a'r englyn a luniwyd gan Siôn ap Hywel a Thudur Aled ar y cyd (gw. cerdd 28) yn CTC cerddi 39–42; gw. hefyd TA cerdd VI; *Meistri'r Canrifoedd*, gol. R. Geraint Gruffydd (Caerdydd, 1973), 93–7. Bardd arall a ganodd i'r abad oedd Siôn Ceri; cyhoeddwyd testun o'i gywydd moliant i'r abad (diogelwyd yr unig gopi o'r cywydd hwn ac o gywydd Siôn ap Hywel yn llawysgrif BL Add 14999) a'i farwnad anghyflawn i'r un gŵr yn GSC cerddi 46–7.

Tystia Gutun Owain a Thudur Aled i'r modd y bu i Domas Pennant atgyweirio adeiladau Dinas Basing, gwaith a esgeuluswyd gan ei ragflaenwyr: *Er bod arni abadau, / Rhag gwynt ni cheisynt ei chau*, gw. *Meistri'r Canrifoedd*, 94. Yn nawdegau'r bymthegfed ganrif, ac yn ystod tymor abadaeth Tomas Pennant, yr adeiladwyd y capel gerllaw ffynnon Gwenfrewy, diolch i nawdd Margaret Beaufort, mam y brenin Harri VII, gw. Nia M.W. Powell, 'Mam y Mab Darogan', *Bosworth a'r Tuduriaid*, gol. Dafydd Glyn Jones a John Ellis Jones (Caernarfon, 1985), 58–9. Ar sail cywyddau Siôn Ceri, gellid tybio mai ffrwyth nawdd ac ysgogiad yr abad oedd y capel hwn. Ni fanylir ar y gweithgarwch hwn yng nghywydd Siôn ap Hywel, a chynnil yw'r hyn a awgrymir yng nghwpled 75–6, ond telir teyrnged bwrpasol i'r gwaith adeiladu y bu'r abad yn gysylltiedig ag ef yn y flwyddyn 1512 yn yr awdl a ganodd yr un bardd i Wenfrewy, gw. cerdd 18.

Ymddengys i Domas Pennant roi'r gorau i'w ddyletswyddau abadaidd a phriodi ag Angharad, merch Gwilym ap Gruffudd ap Gwilym. Dilynodd Nicolas Pennant ei dad yn abad Dinas Basing, gw. WCCR 401, ac efallai mai swydd a fu gan y tad a ddaeth i feddiant mab arall, Tomas, a benodwyd yn ficer Treffynnon, gw. CTC 342 a D.R. Thomas: HDStA ii, 195. Tomas Pennant ap Tomas yw'r enw cyntaf a restrir yn yr olaf.

Y mae gwallau amlwg yn yr unig lawysgrif, ac awgryma'r rhain, a'r terfyniadau llafar niferus, ddarfod codi'r cywydd o ffynhonnell lafar yn hytrach nag o un ysgrifenedig.

1–4 Tystia dau gwpled agoriadol y cywydd mai yn y flwyddyn 1527 y bu farw'r abad.

2 *r* wreiddgoll.

6 *r* berfeddgoll, neu gamosodiad d.r = r.d.

7 **Ethna** Y mynydd tân yn Sicilia.

13 *n* wreiddgoll.

16 **Berned** Rhoes Bernard o Clairvaux hwb i'r gyfeillach fynachaidd yn Citeaux, ac fe'i cyfrifir yn sefydlydd Urdd y Sistersiaid. Cf. y ffurf *Barnad* yn GLM XI.5. Nid tŷ Sistersaidd oedd yn Ninas Basing yn y lle cyntaf, fodd bynnag, gw. J.E. Lloyd: HW 500.

17–18 'Ac ni bu un o blith yr holl abadau yn ŵr cyfryw ei barch â hwn yn ein golwg'. *vn fawr barch* a ysgrifennodd y copïwr yn y lle cyntaf, ond dilewyd y llythrennau *fa*.

18 *f* led-lafarog, a chyfatebiaeth r = r.[f].r.

19 **Bened** Dilynai'r Sistersiaid reolau Sant Bened.

20 **Beuno** Ef a gododd Wenfrewy o farw i fyw, a phriodol ei enwi yng ngoleuni'r cyswllt rhwng Tomas Pennant a Ffynnon Gwenfrewy yn Nhreffynnon, gw. LBS i, 208–21.

22 Gellid gwella'r ystyr o ddiwygio *do* > *doe*. Yr arfer oedd claddu drannoeth marwolaeth, ond y mae lle i gredu mai ymhen y mis y datganai'r beirdd eu marwnadau gerbron teulu'r ymadawedig. Ensynia Siôn, fodd bynnag, iddo ddatgan tair o'i farwnadau drannoeth y gladdedigaeth: 2.32 *Caewyd ddoe ei arch, Cadw Ddoeth*, 4.61 *I'r ddaear gau ddoe'r âi'r gŵr*, 10.15 *Os ddoe'r âi is y ddaear*. Efallai na ddylid dehongli'r adferf yn llythrennol yn y llinellau hyn (ond cf. hefyd 3.39, 8.111, 11.1, lle yr awgrymir mai newydd farw y mae'r gwrthrych), ond tâl cofio hefyd mai gwŷr a drigai nid nepell o'i gartref a farwnadwyd gan y bardd. Yn y cyswllt hwn, dadlennol yw'r hyn a ddywedodd D.J. Bowen am Rys Cain a ganai yn ail hanner y ganrif, 'Gwelsom fod Rhys Cain wrth farwnadu rhai o wŷr Croesoswallt yn mydryddu dydd y

claddu, nid dydd y farwolaeth … gan fod Rhys yn trigo yn y dref, odid na ellid sicrhau ei wasanaeth fel herodr ar gyfer angladd ar fyr rybudd, pe dymunid hynny', gw. *Barn*, 212 (Medi 1980), 272.

25 **pren Antwn** Sant o'r Aifft a aned tua 251 ac a fu farw yn 356; fe'i hystyrir yn dad mynachaeth. Cyfeiria Lewys Glyn Cothi at grair Antwn, at ei flew, ei ŵn a'i ofal, gw. GLGC 61.57; 90.4; 205.13; 238.18, ac ymhellach NCE i, 594; NEB i, 443–4.

32 **Cadw Ddoeth** Dionysius Cato a oedd yn enwog am ei ddoethineb, gw. TYP² 291. Gwelir ffurfiau eraill ar yr enw, sef *Cado* (GLD 12.14), *Catwn* (GLD 25.29), *Catw* (GO XLII.42).

33 **padrau** Nodir y ffurf l. reolaidd *paderau* yn GPC 2666, a'r ll. dwbl, *pad(e)reuau*. Rhaid wrth ffurf ddeusill i gynganeddu â *padriarch* (yn ddeusill), ond rhydd hyn l. ac ynddi chwe sillaf. Ceir bai crych a llyfn os diwygir yn *paderau* (neu os cyfrifir *padriarch* yn air trisill).

36 Barnwyd bod y calediad a gyfleir yn y llsgr. yn cynrychioli *byd hwn* (gw. Darlleniadau'r llawysgrif), ond efallai y dylid adfer *byd twn*, 'byd toredig'.

41 **ym min bedd** Geill yr ymadrodd awgrymu bod y bardd yn sefyll ar lan bedd Tomas Pennant, neu fod angau ar fin ei daro.

42 *n* berfeddgoll.

43 Neu *Drwg oedd, gwae fi'n dragwyddol …*

49 **diwyg wan** Dengys GPC 1062 yr ystyrir *diwyg* yn eb. yn ogystal ag yn eg.

51 Ll. yn cynnwys y bai twyll gynghanedd *g* cyn ei diwygio.

53 *n* berfeddgoll.

62 **Lloegyr** Rhaid wrth ffurf ddeusill i sicrhau'r saith sillaf angenrheidiol.

65 **gŵr y tŷ** Cf. yr enghreifftiau y gelwir sylw atynt yn GLD 12.34n. Y mae'r ymadrodd yn amwys yn y cwpled hwn; gall gyfeirio at Domas Pennant neu at Dduw (os yr olaf darllener *Gŵr y Tŷ*).

69 'Arferai arian [Tomas] lenwi dwylo [eirchiaid] yn fynych'.

70 **drab** 'Darn, dernyn, cerpyn', gw. GPC 1080 (ond i'r 18g. y perthyn yr enghraifft gynharaf), yn ffig. 'anghenus, tlodion'. Digwydd y gair yn y Saesneg yn yr 16g., gw. OED² iv, 1005, ond efallai mai gair yn tarddu o'r Wydd. *drabog* '*A dirty and untidy woman; a slut, slatten*' sydd yma.

71 **cronicl** Yn ffig. 'esiampl, awdurdod', a chyffelyb yw ystyr *Peibl* yn ail fraich y cwpled. Ond awgrymir yn 'Basingwerk Abbey', Arch Camb, First Series, i (1846), 110–12 mai deunydd a baratowyd ar gyfer y cynulliad yn Ninas Basing yw Llyfr Du Basing (= LlGC 7006D) sydd yn rhannol yn llaw Gutun Owain. Gw. hefyd GWL² ii, 242–3. Yn y cyswllt hwn, nid dibwys yr hyn a honnodd Tudur Aled yn ei awdl i'r

abad, gw. TA VI.41–2 *Nid anheirdd na'th feirdd na'th fyrddau—na'th gôr, / Na'th gerygl na'th lyfrau.*

Twyll gynghanedd *c*, ond geill fod gair yn eisiau yma; chwe sillaf sydd yn y ll.

74 Nid oes bwlch yn y llsgr., ond anodd darllen y gair a gynrychiolir gan y bachau petryal. Ymdebyga i *gwuad.*

77 **tri Thomas** Tomas Pennant, yr apostol Tomas (cf. GLM LXIV.55–6 *Llaw Domas, os addas, ynn; / a llw'r India'n llaw'r undyn*) a Thomas Ferthyr, sef Thomas Becket (cf. GLGC 125.45–6 *Un nerth â Thomas Ferthyr, / un wyrth oedd hwn wrth ei ŵyr*).

78 **India** Yn ôl traddodiad, Tomas oedd yr apostol a aeth â'r efengyl i'r India.

80 *r* berfeddgoll (ar ôl diwygio'r ll. a'i chryfhau).

83 Neu *Pab a gaem* ...

86 Neu *Di-gam ras, digymar oedd.*

87 **y tri symud** Y dinistr triphlyg a ddisgrifir yn llau. 7–12, sef y tân, y dilyw a marw Tomas Pennant.

88 *r* berfeddgoll.

90 **rhy hir** Diwygiwyd er mwyn sicrhau bod saith sillaf yn y ll., ond gellid *Ni bu reir gan neb yr oes*, gw. GPC 3140 lle y rhestrir *rheir* ymhlith yr amrywiadau ar *ryhir*.

101 **'n f'au** 'Yn fy iau', neu gellid *yn fau*, 'yn eiddo i mi, i'm rhan'.

3

Gwelir ach Syr Hywel yn WG1 284; WG2 557: Syr Hywel ab y Dai ab Ithel ap Cynfrig ap Bleddyn ... Edwin ap Goronwy o Degeingl, a phennaeth un o'r pymtheg llwyth. Fe'i disgrifiwyd yn 'dirfeddiannwr cyfoethog o waed bonheddig', gw. R. Alun Charles, 'Noddwyr y Beirdd yn Sir y Fflint', LlCy xii (1972–3), 34–5, ac yn 'offeiriad mewn enw'n unig', gw. D.J. Bowen, 'Beirdd a Noddwyr y Bymthegfed Ganrif', LlCy xviii (1994–5), 86. Fe'i moliannwyd gan Ddafydd ab Edmwnd, Guto'r Glyn, Gutun Owain a Lewys Môn, a diogelwyd darn o gywydd iddo o waith Lewys Glyn Cothi. Rhoddir cryn amlygrwydd i'w ach syberw yn y cerddi hyn. Cafodd ganoniaeth yn eglwys Llanelwy yn 1476, a rheithoriaeth Chwitffordd yn 1484, gw. D.R. Thomas: HDStA i, 331; ii, 206. Ei olynydd yn rheithor Chwitffordd oedd Robert Puleston a ymgymerodd â'r swydd honno rywdro yn ugeiniau'r unfed ganrif ar bymtheg (ond bu farw hwn yn 1517, yn ôl y nodyn yn *ib.* i, 331).

Mesurau'r Awdl

1–44   11 englyn unodl union

45–52   2 bennill gwawdodyn byr (ond hyd y llau. yn afreolaidd ac felly yn y penillion sy'n dilyn)

53–8   Hir a thoddaid

59–70   3 phennill gwawdodyn byr

71–6   Hir a thoddaid

77–80   Gwawdodyn byr

81–6   Hir a thoddaid

87–92   Pennill o 3 chwpled 10 sillaf (ond heb y toddaid y tro hwn)

93–100   2 bennill gwawdodyn byr

1 **cadach—rhuddwisg** Gŵn Syr Hywel, a cf. 4.24 y *llew ... â'r llurig coch*, ac ymhellach 3.62 *eryr gasul euraid* 'casul [megis] eryr euraid'. O gofio am y modd yr ymgyfenwyd Elis Prys, Plas Iolyn, yn Ddoctor Coch ar sail ei gyswllt â Phrifysgol Caer-grawnt, gw. CLC 488, nid dibwys yr hyn a awgrymir am ddysg Syr Hywel, yntau, yn y cywyddau a ganodd Lewys Môn a Lewys Glyn Cothi iddo. Gw. yn benodol GLM XIX.29–32 *mab yt, ŵr, ymhob taraw, / a chwi'n droed Rhydychen draw: / a nyni yn y neuadd, / a chwi roed yn uwch o radd*, a GLGC 216.7–11 *Saith gelfyddyd byd, sy bêl, / yw saethau eos Ithel. / Mae'n profi sawstri bob saith, / mae'n ŵr tal mewn art eilwaith, / mae'n sefyll mewn y sifil ...*

8 *n* wreiddgoll.

10 **i wastad** Ymadrodd adferfol, 'yn wastadol', neu '[maen] yn gydwastad â'r llawr'. Yn GPC 1598 cynigir i'r a. *gwastad* yr ystyron 'cadarn, cyfiawn, dianwadal', a gweddai hynny hefyd yn y cyd-destun.

13 11 sillaf yn ll. gyntaf y paladr.

17 Gellid diwygio yn *Temlau, allorau ...* am na nodir y ffurfiau ll. *temloedd, alloroedd* yn GPC, ond dewiswyd cadw darlleniad y llsgr.

17–18 Cyfatebiaeth th = thr o dan yr acen.

18 **aruthraidd** 'Erchyll, arswydus'; nis nodir yn GPC 213.

28 *n* wreiddgoll. Nid atebir yr *r* sydd o dan yr acen yn *rhoir* yn y brifodl.

29 **Samwel** Y proffwyd yr aed ag ef, ac yntau'n fachgen ifanc, at Eli i'w hyfforddi.

31 *r* berfeddgoll neu gamosodiad r.th = th.r.

32 Wyth sillaf yn y ll.

33 **Edwin** Gw. y nodyn brig.

11 sillaf yn ll. gyntaf y paladr.

34 **fernagl** 'Llun wyneb Crist a arhosodd ar y lliain a roes y Santes Veronica iddo', gw. GPC 1269. Swyddogaeth yr ymadrodd yw cyfleu sancteiddrwydd a duwioldeb Syr Hywel.

35 Gadawyd bwlch yn y llsgr.

37–8 Y gair cyrch yn proestio â dechrau ail l. y paladr. Ar y nodwedd hon, gw. J. Morris-Jones: CD 260–2.

41 **llechlas** *Llech* + *glas*, 'maen llwyd', yn ffig. 'carreg fedd'.

46 **toddiaid** Naill ai i. ffurf l. afreolaidd *toddaid*, un o fesurau caeth y beirdd neu ii. ffurf l. *toddiad*, 'y cyflwr o fod yn doddedig, hylif, gwlybwr, saws'.

47 **yr haid wenyn** Cf. yr ymadrodd *cynnal gwenyn* (sef 'cynnal medd / gwleddoedd') yn 5.4, a gw. hefyd Marged Haycock, '"Canu y Cwrw" o Lyfr Taliesin', *Dwned*, iv (1998), yn fwyaf arbennig tt. 9–16.

Rhyw ffurf ar gynghanedd bengoll sydd yn y ll. hon, ac yn llau. 48, 50, 76, 80.

52 **dewrion** Naill ai ffurf l. *dewr*, neu *dewr* + *iôn*.

54 **dygiad** 'Y weithred o ddwyn; ymddygiad, arweddiad'. Gwedda hyn yn well na'r ffurf *dygiaid* sydd yn y llsgr., gw. GPC 1131 *dygiad*[2] 'dygwr, cludwr'.

55 Nid oes bwlch yn y llsgr. yma nac yn ll. 65, ond y mae'r mesur, yr ailadrodd, a'r cymeriad llythrennol yn ail adran yr awdl, llau. 45–100, yn awgrymu yn gryf fod ll. wedi ei cholli yn y pennill hwn a'r nesaf ond un.

58 *r … r* berfeddgoll.

60 Twyll gynghanedd *l.*

62 *r* berfeddgoll.

67 *n* berfeddgoll.

77 **rhoddiaid** Ffurf l. *rhoddiad* 'un sy'n rhoi rhodd', ond yma yr ystyr yn ddiau yw 'un sy'n derbyn rhodd'.

78 *r* wreiddgoll.

79 **efryd** Bernir mai ffurf l. *afrad* ydyw, cf. *afall* > *efyll*, GMW 27. Ni ddigwydd yn G, ac fe'i priodolir i William Owen-Pughe yn GPC 1172, a'i ystyr 'astudiaeth, myfyrdod'. Byddai *efrydd* yn ystyrlon, ond yn difetha'r gynghanedd sain.

80 Diwygiwyd *trowssed* y llsgr., er mwyn sicrhau cynghanedd sain bengoll, cf. ll. 76.

83 *n* berfeddgoll.

84 **ŵyr Rys** Catrin, merch Rhys Wyn ap Dafydd, oedd mam Syr Hywel, gw. WG1 287.

85 **Awstin** On o'r Tadau Eglwysig, sef Augustine o Hippo (354–430).

86 **y Ladin** Cf. IGE² 239 *Y Ladin berffaith loywdeg*, a gw. y drafodaeth yn Treigladau 14–15. Cf. hefyd a ddywed Dafydd ab Edmwnd wrth foli Syr Hywel yn DE LI.21–2 *A lladin gwŷr eilliedig / a rydd fraint lle yr oedd ei frig.*

87 **cyniseifiaid** Ffurf l. *cyfnesaf* 'perthynas agos, câr', gw. GPC 703. Ni chofnodir yr union ffurf hon, ond rhestrir sawl ffurf gyfatebol, er mai i gyfnod diweddarach y perthyn y rhain: *cyfnesyfiaid, cynaseifiaid, cynyseifiaid, cynesafiaid.*

90–1 **Beuno ... / ... Lasar** Cyfeirir at y ddau hyn yn fynych mewn cywyddau marwnad, e.e., yn y cywydd a ganodd Lewys Glyn Cothi i'w fab, Siôn y Glyn, gw. GLGC 237.21–24, ac ym 'Marwnad Merch' Dafydd Nanmor, gw. OBWV 82.41–2, 47–8.

92–3 Nid oes bwlch yn y llsgr. gyda golwg ar y ll. hon na'r ll. sy'n dilyn, a gw. ymhellach ll. 55n uchod. Nid ysgrifennwyd yr awdl ar ffurf penillion, ac ni fuasai'r copïwr mor ymwybodol felly o fwlch yn ei destun.

95 **Llaw Arian** Nudd Hael, gw. TA LVIII.42n.

4

3 Cywasgwyd y geiriau *mae ynn*.

aflafen Amrywiad ar *aflawen* 'creulon; digalon, truenus', gw. GPC 42, ond yma â grym enwol.

n berfeddgoll (ar ôl diwygio'r ll.); *f* led-lafarog.

7 *f* led-lafarog.

20 **y tri blaidd** Dyma arwydd herodrol Rhirid Flaidd, gw. DWH i, 146. Nain Syr Hywel o du ei dad oedd Lleucu, merch Ieuan ap Gruffudd ap Madog ab Iorwerth ap Madog ap Rhirid Flaidd, gw. WG1 754.

24 **llurig coch** Gw. 3.1n. 'Crys mael, arfwisg' yw ystyron arferol *llurig*, gw. GPC 2229, ond 'mantell' yw'r ystyr sy'n gweddu orau yma.

25 **Samson** Adroddir yr hanes hwn yn Barnwyr xvi.

26 *r* berfeddgoll.

28 *r* berfeddgoll.

35–8 Mentrwyd newid trefn y ddau gwpled hyn i wella'r rhediad.

41 **afarwy** 'Tristwch', gw. GPC 41, ond gellid yr ep. *Afarwy*, gw. TYP² 269–70. At ei filwriaeth y cyfeirid fynychaf, fel y tystia'r cwpled a gan-

lyn o waith Gutun Owain, GO XVII.35–6 *Avarwy a glodvorrwyd / A'th gleddav, Mathav, ym wyd.*

42 **para** Ffurf ar *pa ryw*, a cf. *pary*, *pa'r*, gw. GPC 2661.

47 Twyll gynghanedd *g*.

50 **Asa** Iddo ef y cysegrwyd eglwys Llanelwy, gw. LBS i, 177–85. Tua dechrau'r 12g. y dechreuwyd arfer yr enw S. ar yr eglwys.

52 Twyll gynghanedd *d*.

56 *r* berfeddgoll, neu gynghanedd groes o gyswllt sydd hefyd yn cynnwys camosodiad s.r = r.s yn safle'r benthyca. Digwydd llau. cyffelyb yng nghywyddau Siôn Ceri, gw. GSC 16. Gwelwyd un enghraifft arall yng nghanu Siôn ap Hywel, gw. 14.82.

61 *r* wreiddgoll.

62 **cywyddwr** 'Cyfansoddwr cywyddau', gw. yr enghreifftiau a gofnodir yn GPC 837. Ond yma, y mae'n amlwg mai'r ystyr yw 'gwrthrych cywyddau [moliant], gŵr sy'n prisio ac yn gwerthfawrogi cywyddau'.

63 **gresynt** Ffurf ar *gresyn* nas nodir yn GPC 1530.

75 Bu'n rhaid diwygio *lles* y llsgr. er mwyn sicrhau odl lusg.

5

Pirs (neu Peter) Conwy, mab Siôn Aer y Conwy Hen ap Siancyn Conwy ap Siôn Aer y Conwy, gw. WG2 326, 329; hefyd PACF 260; L. Dwnn: HV ii, 295–6; R. Alun Charles, 'Noddwyr y Beirdd yn Sir y Fflint', LlCy xii (1972– 3), 13–14. Ni roddir amlygrwydd i ach y gwrthrych yn y cywydd, fodd bynnag. Yr oedd Pirs yn archddiacon Llanelwy erbyn 1508, gw. D.R. Thomas: HDStA i, 247, a chanwyd y cywydd rhwng y flwyddyn honno a 1532 pan brofwyd ei ewyllys, gw. 'Extracts from Old Wills relating to Wales', Arch Camb, Fourth Series, xi (1880), 220. Cafodd reithoriaeth Llaneurgain erbyn 1531, gw. D.R. Thomas: HDStA ii, 435. Priododd dair gwaith, a bu iddo ddeunaw o blant. Dewisodd tri o'i feibion yrfa eglwysig, sef Robert, ficer Rhuddlan (D.R. Thomas: HDStA i, 417), Christopher, ficer Nannerch a Thomas, person Helygain (*ib*. 407). Canodd Lewis ab Edward i un o'i feibion, sef Harri, gw. Lewis ab Edward: Gw cerdd 17.

Pan fu farw Michael Diacon, esgob Llanelwy, a rhagflaenydd Dafydd ab Ieuan (a ddilynwyd yn ei dro gan Ddafydd ab Owain, gwrthrych cerdd 1), yn 1499, 'Peter Conway, archdeacon of St. Asaph, and Hoell ap Day, rector of the church of Whitford, were appointed on Nov. 1st Stewards of the Courts and Guardians of the Temporalities within the County of Flint during pleasure', gw. D.R. Thomas: HDStA i, 220.

Priododd un o ferched Pirs, Marged, ag Elis, mab Syr Hywel ab y Dai (gw. cerddi 3 a 4).

1 Wyth sillaf yn y ll., oni chywesgir *duoer* ar ddelw *dioer*.

3 **erw** Yn ddeusill. Neu gellid diwygio yn *da ynn dor bryn*.

4 **cynnail** 'Adail, fframwaith', gw. GPC 794, ac yn ffig. 'cartref, nodded'. Y mae *cynnail* hefyd yn ffurf 3 un.pres.myn. y f. *cynnal*, gw. GPC 785.

gwenyn Cf. 3.47n. Bernid bod i wenyn gysylltiadau arallfydol, gw. DrOC 163–5, *Bonhed gwenyn o paradwys pan yw ac o achaws pechawt dyn y doethant odyno ac y dodes Duw y rat arnunt* ... (td. 165). Tybed a yw'r gwenyn yn drosiad am y prydyddion yn y cwpled hwn? Fel hyn yr esboniodd Rhys Goch Eryri darddiad yr awen, gw. IGE² LXI.87–91 *Nid oes chwaith awen ond un. / O'r Ysbryd Glân, gwiwgan gwawd, / Y tyf honno i'r tafawd. / Ac o'r nef, cartref pob ced, / Yn fynych a ddanfoned.*

11 **chwegair** Gall gynnwys yr elfennau *chwe + gair*, neu *chweg* 'melys, dymunol' (gw. GPC 848) + *gair*.

12 **gein** Ffurf 3 un.pres.myn. y f. *genni*.

14 *m* wreiddgoll, neu m = n.

19–22 Cyfeiriad pellach at y gwrthdaro rhwng y Cymry a'r Saeson a'r cystadlu am swyddi eglwysig, a cf. 6.17–20 mewn cywydd arall i Birs Conwy. Ai awgrymu y mae'r bardd mai'r esgob Dafydd ab Owain a sicrhaodd i Birs yr archddiaconiaeth?

n wreiddgoll.

22 **llygad** 'Craidd, hanfod', neu 'er ei fod a'i lygad [ar swydd yng Nghymru]'.

25 **Fyrdsyl** Ystyrid ei fod yn ddewin yn yr Oesoedd Canol, ond ei ddoethineb a fawrygir yma. *Fferyll* yw'r ffurf a welir fynychaf yn y canu, gw., e.e., GDG 84.57–8. Ni nodir y ffurf *Fyrdsyl* yn G 505; GPC 1272, 1284, ond cf. GST 135.11–12 *Ef a roddai frau addysg, / Frawd Sele ddoeth, Fyrdsil ddysg.*

Diwygiwyd y ll. er mwyn sicrhau odl (lafar) fewnol a fyddai'n sicrhau cynghanedd sain.

26 **morfur** *Môr + mur*, ond i'r flwyddyn 1815 y perthyn yr enghraifft gynharaf a gofnodir yn GPC 2490. *mor fyr* yw darlleniad y ddwy lsgr., ond y mae'r ffurf ddiwygiedig *morfur* yn ategu'r hyn a awgrymwyd yn y cwpled blaenorol am gadernid Pirs oblegid fe'i gelwir yn *aber o ddŵr* ... *afon* ... *heb faen atal*.

27 **y Llyfr Coch** Llyfr Coch Asaph, sef cofrestr cadeirlan Llanelwy y dechreuwyd ei chadw yn gynnar yn y 14g., gw. D.L. Evans, 'Llyfr Coch Asaph', Cylchg LlGC iv (1945–6), 177–83; 'Index to "Llyfr Coch Asaph"', Arch Camb, Third Series, xiv (1868), 151–66, 329–40. Gw.

hefyd O.E. Jones, 'Llyfr Coch Asaph: a textual and historical study' (M.A., Cymru [Aberystwyth], 1968).

r berfeddgoll, neu gamosodiad ll.r = r.ll.

28 **ffresiant** Nis nodir yn GPC 1313. E. o'r a. *ffres* 'ireidd-der, newydd-deb'.

r wreiddgoll.

29 **W newyddaur** Torch o aur ar ddelw'r llythyren 'W'.

30 *n* wreiddgoll.

31 **Stanlai** Ail wraig Siôn Aer y Conwy Hen, a mam Pirs, oedd Sioned, merch Edmwnd Stanlai a'i wraig, Angharad, merch Hywel ap Tudur ab Ithel Fychan o Fostyn ... Uchdryd ab Edwin (ll. 38) o Degeingl ... ap Cadell (ll. 38) ap Rhodri Mawr, gw. WG2 1618; WG1 281, 283, 285.

Twyll gynghanedd *l*, ond sylwer ar y modd y cynganeddir *Stanlai* yn 6.10 a 9.17.

33–4 Cf. yr hyn a awgrymwyd yng nghywydd Tudur Aled i'r un gŵr, gw. TA XXX.30 *Dewr wyd ar farch pe d'ordr fai.*

38 **Edwin a Chadell** Gw. 5.31n uchod.

40 **Rhufeinwyr** Y mân guradiaid o dan awdurdod y pab yn Rhufain.

41–6 Perthynai gallu goruwchnaturiol i ffon Moesen (sef Moses); gyda'i chymorth hi y llwyddodd Moesen i agor llwybr trwy'r Môr Coch, cf. GDLl 18.5–6 *Prif afon a droes Foesen / A'i ffon big o'r cerrig hen*, a hefyd y gerdd 'Gwialen Moses' yn Bl BGCC 80–91. Yng nghywydd Siôn, megis yn GLM XXIII.35–40, cysylltir y ffon â'r tri hedyn a roes Seth o dan dafod ei dad. Tyfodd tair gwialen o'r hadau hynny, ac o'r pren y lluniwyd y groes y bu farw Crist arni. Adroddir yr hanes yn 'Ystorya Adaf', a chyhoeddwyd testun (wedi ei gamenwi yn 'Euangel Nicodemus') yn THSC, 1919–20, 121–9; gw. hefyd *ib.* 129–31 lle y gelwir sylw at olion yr hanes yng nghanu'r Gogynfeirdd a'r Cywyddwyr.

50 **Iefan lwyd** Gŵyl Ifan, ond geill mai cyffelybu Pirs i'r ddau Ieuan a fu'n esgobion Llanelwy yn ail hanner y 14g. oedd bwriad y bardd, ac os felly, dylid atalnodi fel a ganlyn: *O fewn y wledd, Iefan lwyd*. Gw. trafodaeth Enid Roberts ar y ddau gywydd o waith Iolo Goch i Ieuan Trefor I (1346–57) ac Ieuan Trefor II (1394–1404), 'Llys Ieuan, Esgob Llanelwy', TCHSDd xxiii (1974), 70–103, ac ymhellach GIG 275 lle y dadleuir mai'r ail Ieuan a gyferchir yn y ddau gywydd.

51 **darllaw** Dyma'r unig ffurf a nodir yn GPC 894.

52 **ancur** *fynkvr* sydd yn y ddwy lsgr. Bernir mai ffurf ddeusill ar *ancr*, *ancar* yw hon, gw. GPC 110, sydd yn ateb gofynion yr odl ac yn parchu gofynion y mesur. Ond tybed a oedd rhyw chwedl am Gaer Fyncur yn hysbys i'r bardd?

55 **siwgr** Yn ddeusill.

56 **saig Ludd** Crybwyll Dafydd Nanmor yn ei gywydd i Rys ap Maredudd o'r Tywyn, gw. DN I, dair gwledd adnabyddus, sef Crist yn porthi'r pum mil (a cf. GHC XVII.55–60), gwledd Arthur yng Nghaerllion, a'r wledd a drefnodd Caswallon fab Beli i ddathlu ei fuddugoliaeth ar wŷr Rhufain. Nid oedd a wnelo ei frawd, Lludd fab Beli, â'r wledd olaf hon, ond fe'i cynhaliwyd yng Nghaer-ludd sy'n dwyn ei enw, gw. TYP² 424–7; BD 20, 44; DN I.17–18 *A'r llall a wnaeth Caswallawn / Yn Nhre' Ludd yn reiol iawn.*

59 Wyth sillaf yn y ll.

60 Cyfatebiaeth th..dd = th. Digwydd yr un gyfatebiaeth ar achlysuron eraill, gw. 6.18, 53, 16.32, 23.8.

64 Gadawyd bwlch yn y ddwy lawysgrif.

66 **Aer Conwy** Ai cyfeiriad at frawd Pirs sydd yma, sef Siôn Aer y Conwy (Ifanc)?

6

6 **Pedr** Yn ddeusill. Gair mwys. Gall gyfeirio at y rhoddwr, Pirs neu Peter Conwy, neu at enw'r disgybl, a gw. ll. 10 isod lle yr enwir Andras.

8 **Diserth** Gadawodd Pirs Conwy yn ei ewyllys (dyddiwyd 16 Rhagfyr, 1531, gw. 'Extracts from Old Wills relating to Wales', Arch Camb, Fourth Series, xi (1880), 220) ugain morc i bedair eglwys y bu yn gysylltiedig â hwy, ynghyd â deng morc tuag at gost gosod ffenestr liw yn eglwys Diserth lle y'i claddwyd, gw. D.R. Thomas: HDStA i, 247.

9–10 **mab i deyrn wyd / Drwy Stanlai** Gw. 5.31n.

10 *n* berfeddgoll o dan yr acen. Sylwer ar ddarlleniadau'r llsgrau., ond cf. hefyd 9.17.

12 **Edwin** Disgynnai Pirs o du ei fam o Uchdryd ab Edwin o Degeingl, gw. 5.31n.

17– Cyfeiriad pellach at y gwrthdaro rhwng Pirs Conwy ac esgob o Sais, cf. 5.19–22.

18 Cyfatebiaeth th = dd..th, a cf. ll. 53 isod.

21 **Rhuddallt** Treflan yng nghyffiniau Rhiwabon ym Maelor Gymraeg. Cynrychiola ffin ddwyreiniol Cymru yn y fan hon.

23 **atlaes** Ai ffurf ar *adlaes*, gw. GPC 22 lle y cynigir yr ystyron 'hardd, mwyn'?

27 **Mastr Llwyd** Erchir y tarw ar ran Robert Llwyd, person Gwytherin (gw. llau. 30, 86). Daliai'r swydd honno erbyn y flwyddyn 1532, yn ôl

tystiolaeth D.R. Thomas: HDStA ii, 315, ond gellid tybio ddarfod canu'r cywydd cyn 1532 oblegid yn y flwyddyn honno y profwyd ewyllys y rhoddwr, Pirs Conwy (gw. nodyn brig cerdd 5). Enwir Robert Llwyd ymhlith 'y mydrwyr or Bryttanniaid ar a oedd ar vnwaith an cyfoes ni yn canu ar ei bwyd ei hun ... sir Ddimbech ... Sr Robert Llwyd o wytherin', gw. CC 6. Un gerdd yn unig y gellir ei phriodoli iddo â sicrwydd, a honno yn gerdd rydd sy'n rhan o ymryson â gŵr eglwysig arall, sef Syr Elis [ap Rhisiart ap Rhys], gw. MFGLl 3059. Cyfeirir at Robert Llwyd yn ysgrif Cledwyn Fychan, 'Y Canu i Wŷr Eglwysig Gorllewin Sir Ddinbych', TCHSDd xxviii (1979), 135–7. Awgrymir mai tua 1581–2 y bu farw.

33 Wyth sillaf yn y ll., ond sylwer ar ddarlleniad LlGC 18B (at ei gilydd llwgr ddigon yw'r testun yn y llsgr. hon).

42 **drymer** I'r flwyddyn 1744 y perthyn yr enghraifft gynharaf a gofnodir yn GPC 1095.

ceuder 'Ceudod, gwacter, canol', ond ni nodir y ffurf yn GPC 472.

43 *n* berfeddgoll.

49 Geill fod *sigl* yn air deusill at ddiben cyfrif sillafau a sicrhau'r hyd angenrheidiol, ond unsill ydyw at ddiben yr odl a'r gynghanedd, gw. 23.25, 25.21 a cf. GSC 13.5n (ond sylwer eto ar ddarlleniad LlGC 18B).

51– Collwyd rhannau o ymyl y ddalen yn llsgr. A, a gwelir bylchau cyfatebol yn nhestun C.

61 **mawnlo** *Mawn* + *glo* (a cf. y disgrifiad yn ll. 78), ond nis nodir yn GPC 2379.

64 **yn llwch** Naill ai i. 'yn llychlyd', neu ii. 'yn lleidiog', gw. GPC 2233–4.

69 **tuth** Eg. ydyw yn GGH 106.46 *Ac yn llafn tuth ysgafn tew*, ond eb. yma ac yn DN 119 *Dwc dvth didawl drvth daly dri—dewr Dvdvr*.

71 **daearol** Gw. yr ystyron a gynigir yn GPC 877. 'O liw'r pridd' yw'r ystyr sy'n gweddu orau yma.

74 **clawdd** Trosiad am y fuwch yr eir i'r afael â hi?

79 **gweini** Naill ai be. y f. *gweinyddaf* 'gwasanaethaf', gw. GPC 1621, neu fe. y f. *gweiniaf* 'dodi mewn gwain', gw. GPC 1619, ond yma yn ffig. 'trywanu, picellu'.

hylog Gall fod yn ffurf ar *hulog* 'tomen, pentwr', gw. GPC 1910, ond tebycach mai'r gair cyfansawdd *hylog*, *hy* + *llog*, 'hawdd ei hurio' sydd yma, er mai i'r flwyddyn 1722 y perthyn yr enghraifft gynharaf yn GPC 1968. Rhodder iddo yma yr ystyr 'buddfawr, mawr ei elw'.

82 Disgwylid treiglad ar ôl bf. 2 un.orch., gw. Treigladau 204 a cf. GLM XLVIII.77–8 *Llywia'n gall, llaw Owain Goch*; / *lluddia drais: llaw Dduw drosoch*; TA CII.86 *Dyro geffyl a dyrr gwaywffon*, ond cf. 7.80 isod

Derbyn gwalch drwy bân ac aur.

83–4 **lleisgryg / ... byg** Yn BL Add 31078 yn unig y digwydd y darlleniad hwn. Diau mai *llais* yn hytrach na *llaes* yw'r elfen gyntaf yn y cyfansoddair, a cf. *lleisgroch, lleisgroyw*, GPC 2148. Ystyrlon hefyd yw'r modd y delweddir düwch yr anifail trwy ei gyffelybu i byg.

88 **morlo** Geill fod yn un o ddau air cyfansawdd, sef *môr* + *glo* neu *môr* + *llo*, gw. GPC 2492. Anodd dewis rhyngddynt oherwydd cyffelybir y tarw i *forwch* (ll. 63), ac i *for-dwrch* (ll. 68), ond gelwir sylw hefyd at ei liw: *lliw mwg glo* (ll. 74), *lliw mawnbwll llwm* (ll. 78).

89 Bai crych a llyfn, onid ystyrir mai'r ardd. *o* sydd yn safle'r orffwysfa. Nid yw Siôn yn chwannog i lunio cynganeddion o'r math hwn, fodd bynnag, yn wahanol i Lewys Glyn Cothi yn y 15g., gw., e.e., GLGC 25.46 *a sonied am Siwan Du, ib.* 37.20 *Morgan o'r muriau a'i gwnaeth.*

7

Y gŵr a gyferchir yn y cywydd hwn yw Ithel ap Gruffudd ap Belyn (neu Fleddyn) ap Cadwgan Deca, gw. WG1 634; WG2 1218; hefyd Pen 287, 493–503. O ran ei gynnwys, cyfetyb y cywydd hwn i'r un a ganodd Siôn Ceri i Owain ap Gruffudd ap Maredudd Fychan, Llanbister, gw. GSC cerdd 39. Cyfeirir at anghaffael a ddaeth i ran Ithel, ac at wrthdaro rhyngddo a rhyw swyddog o Sais, ond nid yw'r hyn a gofnodir yn y cywydd yn cynnig goleuni ar yr amgylchiad dan sylw, ac nid yw o gymorth ychwaith wrth geisio dyddio'r gerdd.

Dyfynnir rhai o gwpledi'r cywydd (sef llau. 1–6, 29–34) yn LlyB XXIII.

1– Yr hud ar Ddyfed yn nhrydedd gainc y Mabinogi yw cefndir llau. agoriadol y cywydd.

4 **ym maen a dŵr** *Ef a welei* [Pryderi] *ual am gymheruedd llawr y gaer, fynnawn a gueith o uaen marmor yn y cylch*, gw. PKM 56. Y rhain a gaethiwodd Bryderi a Rhiannon, a diau i'r bardd ddewis dwyn eu hanes hwy i gof wrth iddo ddisgrifio tynged Ithel. Ond geill mai ystyr *ym maen a dŵr* yw '[yng ngharchar] mewn caer wedi ei hamgylchynu â dŵr'.

5 **mab Elen** Trafodir yr amryfal draddodiadau a gysylltir ag enw Elen yn TYP[2] 341–3, sef i. ei chyswllt â chwedl 'Breuddwyd Macsen'; ii. ei gwneud yn ferch i Goel; iii. ei huniaethu â'r santes Rufeinig, Helena, y dywedir iddi ddarganfod y Grog. Ei mab hi oedd yr ymherawdr Custennin. Cf. y llau. hyn o waith Hywel Rheinallt, o'i farwnad i Elin Bwlclai, Glynllifon, gw. Hywel Rheinallt: Gw 24.7–10 *A gwiw Elen a goelynt / Merch Goel a'i mab mawrwych gynt. / Arch a roed, oerach yw'r*

iaith / Heb Elin a'i mab eilwaith.

6 **Mawndfil hen** Cyhoeddwyd hanes teithiau Siôn Mawndfil i'r Dwyrain yn Ffrangeg tua 1357–71, a chafwyd cyfieithiadau niferus o'r cyfryw, gw. W. Beynon Davies, 'Siôn Mawndfil yn Gymraeg', B v (1929–31), 287–327. Lluniwyd y fersiwn Cymraeg cyntaf yn 1586, ond cyfeirid at Fawndfil yng nghanu'r Cywyddwyr ganrif dda ynghynt. Cf. *Myned mal hynt Mawndfil hen* (Rhys Nanmor); *A mynd fal hynt Mawndfil hen* (Morys ab Ieuan ab Einion) a ddyfynnir yng nghorff yr ysgrif.

10 **[y] Ddelw Fyw** Bernid bod rhai delwau yn fyw, a'u bod yn symud, yn gwaedu, &c. Yn eglwys y Santes Fair yn Yr Wyddgrug yr oedd yr enwocaf, gw. LBS i, 113–14, GDG 86.24n a cf. GLlBH 4.17n. Cyfeirir ati ar fwy nag un achlysur yn y cerddi i Reinallt ap Gruffudd ap Bleddyn o'r Tŵr, e.e., GTP 12.51 *Y ddelw fyw o'r Wyddgrug oedd ddialwr*; GHC VIII.33–4 *I roi sawd Iorus ydyw, / Urddol i Fair a'r Ddelw Fyw.*

16 *n* berfeddgoll (neu d..d = d).

25 *r* berfeddgoll; bai caled a meddal t = d.

30 **dyn un sir** Naill ai *sir* 'rhaniad daearyddol', neu *sir* 'llawenydd', o'r S. *cheer.* Y darlleniad yn LlyB yw *dynnu'n sir dan ewin Sais*, ond ni ddigwydd hwn yn yr un o'r llsgrau.

31 **Salsbri** Gw. *Rhyddiaith Gymraeg … 1488–1609*, gol. T.H. Parry-Williams (Caerdydd, 1954), 65 … *Kor y Kowri ar vynydd Ambri ger llaw Kaer Garadawc, yr honn a elwir heddiw Salsbri, yn y lle i kladdwyd twyssogion y Bryttaniaid a laddyssid drwy dwyll a brad Hengest ysgymun, twyssoc y Saesson.*

34 **Muellt** Ffurf ar *Buellt* (bydd *m* a *b* yn ymgyfnewid yn gyson). Yno y lladdwyd Llywelyn ap Gruffudd, y Llyw Olaf, *y taid* ('hynafiad', ll. 33). Mewn nodyn yn llsgr. BL Add 14866, 46ᵛ, ar ddiwedd cywydd i Owain Glyndŵr, a briodolir i Ruffudd Llwyd, gw. IGE² XLI, honnir 'teityl owain ir dwysogaeth oedd i fod ef yn dyfod o ferch llywelyn ap gruff a las o dwyll ym muellt'.

gwallt euraid Ithel ap Gruffudd.

35 *n* wreiddgoll.

36 **ŵr gywirach** Ar y treiglad hwn i'r a. cymharol mewn datganiad negyddol, gw. Treigladau 66–7.

37 **'nylu** Ffurf ar *anelu* yw *enylu*, 'cyfeirio, cyrchu, saethu, taro', gw. GPC 112.

f led-lafarog.

38 **Pendrasus … Brutus** *Ac val yd oedd Pandrasus a'e lu yn kyrchu y dyffeyth y tebygynt uot Brutus yndav … eu kyrchu yn dyrybyd a oruc Brutus udunt, a theyr myl o wyr aruavc gantav … Ac eu kyrchu a oruc*

*gwyr Tro udunt yn vychyr dyavyrdvl, a llad aerua dyruavr y meynt
onadunt*, gw BD 6.

41 Nid yw'r gyfatebiaeth yn gwbl reolaidd. Gellid esbonio'r ll. fel a
ganlyn: i. *m* wreiddgoll; n = m neu ii. camosodiad m.br = br.m; *n*
berfeddgoll.

42 **gwaed Reinallt** Ar yr arfer o dreiglo'r ep. sy'n dilyn gair megis *gwaed*,
hil, *merch*, &c., gw. Treigladau 108 a cf. GSC 7.9n. Ond ni threiglir bob
tro, gw. 12.16 *gwaed Rhobin*.

Rheinallt Marged, merch Rhys ap Rheinallt ... Edwin ap Goronwy,
tywysog Tegeingl (gw. ll. 78) oedd gwraig Gruffudd ap Bleddyn, gw.
WG2 522. Perthynai Ithel i dylwyth Llywelyn Aurdorchog, ac efallai
fod Siôn yn cyffelybu gwrthrych y cywydd i aelod arall o'r un tylwyth,
sef Rheinallt ap Gruffudd ap Bleddyn y bu ei helyntion yn destun sylw
Lewys Glyn Cothi, Tudur Penllyn a'i fab Ieuan, Hywel Cilan, a Gutun
Owain.

44 *n* wreiddgoll.

47 *n* wreiddgoll.

51 *n* wreiddgoll.

52 Camosodiad r.th = th.r.

53 *m* wreiddgoll.

55 **Tŵr Gwyn** Tŵr Llundain. Yno y carcharwyd Gruffudd ap Llywelyn
Fawr, tad y Llyw Olaf. Bu farw wrth geisio dianc oddi yno, gw. J.E.
Lloyd: HW 700–1.

57 *n* wreiddgoll.

58 **perth euraid** Trosiad am wallt Ithel, a cf. y disgrifiadau yn llau. 34, 39,
53–4, 56. Gw. hefyd y dyfyniad o eiddo Ieuan Deulwyn yn GPC 2780
d.g. *perth*: *a gwallt y vun gun a gaid / perth aur val y porth eurraid*.

porthoriaeth 'Swydd porthor', gw. GPC 2858, ond yma, yn ffig.
'carchar'.

65 **Syr Gei** Gw. DNB xxiii, 386–8, a cf. hefyd CSTB X.23–6 *Sorraist
ferch, syrheaist fi, / Soriant nis dygai'r siri. / Ni sorrai Iarlles Warwig /
Mor ddwys, ni chymerai ddig.* Cyffelybir Ithel i Syr Gei o Warwig, a
manylir ar hanes yr arwr chwedlonol hwn yn y ddau gwpled sy'n dilyn.
Bu'n rhaid iddo gyflawni anturiaethau lu cyn ennill llaw Ffelis, ond
wedi iddo ei phriodi, fe'i gadawodd, ac ymroes i fywyd o feudwyaeth.
Rhoes Ffelis fodrwy iddo, ac anfonodd Gei hon ati pan oedd ar ei wely
angau. Am grynodeb o'r hanes, gw. George Ellis, *Specimens of Early
English Metrical Romances* (revised ed., London, 1848), 190–238. Y
mae'n amlwg nad oedd y copïwyr yn gyfarwydd â'r hanes, a bu cryn
lygru ar y ddau gwpled, llau. 67–70. Bu'n rhaid diwygio sawl ymadrodd

yng ngoleuni'r hanes a amlinellwyd uchod.

fiswr O'r S. *viso(u)r*, gw. GPC 1270 a hefyd 2466 lle y cofnodir y ffurf *miswr(n)*.

71 **bortwin** *Bort* + *gwin*. Disgwylid i'r e. cyfansawdd fod yn eg., ond ymddengys mai cyfansoddair llac a geir yma.

71–2 **brenin ... / ... Iason** Tywyll yw'r cyfeiriad hwn. Efallai mai atgof annelwig am stori Iason a'r Argonautica sydd yma, ond dichon hefyd fod y testun yn llwgr megis yn llau. 67–70—sylwer ar y modd yr ail-adroddir *cost* yn ll. 74. Mentrwyd diwygio'r ail yn *cist*. (Diolchaf i Mr Ceri Davies am ei gymorth wrth i mi ymgodymu â'r ddau gwpled hyn.)

77 *r* wreiddgoll.

79 *r* wreiddgoll.

83 *dd* berfeddgoll.

8

Cywydd marwnad yw hwn i Dudur Llwyd ap Dafydd Llwyd ap Tudur ab Ieuan ap Llywelyn, gw. WG1 830; WG2 1589–90; L. Dwnn: HV ii, 352–3; HPF v, 130–1. Priododd â Chatrin, merch Siôn Edwart Hen.

Canwyd dwy farwnad arall i Dudur Llwyd, y naill gan Dudur Aled, TA LXXIX, a'r llall gan Lewys Môn, GLM LXVIII. Disgrifir yr anaf a barodd farwolaeth Tudur Llwyd yng nghywydd Siôn ap Hywel, gw. llinellau 23–6, a digwydd y ddau gwpled air am air yng nghywydd Tudur Aled (llau. 23–4 = 69–70; 25–6 = 59–60). Gresyna Tudur, *Gwae fi ... friw bychan* (llau. 55–6), a thystia Lewys Môn, *Ei friw ytoedd ... draen yn bin drwy ewin bys* (llau. 11–12). Pwysleisia'r tri bardd nad oedd a wnelo marwolaeth Tudur â gwrhydri'r gelyn-ddyn. Ond os cofnodir achos y farwolaeth mewn dull pur ddiamwys, ni ddisgrifir y digwyddiad a arweiniodd ati mor glir. Rhaid ystyried yr hyn a awgrymir yn llinellau 17–18, 21–2 yng nghywydd Siôn yng ngoleuni tystiolaeth Tudur Aled, *Ar i farch yr âi f'erchwyn / Yn y llu ddoe ...* (llau. 39–40) a Lewys Môn, *Pwy'n y gorchwyl pan gyrchwyd / at waedu'r llu?* (llau. 7–8). Gwelodd T. Gwynn Jones y geiriau 'Marwnad i Dudur Llwyd ap Dafydd o Iâl, a las ym Merwig' uwchben cywydd Siôn yn Pen 86, 59 (gw. TA 666); ond os buont yno ar ryw adeg, nid ydynt yno bellach. Er bod y llinellau a ddyfynnwyd yn awgrymu'r rhan a fu i Dudur mewn cyrch milwrol, sonnir hefyd yng nghywyddau Tudur Aled a Lewys Môn am ddial: *dial undyn*, medd Lewys (ll. 42), a mynnodd Tudur, *Angeu a fu ing i faint, / Dal carw yn dial ceraint!* (llau. 75–6), a *Dy ras, Duw, dros y dial* (ll. 109). Dichon felly mai dial rhyw gam yr oedd Tudur pan anafwyd ef, ond geill fod y ddau fardd yn galw am ddial ar y sawl a barodd yr anaf. Ni ddylid anwybyddu'r pwyslais ar frad a dichell y gorffennol sydd yn thema amlwg yng nghywyddau Siôn a Lewys Môn.

3 **Medrod** Hawlia le yn nifer o'r Trioedd, ond gw. yn benodol rif 51,
TYP² 131–9: 'Trywyr Gwarth a fu yn Ynys Prydain' sef Afarwy fab
Beli a wahoddodd y Rhufeiniaid, Gwrtheyrn Gwrthenau *a rodes tir
gyntaf y Saesson yn yr Ynys honn ... Ac yn y diwed Uthur ac Emrys a
losgassant Wrtheyrn, ac yn drydydd, a gvaethaf, uu Vedravt ... A phan
gigleu Vedravd gvahanu niuer Arthur, yd ymchoelawd ynteu yn erbyn
Arthur ... A phan gigleu Arthur hynny, yd ymchoelavd dracheuyn ... Ac
yna y bu Weith Camlan y rvng Arthur a Medravt.* Fe'i mawrygir yng
nghanu'r Gogynfeirdd, ac esbonia Rachel Bromwich mai Tudur Aled
yw'r cyntaf i grybwyll ei ddichell, gw. TYP² 454–5.

4 **brad ... gan gyllyll** Brad y Cyllyll Hirion. Adroddir yr hanes yn BD
98–100. Y mae a wnelo'r digwyddiad hwn â dyfodiad y Saeson i
Brydain.

5–6 **brwd gyrchu / Brytaen fawr** Crybwyllwyd dau o blith y tri brad a
gysylltir â'r triawd 'Trywyr Gwarth', ac nid annichon mai cyfeiriad at
hanes Afarwy yn gwahodd y Rhufeiniaid i Brydain sydd yn y cwpled
hwn, gw. BD 50–1. Ond geill mai ymhelaethiad naill ai ar yr hanes am
dwyll Medrod neu ar ddichell y Saeson yw'r cwpled. Os felly, lladd
Tudur Llwyd yw'r trydydd brad.

16 **llew du** Darlunnid llew ar arfbais Bleddyn ap Cynfyn, gw. isod ll. 53 a
DWH i, 201.

17 *n* wreiddgoll.

19 **[yr] Arglwydd Rhys** Cyfeiriodd Lewys Môn yn ei gywydd ef at
farwolaeth Rhys Gryg, mab yr Arglwydd Rhys. Megis Tudur Llwyd,
fe'i clwyfwyd, a bu farw yn fuan wedyn, gw. J.E. Lloyd: HW 680.

21 **Berwig** 'Berwick is often used by the Welsh poets to denote the utmost
boundary of England', Bl N 212. Fe'i henwir drachefn ym marwnad
Lewys Môn, ond pwysleisio helaethrwydd daearyddol yr arswyd a'r
galar a wnaeth y bardd hwnnw. Ni honnir mai ym Merwig y lladdwyd
Tudur, gw. GLM LXVIII.45–8 *clych abad dros dengwlad oedd; / crio
'Merwig, cau'r muroedd. / E fu'n Anwig ofn anial, / ar Ogledd Iorc,
arglwydd Iâl.*

23 **cythrudd** 'Gofid; syndod; dychryn; terfysg', gw. GPC 827, ond a grym
a. yma.

27–8 'Os câi (Tudur) ei anafu, ni lwyddai neb i'w daro (â'i waywffon) yn ei
wyneb', ond y mae dehongliad arall yn bosibl: 'Os anafai Tudur (arall),
ni fyddai fyth yn ei daro yn ei wyneb'.

29 *n* wreiddgoll.

31 *n* wreiddgoll.

34 **Ongler, Olifer** Yr oedd Ongler (neu Engeler), *duc Angyw*, ac Olifer, *tywyssawc lluoed, y marchawc gwychaf*, ymhlith y tywysogion a fu'n ymladd gyda Siarlys yn erbyn y paganiaid, gw. YCM 14–15.

35 Cf. TA.LXXIX.81 *A gwayw draw llas Hector llwyd.*

37 *n* wreiddgoll, neu n = ng.

39–44 Mydryddir rhan o Gronicl Turpin, gw. YCM 24–5:

A'r nos kynn y urwydyr yd erchis Chyarlys y Duw menegi idaw y neb a dygwydei yn y urwydyr honno o'e wyr ef. A thrannoeth, gwedy gwisgaw y lluoed, nachaf groes goch ar ysgwyd y neb a ledit o'r Cristonogyon ar warthaf eu llurugeu. A phan arganuu Chyarlys hynny, atal y niuer hwnnw a oruc yn y gapel rac eu llad yn y urwydyr. Oia Duw! mor anhawd ymordiwes a brodyeu Duw ac ymganlyn a'e fyrd. Wedy daruot y urwydyr ... y kauas Chyarlymaen y niuer a warchayssei yn y gapel yn veirw.

44 *n* wreiddgoll.

48 Camosodiad n.r = r.n.

50 **Banbri** Dienyddiwyd Wiliam Herbert, Iarll Penfro, ei frawd, Syr Rhisiart Herbert, ynghyd ag eraill o gefnogwyr Plaid Iorc, wedi'r frwydr hon yn 1469.

52 *n* wreiddgoll.

53 **fal blaidd** Cf. GLM 485 *ŵyr y Blaidd*, 'disgynnydd Bleddyn ap Cynfyn', ond sylwer mai (g)*wŷr y Blaidd* yw darlleniad y testun, gw. GLM LXVIII.83.

57 **y baedd o Warwig** Gei o Warwig.

67–70 Tybed a fu i Dudur Llwyd gynnal gwledd cyn iddo adael ei gynefin, fel y gwnaeth Wiliam Herbert ar drothwy brwydr Banbri, cf. GGl² L?

71 **Eidol** Iarll Caerloyw; un o'r Cymry na laddwyd trwy frad y Saeson, gw. BD 99–100.

Padarn Padarn Peisrudd, taid Cunedda Wledig, gw. TYP² 484, yn hytrach na'r sant, gw. LBS iv, 39–51.

73 **Idwal** Fe'i henwir yntau drachefn yng nghywydd Lewys Môn, a chynigir mai cyfeiriad sydd yma at Iago ab Idwal ap Meurig a laddwyd gan ei wŷr ei hun yn y flwyddyn 1039, gw. J.E. Lloyd: HW 358. Ond ni ddigwydd ei enw yn y rhan o'r cywydd sy'n ymdrin â brad. Tybed ai cyfeiriad mwy cyffredinol sydd yma, a bod y bardd yn mawrygu Tudur Llwyd trwy ei gyffelybu i ffigur hanesyddol adnabyddus fel y gwnaeth wrth foli Dafydd ab Owain. Yr oedd Idwal ap Meurig yn hendaid i Ruffudd ap Cynan, ac Idwal ap Anarawd, brenin Gwynedd, oedd ei daid yntau.

75–6 'Nid âi cysgod ei darian helaeth oddi arnom (hyd yn oed am) ddiwrnod, ac nid oedd rhaid (i Dudur) ei defnyddio [am nad amheuid ei awdudrdod]'.

76 *n* wreiddgoll.

90 **Siôn Abad** Siôn ap Dafydd Llwyd, brawd Tudur Llwyd; olynodd Dafydd ab Ieuan ab Iorwerth yn abad Llanegwestl yn 1503, gw. WCCR 387. Canodd Tudur Aled awdl a chywydd iddo, gw. TA I, XXVIII.

91 **brodyr** Siôn Llwyd, uchod, Lewys, Syr Lewys, person Llansanffraid-ym-Mechain, a Gruffudd.

92 **nai** Siôn Llwyd, mab ac etifedd Tudur Llwyd, a nai Siôn Abad. Fe'i dewiswyd yn Siryf Dinbych yn 1550, a thrachefn yn 1567, gw. *Lists and Indexes IX: List of Sheriffs for England and Wales* (Public Records Office, London, 1898), 251.

94 Camosodiad f.r = r.f.

101 **galaeth** Amrywiad ar *alaeth*, gw. GPC 73, ond gellid diwygio yn *Galath*, un o farchogion Arthur, gw. TYP² 353-4.

102 **gwlad Trefawr** Olrheiniai teulu Catrin eu hachau hyd at Dudur Trefor, mab yng nghyfraith Hywel Dda.

105 **reiad** 'Ymddygiad swnllyd, terfysg'. Nodir y ffurfiau *reiat, reiet, riat* yn GPC 2979.

107 Cf. llau. 7–8 ym marwnad Siôn i Domas Pennant.

n wreiddgoll.

113 *n* wreiddgoll.

116 **llaw Gai** Parthed y treiglad, cf. *llaw Grist* yn ll. 118 isod. Diwygiwyd *llaw gaem* y llsgr. Ond ceir yr un darlleniad yn y rhan fwyaf o'r llsgrau. sy'n cynnwys testun o gywydd Lewys Daron i Faredudd ab Ieuan ap Robert, gw. GLD 21.14, sef *bedd kaem*. Diwygiwyd hwn drachefn yn *bedd Cai*.

Teÿrnllug Cadell D(d)yrnllug oedd sylfaenydd llinach frenhinol Powys, gw. J.E. Lloyd: HW 243.

9

Merch Robert ab Ieuan Fychan o Goetmor, Llanllechid, ap Madog ap Hywel ... Iarddur oedd Sioned, gw. WG1 528; WG2 1032; PACF 277; L. Dwnn: HV ii, 165–6. Ail wraig Robert, a mam Sioned, oedd Marsli, merch Emwnt Stanlai. Priododd Rhys ap Robert, ei brawd, â Marged, merch Siôn Aer Conwy ap Siancyn Conwy, hithau yn chwaer i Birs Conwy, gwrthrych cerddi 5–6. Ei chwaer, Gwerful ferch Robert, oedd ail wraig Wiliam ap

Gruffudd ap Robin, Cwchwillan (ond y wraig gyntaf oedd mam Wiliam ap Wiliam a gyferchir yng ngherdd 13). Siôn ap Dafydd ab Ithel Fychan oedd gŵr priod Sioned, a marwnadwyd yntau yn ei dro gan Siôn ap Hywel (gw. cerdd 10).

Collwyd rhannau o'r testun yn llawysgrif LlGC 17113E, sef diwedd llinellau 55–8 a 118–22, oherwydd treulio ochr y ddalen.

1–2 Dyfynnir y cwpled cyntaf yn Pen 221, 10, sef y rhestr a baratoes John Jones, Gellilyfdy, o gynnwys ei gasgliadau o ganu'r beirdd, *Ni welir tes o law yr tad / na llewyrch yn y llevad.* Collwyd y llsgr. y copïwyd y cywydd hwn ynddi; ar y llsgr. goll hon, gw. M.T. Burdett-Jones, 'Trydydd llyfr cywyddau John Jones, Gellilyfdy', YB xvi (1990), 127–40.

1 *n* wreiddgoll.

3 *n* wreiddgoll.

4 *n* wreiddgoll.

13 **crynwst** 'Cryndod', ond eg. ydyw yn ôl GPC 625.

16 *n* wreiddgoll.

17 **gwenloer** *Gwenlloer* yn unig a gofnodir yn GPC 1638, a thystia'r ffurf i'r caledu sy'n digwydd mewn cyfansoddeiriau rhywiog pan ddilynir *n* gan *ll*, gw. Treigladau 27–9. Ond nodir yn *ib.* rai enghreifftiau o beidio â chaledu.

20 **Ieuan Llwyd** Gwladus, merch Ieuan Llwyd, oedd gwraig Ieuan Fychan ap Madog.

23 **tri baich** Disgrifir y tri yng nghywydd cymod Guto'r Glyn i Ieuan Fychan, gw. GGl² XXVII.1–8, sef Sain Cristoffr yn cario Crist, Ercles yn cynnal y byd, a baich drain y gŵr ar y lleuad. Gw. ymhellach Eurys I. Rowlands, 'Y Baich Drain', LlCy iv (1956–7), 172–6.

25 **bâr** Nid llai ystyrlon *bar* 'brawdlys, barn', gw. GPC 256.

29 Camosodiad f.r = r.f.

29–30 Cf. yr odl yn 16.33 *iaf / Addaf.*

30 **tysinaf** Ffurf ar *tisio* 'to sneeze', gw. Thomas Jones, *Y Gymraeg yn ei Disgleirdeb* (Caerlŷdd, 1688).

31 Yn yr holl lsgrau. (ac eithrio Pen 82), cyfrifir *marw* yn air deusill.

39 **Dwynwen** Cyffelybir Sioned i Ddwynwen, nawddsantes y cariadon, gw. LBS ii, 387–92, ac awgrymir i ŵr Sioned, a'i holl gydnabod, golli gwrthrych eu serch.

40 *f* led-lafarog.

42 **dewinion** Diau mai'r ystyr 'beirdd' yn hytrach na 'gwŷr hudol' sydd

fwyaf priodol yma, gw. GPC 941.

44 Ychwanegwyd y geiriau *dawn y synwyr* yn LlGC 17113E.

49 **Croes Naid** Crair a fu ym meddiant Tywysogion Cymru, gw. GPC 604 a J. Beverley Smith, *Llywelyn ap Gruffudd* (Caerdydd, 1986), 391.

53 Cynghanedd groes o hanner cyswllt, d = nt, ond y mae'r gyfatebiaeth yn rheolaidd yn 14.56. Gw. y drafodaeth ar y dosbarth hwn o gynganeddion yng nghanu Siôn Ceri, GSC 14–16.

59 *r* berfeddgoll.

64 *n* wreiddgoll.

65 **Sabel** Y mae'n amlwg na allai Lewis Morris esbonio pwy ydoedd: 'Sabel pro Isabel, qu?', gw. *Celtic Remains* (London, 1878), 384. Tybed ai Isabella (1451–1504) ydyw, brenhines Castilla, a gwraig a ymenwogodd ar gyfrif ei buchedd sanctaidd a'i dysg?

Elen Elen Fannog yn ddiau, gw. TYP² 343.

66 **Pria'** Priaf Hen, Brenin Tro, a thad Policsena a Sibli, gw. TYP² 494–5.

67 **boneddigion** Awgrym cynnil mai ar gyfer eu datgan yn gyhoeddus y llunnid cerddi defodol y Cywyddwyr.

67–8 **Ni ddygynt ... / ... gannwyll i hon** 'Ni thalai cymharu'r rhain â Sioned' neu 'ni allai'r rhain ddysgu dim iddi', a cf. yr ymadrodd Saesneg *'not to be able or fit to hold a candle to'*, gw. OED² ii, 826 (perthyn yr enghraifft gynharaf i ganol yr 16g.).

72 **Sibli** Sibli Ddoeth, sef un o'r 'Tri dyn a gafas Ddoethineb Addaf', gw. TYP² 128, 508. Merch Priaf Frenin oedd hi. Ceir testun o'r broffwydoliaeth a briodolir iddi yn Llyfr Coch Hergest yn R. Wallis Evans, 'Proffwydoliaeth Sibli Ddoeth', LlCy xiv (1981–4), 216–23.

Camosodiad g.l = l.g.

74 Digwydd yr un ll., i bob pwrpas, yn un o gywyddau Guto'r Glyn, gw. GGl² CV.11–12 *A Thegau uwch Porth Wgon / A llaes yw'r fantell i hon.* Esbonnir y gyfeiriadaeth yn y darn a ganlyn o waith Gwilym ab Ieuan Hen, gw. GDID XII.37–44:

> Tebyg, ŵyr Feurig, farwn,
> Yw dy bais, o dyb a wn,
> I fantell, pes dyellynt,
> Ti a gai gerdd, Tegau gynt;
> Yn amser rhi Caerllion
> Prif oed dydd y profwyd hon:
> Ber oedd i bawb, ber heb au,
> A digon llaes i Degau.

Ar Degau Eurfron (gwelir Siôn yn chwarae ar yr enw hwn ym mraich gyntaf y cwpled, ll. 73 uchod), gw. TYP² 512–14. Trafodir y chwedlau am Degau gan Graham C.G. Thomas, 'Chwedlau Tegau Eurfron a Thristfardd, bardd Urien Rheged', B xxiv (1970–2), 1–9.

88 **brenin Pers** Mab Danae a Zeus oedd Perseus. Ai cyfeiriad sydd yma at ei alar wedi iddo ladd ei daid yn ddamweiniol?

89 *n* wreiddgoll.

102 **llinyn** Yn ffig. 'rheol (buchedd), safon (bywyd)', gw. GPC 2185.

108 **Einion** Cyfeiriad at dylwyth Marged, gwraig Madog ap Hywel. Merch Ieuan ab Einion ap Gruffudd oedd hi, gw. WG1 431, 433. Canodd Gruffudd Gryg i'r Einion hwn, a mawrygwyd ei fab, Ieuan, gan Iolo Goch a ganodd hefyd i frawd Einion, sef Syr Hywel y Fwyall, cwnstabl Cricieth, gw. DGG² LXXVIII; GIG II, III.

110 **car** Darlleniad llsgrau. BE yw *karr*, 'cerbyd, ffram', gw. GPC 421–2. Tybed ai'r ystyr drosiadol 'rhwym, llyffethair' a gyfleir yma?

111 **trillew** Meibion Sioned. Fe'u henwir yn y cywydd nesaf.

115 **Moesen** Gw. 5.41n.

116 **ffrwd dŵr Pharo** Adroddir yr hanes yn Ecsodus xiv.19–31.

117 Cynghanedd sain ond nid atebir y gytsain o dan yr acen.

126 Y mae darlleniad LlGC 435B (a'r llsgrau. sy'n dilyn y testun hwn) yn rhagori, ond perchir darlleniad y llsgrau. eraill y pwyswyd arnynt wrth lunio'r testun.

10

Canodd Siôn ap Hywel farwnad i Sioned ferch Robert (gw. cerdd 9), ac i'w gŵr, Siôn ap Dafydd ab Ithel Fychan ap Cynfrig ap Robert ... Rhirid ... Ednowain Bendew, gw. WG1 262–4; WG2 504, 509; L. Dwnn: HV ii, 305; HPF iii, 100. Un o chwe mab Dafydd ab Ithel Fychan oedd Siôn, a chanodd Dafydd ab Edmwnd iddo ef a'i bum brawd, gw. DE XLIII, LIX.

1–2 Cofnodwyd y cwpled cyntaf yn Pen 221, 2, *Bwriwyd terwen brav i ttorres / brig mawr lle bv rowiog mes.*

3 *f* led-lafarog (neu *n* wreiddgoll).

4 *n* wreiddgoll.

10 **clwydau** Trosiad am asennau'r galarwyr.

13 **baedd du** Arwydd herodrol Ednowain Bendew, gw. DWH i, 138–9.

15 Diau mai'r darlleniad y ceisiwyd ei gyfleu yn llsgrau. B–FJ yw *Mwy oedd enw ym myddinoedd.*

17 **chwemaib** *Chwe*(*ch*) + *maib*, ffurf l. arbennig *mab*, a ddefnyddir ar ôl

rhifol fel arfer, gw. GMW 47.

22 Twyll gynghanedd *dd*. Lluniodd Siôn linellau tebyg, gw. 13.41, 20.14, 24.4 hefyd 11.2 a 16.14 lle y digwydd *dd o* dan yr acen.

23 **holliad**   Y ffurfiau *holltiad*, *holltad* a nodir yn GPC 1894–5, ond cofnodir dwy ffurf ar y be., sef *hollti* a *holli*.

24 *n* berfeddgoll. Ychwanegwyd *llu* uwchben *llan* yn LlGC 435B.

26 **Iefan**   Un o chwe mab Dafydd ab Ithel Fychan. Goroesodd ei bum brawd, ac fe'i marwnadwyd yntau yn ei dro gan Lewys Daron a chan Dudur Aled, gw. GLD cerdd 26; TA LXXVII.

27 **Broneirian**   Dyma'r darlleniad yn nwy lsgr. John Jones, Gellilyfdy, gw. isod ll. 72.

33 Gweddai darlleniad Brog (y gyfres gyntaf) 6, *Aeth hin*...

38 **marw**   Yn ddeusill, a thrachefn yn ll. 47.

39 *n* wreiddgoll.

40 **nawnyn**   Y Nawyr Teilwng. Fe'u rhestrir yng nghywydd Guto'r Glyn i Siôn Hanmer, gw. GGl² LXIII, ac ymhellach Dafydd Ifans, 'Nawwyr Teilwng Plas Bodwrda', Cylchg LlGC xviii (1973–4), 181–6.

43 Un o'r ychydig enghreifftiau o'r gynghanedd sain gadwynog yn y canu.

45 **bryf**   'Gwrit, gorchymyn swyddogol', gw. GPC 339, ond geill mai ffurf ar *prif* yw *pryf*, gw. GPC 2886, 2921. Os felly, dylid diwygio yn *yn ei bryf*, 'yn ei anterth'.

47 **Emrys**   Emrys Wledig; gw. TYP² 345–6. Priodol ei enwi oblegid fe'i lladdwyd trwy ei wenwyno, gw. BD 130–1.

60 **Syr Harri**   Ficer Chwitffordd, yn ôl WG2, ond nid yw ei enw i'w weld yn y rhestrau a gyhoeddwyd yn D.R. Thomas: HDStA ii, 206–8.

65 **Hywel**   Canodd Huw ap Dafydd iddo, gw. GHD cerdd 2, ac fe'i marwnadwyd mewn awdl o waith Gruffudd Hiraethog, gw. GGH cerdd 9.

72 **Wiliam**   Un o hynafiaid John Jones, Gellilyfdy, gw. L. Dwnn: HV ii, 305.

76 **tri llawenydd**   Y tri mab a grybwyllwyd yn y llau. uchod, ond diau fod Siôn ap Hywel yn chwarae ar yr ymadrodd *pum llawenydd Mair*, gw. GPC 2928.

11

Gwelir testun o'r farwnad i Dudur Aled (arno gw. CLC² 733), yn seiliedig ar ddwy lawysgrif, sef Card 2.114 [= RWM 7] a 4.10 [= RWM 84], yn TA Atodiad VIII. Awen ddilyffethair y golygydd, yn hytrach na chynnwys y llawysgrifau yr ymgynghorodd â hwy, sy'n esbonio'r gwahaniaethau rhwng y testun a gyhoeddir yma a'r hyn a gyhoeddwyd yn TA.

2 *dd..dd* berfeddgoll. *Dirwyodd Duw yr awen* yw darlleniad TA.

3 *n* wreiddgoll.

5 **gwydyn** Yr odl yn mynnu'r ffurf lafar ddeusill. Llurguniwyd y testun yn TA *Gwedi a wnaed, gwaith gwydn* [*ydyw*], / *Gorwedd gwawd fal y gwraidd gwyw.*

8 **arian gadair** Sef yr gadair arian a enillodd Tudur yn yr eisteddfod a gynhaliwyd yng Nghaerwys yn 1523, gw. TA xxix–xxxix a cf. GLD 25.75–6 *Gwedi'r ir gadair arian* / *Y'n gelwir fyth yn glêr fân.* Gw. hefyd D.J. Bowen, 'Graddedigion Eisteddfodau Caerwys, 1523 a 1567/8', LlCy ii (1952–3), 129–4.

9 **iaith Roeg** Esbonnir y cyswllt rhwng yr iaith hon a'r Gymraeg yn BD 19 *Ac o hynny allan yr yeith, a elwyt kyn no hynny yeith Tro, neu ynteu Kam Roec, a elwit gvedy hynny Brytannec.*

11 *n* wreiddgoll.

12 *n* wreiddgoll.

16 Digwydd yr un ll. mewn cywydd arall o eiddo'r bardd, gw. 8.63.

24 Mewn un llsgr. ddiweddar yn unig, sef LlGC 668C, y digwydd y darlleniad hwn.

26 **bwriodd feirdd** 'Trechodd feirdd' (yn eisteddfod Caerwys, yn ddiau).

29 Chwe sillaf yn y ll. fel y'i ceir yn yr holl lsgrau., ac eithrio J 139 [= RWM 14].

30 Cynghanedd wallus, ond nid yw yn annhebyg i'r un a drafodwyd uchod, gw. 1.15n.

32 Wyth sillaf yn y ll.

39 Twyll gynghanedd *c*, ond ceid cynghanedd sain reolaidd o fabwysiadu darlleniad LlGC 2288B, gw. yr Amrywiadau a 11.67n isod.

43 **cun** 'Hardd, aruchel', gw. GPC 630, ond gellid yr e. 'arglwydd, pennaeth', gw. GPC 629.

44 **Caerfyrddin** Canodd Tudur yn helaeth i Syr Rhys ap Tomas, ac yng Nghwrt y Brodyr yng Nghaerfyrddin y bu farw. Cyfeirir isod, gw. ll. 52, at yr 'eisteddfod' a gynhaliwyd yn Aberteifi dan nawdd yr Arglwydd Rhys. Dygir yr achlysur hwnnw i gof yn Ystatud Gruffudd ap Cynan, gw. Thomas Parry, 'Statud Gruffudd ap Cynan, B v (1929–31), 26, ond yn arwyddocaol, ni chrybwyllir yn y ddogfen honno yr eisteddfod a gynhaliwyd tua chanol y bymthegfed ganrif gerbron Gruffudd ap Nicolas, gw. TA xxxvi. A awgrymir yma i Dudur etifeddu

mantell Dafydd ab Edmwnd, pencerdd eisteddfod Caerfyrddin? Os felly, nid amhriodol ei gyffelybu i Daliesin, am i'r bardd hwnnw, yn ôl y traddodiad, orchfygu beirdd Maelgwn Gwynedd, gw. CLC 559; TYP² 511; IGE² LVI.53–6.

46 *n* berfeddgoll.

47–8 **Edyrn ... / Dafod Aur** Yn ôl traddodiad, lluniodd ramadeg a dosbarthu rheolau cerdd dafod yn y 13g., gw. CLC 173; ByCy 165.

50 **Tydai** Yn Englynion y Beddau yn Llyfr Du Caerfyrddin y gwelir y cyfeiriad cynharaf ato, gw. LlDC 18.10. Fe'i henwir yn fynych (ynghyd â ffigurau megis Taliesin ac Adda Fras) yn y marwnadau a ganodd y beirdd i'w cyd-brydyddion, gw., e.e., GIF 45.21–2; GIG XXII.35; OBWV 99.51. Digwydd y ffurf *Tydain* hefyd, gw. llsgr. D.

52 **[yr] Arglwydd Rhys** Teilyngai Tudur y parch a roddwyd i fuddugwyr yr eisteddfod gyntaf a gynhaliwyd yn llys yr Arglwydd Rhys yn Aberteifi. Ar yr achlysur hwnnw, gw. J.E. Caerwyn Williams, 'Yr Arglwydd Rhys ac 'Eisteddfod' Aberteifi 1176: y cefndir diwylliannol' yn *Yr Arglwydd Rhys*, gol. Nerys Ann Jones a Huw Pryce (Caerdydd, 1996), 94–128.

54 **pióedd** Yn acennog, ond nid felly bob tro, gw. GHC 1.18 *Llew pioedd llywio Powys.*

59 **ewythr** Ymdrinnir ag ach Siôn ap Hywel yn y Rhagymadrodd, tt. 1–3. Priododd un o'i hynafiaid, sef Cynfrig ab Ieuan, â Thangwystl ferch Robert, gw. WG1 263, a chwaer Ithel ap Robert, yr archddiacon, a farwnadwyd gan Iolo Goch. Yr oedd chwaer i'r ddau hyn yn briod â Chynfrig ap Bleddyn Llwyd, gorhendaid Tudur Aled, gw. WG1 511; WG2 971; hefyd Cledwyn Fychan, 'Tudur Aled: Ailystyried ei Gynefin', Cylchg LlGC xxiii (1983–4), 50–1, 53–7.

62 **cyfrinach** '[Athro ar] y ddysg farddol'.

67 **cadwynai** Diau mai'r ffurf ferfol, yn hytrach na'r e.ll., *cadwynau*, sydd ei hangen, ond mewn un llsgr. ddiweddar yn unig y digwydd, sef LlGC 2288B.

81 **nawdd Dduw** *Nawdd Duw* yw darlleniad y rhan fwyaf o'r llsgrau., ond rhydd hyn linell ac ynddi dwyll gynghanedd *d*. Ar yr ymadrodd *nawdd Dduw*, a'r treiglad, gw. Treigladau 107 a GPC 2556.

97–8 Gwelir yr un odl mewn cywydd arall o waith y bardd, sef 21.33–4.

12

Erchir y march gan Robert Fychan, Berain, ap Tudur ab Ieuan ... Heilin Frych ... Marchweithian, gw. WG1 698; WG2 1337, 1339–40; L. Dwnn:

HV ii, 333–4; PACF 223. Dyddiwyd ei ewyllys 5 Mehefin 1543, gw. GST ii, 141, ac fe'i marwnadwyd gan Ruffudd Hiraethog, gw. GGH cerdd 79, a chan Lewys ab Edward, gw. Lewis ab Edward: Gw cerdd 27. Diogelwyd cywydd Siôn yn llawysgrif LlGC 6495C y dechreuodd Wiliam Cynwal ei llunio yn 1570 ar gais Catrin o Ferain, wyres Robert Fychan. Gwelir yn y casgliad hwnnw ugain cerdd i Dudur ap Robert Fychan, tad Catrin.

Nid enwir yr eirchiad yn y ffynhonnell hon, ond gwelir y geiriau 'dros Ddafydd y canv' uwchben y cywydd yn y ddwy lawysgrif arall sy'n cynnwys y cywydd. Methwyd â tharo ar y gŵr hwn yn WG1 nac yn WG2, ond efallai i Wiliam Bodwrda gamddehongli'r cwpled 29–30, ac mai *Dafydd … wyf fi* yw'r prif ddatganiad yn hytrach na *Dafydd* [y] … *Canu wyf fi*.

1 **diodwin** 'Hoff o yfed gwin', gw. GPC 1023, ond priodol hefyd yr ystyr 'un sy'n darparu diod o win'.

8 **Melwas** Gw. GO XVI.47n a GDG 64.23n lle y nodir mai 'prin iawn yw'r cyfeiriadau at Felwas yn Gymraeg ac amhendant yw'r rhan fwyaf ohonynt', ond ceir sawl cyfeiriad canmoliaethus ato yng nghanu Tudur Aled.

11 **t'wysogryw** Gw. 12.56n isod.

14 Bernir na ddewisai'r bardd ailadrodd yr un gair ar ddechrau dwy l. y cwpled. Dilynwyd llsgrau. BC yma felly (ailadroddir y gair *llin* yn llsgr. A), ond dilynwyd llsgr. A yn achos cwpled 45–6 (y tro hwn, ailadroddir *ffroenau* yn llsgrau. BC).

15 **gweled** Ffurf amhrs.grff.myn. y f. *gweld*, gw. G 654; GCC 85.

16 **gwaed Rhobin** Gw. 7.42n

Rhobin Gwraig Tudur ab Ieuan oedd Lleucu, merch Siôn ap Robin ap Gruffudd Goch … Marchudd (ll. 19), gw. WG2 1305.

21 Tystia darlleniadau llsgr. B ddarfod codi'r cywydd o ffynhonnell lafar (naill ai gan Wiliam Bodwrda ei hun, neu gan ei gynsail), ac fe'i dilynwyd gan C.

32 **chwarwyfa** 'Man chwarae, llannerch chwarae, theatr', gw. GPC 846, a cf. y ffurf *chwaraefa*, gw. GPC 843. Gresyn na fanylodd y bardd ar natur yr adloniant a gynigid yn y cyfryw le.

r wreiddgoll, neu *f* led-lafarog.

37 **garrir** 'Hir ei arrau', gw. GPC 1382, ond nid yw'r gynghanedd lusg yn gwbl foddhaol. Ceid odl reolaidd o newid *gweirbawr* yn *gwirbawr*, ond prin yr ychwanega hyn at werth y ll. Sylweddolodd copïwr llsgr. C fod y ll. sillaf yn brin, a gadawodd fwlch ar ôl y gair *carn*.

38 **egwydfain** *Egwyd* ('y twddf neu'r chwydd ac arno dusw o flew sydd y tu ôl i goes ceffyl yn union uwchlaw'r carn', gw. GPC 1180) + *main*.

40 **carwffos** 'Ffos i atal neu i ddal ceirw'. Nis nodir yn GPC 435.

41 **gweill** Ffurf 1. *gwaell* 'darn hirfain o fetel, bwcl', gw. GPC 1550. Fe'i defnyddir yma yn drosiad am bedolau'r march.

44 **aethnen** 'Math o boplysen nodedig am ei dail crynedig', gw. GPC 40.

46 **meginau mawr** Adlais, o bosibl, o'r disgrifiad yn chwedl 'Breuddwyd Rhonabwy', *A phan rynnei y march y anadyl y wrthaw y pellaei y gwyr y wrthaw. A phan y tynnei attaw y nesseynt wynteu attaw hyt ym bron y march*, BRh 4 (llau. 16–19).

51 **llygadlon** Cynigir yr ystyr 'llon neu lawen ei lyga(i)d' yn GPC 2263, ond rhoddir i *llon* yr ystyron 'cadarn, cryf, craff (am y golwg)', gw. GPC 2206, a gweddai'r ystyr 'craff ei olwg' yn y cyd-destun.

55 **Urien** Cyfrifid Marchweithian, pennaeth un o bymtheg llwyth Gwynedd, yn un o ddisgynyddion Pasgen ab Urien Rheged, gw. WG1 tabl 51.

56 **Coedmor** Priododd Siôn ap Robin ap Gruffudd Goch â Nest, merch Gruffudd ap Hywel Coetmor ... Gruffudd ap Cynan, gw. WG2 832.

57 **'Lidir** Methwyd ag esbonio'r cyfeiriad hwn, ond cf. 1.18n.

58 **Siob** Cyfeirir yn fynych at ei sancteiddrwydd, ond fe'i hynodid hefyd (a barnu wrth y cyfeiriadau ato yn y canu) ar gyfrif ei ddewrder a'i gyfoeth. Yr olaf a fawrygir yn y ll. hon, a cf. GIF 4.65–6 *Dy olud felly delo / mal y doeth am olud Io.*

13

Erchir y llechi gan Wiliam ap Wiliam ap Gruffudd ap Robin o Gwchwillan. Am ei ach, gw. WG2 1270–1; PACF 186; L. Dwnn: HV ii, 86; Hefyd ByCyAt 171–2 lle y dangosir ddarfod penodi Wiliam ap Gruffudd (a fu farw yn 1500) yn siryf Arfon am oes yn 1485. Lowri, merch Harri Fychan Salbri ap Tomas Salbri Hen, oedd gwraig Wiliam ap Wiliam, gw. WG2, 1569, 1576.

Collwyd rhannau o ymyl y ddalen yn BL Add 14901.

2 **aur yn dorch** Deisyfiad Siôn yw gweld Wiliam yn siryf Arfon, fel ei dad o'i flaen. Deuai'r anrhydedd hwn i'w ran yn 1541, 1546 a 1552, gw. *Lists and Indexes IX: List of Sheriffs for England and Wales* (Public Records Office, London, 1898), 248.

4 **sir Gaer** Sir Gaernarfon. Am enghreifftiau eraill, gw. GLM XL.39, XLVIII.31–2.

5–6 Awgrymir i Wiliam ap Gruffudd a'i gymdogion esgeuluso eu cartrefi pan aethant i gynorthwyo Harri Tudur yn y frwydr dyngedfennol yn

1485. Dygodd Lewys Daron i gof orchestion Wiliam ar faes y gad, gw. GLD 8.29–30 *Carwr Harri, crair hirwych, / Ac i'r maes gŵr grymus gwych.* Ond efallai fod yma gyfeiriad at ganlyniadau ymrwymiad cynharach Wiliam wrth achos y Lancastriaid. Ei wraig oedd Angharad, merch Dafydd ab Ieuan ab Einion, a fu'n cynnal castell Harlech ar ran y blaid yn chwedegau'r 15g.

7 *n* wreiddgoll.

11 **Tai Ruffudd** Am y treiglad meddal, gw. Treigladau 110.

15 **Rhys** Gwraig Robin oedd Angharad, merch Rhys ap Gruffudd ap Goronwy, gw. WG1 530.

16 Gw. yr Amrywiadau. *wiliam* a ysgrifennwyd yn y lle cyntaf yn Pen 100, ond fe'i newidiwyd yn *willam.*

18 **Derwas** Gruffudd Derwas ap Meurig Llwyd, Nannau. Ei ferch, Mallt, oedd gwraig Gruffudd ap Robin, gw. WG1 78. Ysgrifennodd David Ellis ar ochr y ddalen yn CM 12, 'Bryn derwas, a house near Cwchwillan'.

20 **yr Hendwr** Priod Wiliam ap Gruffudd oedd Angharad, merch Dafydd ab Ieuan ab Einion o'r Cryniarth, gw. WG1 728. Mam y Dafydd hwn oedd Angharad, merch Dafydd ab y Gïwn Llwyd (gw. ll. 22 isod) ap Dafydd ap Madog o'r Hendwr, gw. WG1 53–4.

22 Wyth sillaf yn y ll. Gellid *Aur egin, llew'r Gïwn Llwyd.*

33 **Huw ap Rhys** Priododd Annes, chwaer Lowri, â Siôn Gruffudd ap Gruffudd ap Llywelyn o'r Chwaen, gw. WG2 1012. Enwir hi yn y cywydd marwnad a ganodd Lewys Môn i'w gŵr, gw. GLM VII. Eu mab hwy oedd Siôn Gruffudd II, a phriododd yntau ag Elin, merch Huw ap Rhys, gw. WG2 1036, a chynigir mai ar ran yr olaf yr erchir y llechi. Cais Siôn ap Hywel sicrhau'r rhodd trwy bwysleisio'r cyswllt (trwy briodas) rhwng Elin ferch Huw ap Rhys a Lowri, gwraig Wiliam ap Wiliam, Cwchwillan.

glaswen 'Gwelw, di-raen', a cf. 16.60 *y Grog laswyn*, ond 'disglair, prydferth' yw ystyron *glaswyn* yn 13.45, yn y rhan o'r cywydd lle y disgrifir y to wedi ei orchuddio â llechi.

35 Twyll gynghanedd *l*; *n* berfeddgoll.

37 **aberffos** Cyfansoddair o *aber* a *ffos*, 'llifeiriant megis llifeiriant ffos' (oherwydd ansawdd simsan y to). Ond o ystyried mai dros ŵr o Fôn yr erchir y llechi, gellid diwygio yn *Dido Aberffro ni bu.* Gyda golwg ar y ffurf *Aberffro*, cf. GLM XI.72.

39–40 Deisyfiad a fynegir yn y sangiad, sef '[bydded] main yn faich da a sylweddol i orchuddio['r to]'.

40 **uwchdan** Lle tân sefydlog yn hytrach na thân agored. Yr arfer, o ganol

y 15g. ymlaen, oedd adeiladu tai ac ynddynt le tân a simnai. Yng Nghwchwillan gosodwyd y tân hwnnw yn y wal hwyaf, gw. llun o'r neuadd a adeiladwyd yn ystod oes Wiliam ap Gruffudd ap Robin yn Peter Smith, *Houses of the Welsh Countryside* (London, 1975), platiau 26–7.

f led-lafarog.

41 Camosodiad l.n = n.l; twyll gynghanedd *dd*. Neu gellid diwygio yn *Cael neuadd, tâl cynnal tŷ* (ond prin yw'r cynganeddion sain cadwynog yn y canu).

44 Ar y gyfatebiaeth t = -d s-, gw. J. Morris-Jones: CD §381.

47 **murddun** 'Adeilad' yma, ond 'adfail' yw'r ystyr arferol, gw. GPC 2503.

49–50 Cf. disgrifiad Dafydd Nanmor o abaty Ystrad-fflur, gw. OBWV 80.11–12 *Lliw'r gynau oll rhyg Ionawr, / Lliw dŵr marl fel llwydrew mawr.*

52 **mantell o wreichion** Ar yr olwg gyntaf, ymddengys mai trosiad am y llechi yw *mantell o wreichion*. Ond yng ngoleuni cwpled agoriadol cywydd Guto'r Glyn i ofyn ysglats gan Risiart Cyffin, deon Bangor, dros Syr Gruffudd ab Einion, gw. GGl² XCVIII.1–2 *Rhoi tŷ'r wyf fry ar y fron, / Rhoi caer uchel rhag gwreichion*, tebycach mai trosiad am y sêr ydyw.

53 Dangoswyd yn llsgrau. AB fod gair yn eisiau ar ôl *bleidwaith*. Ni ddisgwylid treiglad yma, *bleidwaith … blad*. Ceidw'r bardd y cymeriad llythrennol yn gyson yn y rhan hon o'r cywydd, a dichon iddo ddewis treiglo er mwyn cynnal y cymeriad yn y cwpled.

pleidwaith Sef *plaid* ('gwaith o wiail; pared, clwyd') a *gwaith*.

plad Ffurf amrywiol ar *plât* 'darn tenau o fetel, un o'r platiau sy'n ffurfio arfwisg'. Datblygir y syniad trwy gyffelybu'r llechi i frigawns yn ail fraich y cwpled.

59–60 Dichon y gellid gwella'r rhediad pe lleolid y cwpled hwn ar ôl llau. 57–8.

63 **hawl y wlad** 'Yr hyn y mae'r wlad yn ei erchi neu ei fynnu'.

65–6 **y main / … o Rufain** O chwedl 'Breuddwyd Macsen Wledig' y daw'r cyfeiriad hwn, gw. BrM 9 *Ac yna y dewissawd* [Macsen] *g6neuthur y gaer uchaf yn Aruon idi, ac y ducp6yt eg6eryt Ruuein yno, hyt pann uei iachussach yr amhera6dyr y gyscu, ac y eisted, ac y ymdeith. Odyna y g6naethp6yt y d6y gaer ereill idi, nyt amgen, Kaer Llion, a Chaer Vyrdin.*

68 **tir 'Werddon** Yn ôl yr hanes, gw. BD 126–9, yn Iwerddon y safai meini Côr y Cewri yn wreiddiol. Cyfeiria Guto'r Glyn, yntau, gw. GGl² XCVIII.53, 56–7 (ac y mae lle i gredu bod Siôn ap Hywel yn gyfarwydd

â'i gywydd i ofyn ysglats, gw. 13.52n uchod), at *Main cowri ail Salbri sydd* ac at y *Main o Rufain a rwyfynt / O'r llanw i Gaerlleon gynt.*

Camosodiad dd.r = r.dd.

70 *m* wreiddgoll.

71 *n* wreiddgoll.

73 Gellid atalnodi'r cwpled yn wahanol: *Doir â'i long i dir y wlad / I'w dwyn*; *llaw Dduw amdanad.*

14

Ceir arolwg o'r canu cynnar i Fôn yn ysgrif Gruffydd Aled Williams, 'Môn y Beirdd' yn *Ynys Môn: Cyfres Bro'r Eisteddfod 3*, gol. Bedwyr Lewis Jones a Derec Llwyd Morgan (Llandybïe, 1983), 93–111. Gw. hefyd gan yr un awdur 'Cywydd Gruffydd Gryg i Dir Môn', YB xiii (1985), 146–54.

3 *n* wreiddgoll.

9 **meirion** Tybiodd sawl copïwr fod yn y ll. gyfeiriad at enw'r sir, ond un o ffurfiau ll. *maer* sydd yma yn ddiau, gw. GPC 2311 lle y rhestrir y ffurf hon a'r ffurfiau ll. *meiri, meiriau, meirydd, maeriaid.*

10 **mam** Gw. hefyd ll. 60 isod. Cynnar yw'r traddodiad am Fôn Mam Cymru. Y mae'r ymadrodd i'w weld yn un o awdlau Prydydd y Moch, *Gorfydd udd dremrudd dra môr lliant—ym Môn, / Mam Gymru y'i meddant*, gw. GLlLl 23.145–6.

y tair talaith Tair talaith Cymru, sef Gwynedd, Powys a Deheubarth, fel yr esbonia Gutun Owain, gw. GO LXIII.23–8:

> Mae tair gwlad, am Vto'r Glyn
> Mawl Powyswyr, mal peiswyn:
> Y Deav feirdd wedi 'fo
> Sydd wanach i swydd yno;
> Gwyr Gwynedd gwiw ar ganv,
> Gwae'r fan wrth y gŵr a fv!

Gw. ymhellach GO XLII.19–29 a GLM LXXXIV.15–18. Cyfeiria Siôn Brwynog, fodd bynnag, yn ei ymryson â Gruffudd Hiraethog ynghylch rhinweddau Môn a Thegeingl, at 'bum gwlad' Cymru, sef Gwynedd, Powys, Deheubarth, Morgannwg a Gwent, gw. GGH 125.17–18 a td. 539 *Môn gadarn, lle myn godiad, / Mae imp amgylch mam pum gwlad.*

13 **Duw'n ei grys** Camosodiad g.n = n.g y gellir ei oresgyn o dderbyn y darlleniad *Dwg yno rad Duw gwyn rys*. Ond diau mai ymdrech copïwr diweddarach i resymoli'r darlleniad gwreiddiol sydd yma. Disgrifir yr arfer o addurno'r ddelw o Grist ar y Groes yn yr awdl o waith Siôn ap

Hywel i Dduw a'r Grog yn Llanfair (cerdd 15). Y mae'r ymadrodd *Duw'n ei grys* i'w ddeall yng ngoleuni cyfeiriadau megis 15.41 *Yr wyd, y Grog euraid grys*, 15.73 *Gwisgwyd, bendigwyd gwirion—sidangrys*, a gthg. 15.92–3 *Pan fych … / Yn Arglwydd gwaedgrys, cofus, cyfion.*

14 **ei Dywell Ynys** Mewn un llsgr. yn unig y digwydd ffurf fenywaidd yr a.; y *dywyll ynys* sydd yn y lleill. Gwelir yr un disgrifiad yn y cywydd marwnad a ganodd Iolo Goch i Feibion Tudur ap Goronwy, gw. GIG VI.43–4, ac egyr cywydd Lewys Glyn Cothi i'r sir—cywydd pur boblogaidd, fe ymddengys, oblegid fe'i ceir mewn 34 copi—â'r cwpled *Nos da i'r Ynys Dywell, / ni wn oes un ynys well*, gw. GLGC 226.1–2. Tywyllwch ei choedwigoedd a roes i Fôn yr enw hwn, yn ôl Henry Rowlands, gw. *Mona Antiqua Restaurata* (Dublin, 1723), 24.

23 Yn Aberffro yng nghantref Malltraeth yr oedd llys brenhinol tywysogion Gwynedd gynt.

27 **Harri** Nid oes modd dyddio'r cywydd, a geill fod yma gyfeiriad at Harri Tudur neu at ei fab, Harri VIII. Ni ddylid synnu bod y bardd yn dewis pwysleisio'r cyswllt rhwng y Goron a Môn. Ar y cyswllt hwn, gw. *Bosworth a'r Tuduriaid*, gol. Dafydd Glyn Jones a John Ellis Jones (Caernarfon, 1985), ac yn fwyaf arbennig tt. 25–30.

n wreiddgoll.

28 *n* wreiddgoll.

30 **rhotio'r nos** Lladron neu ysbeilwyr yw'r sawl sy'n *rhotio'r nos*. Cf. yr ymadrodd *cyrchu'r nos* yng nghywydd Lewys Môn i Edwart Grae *gwarchae'r neb a gyrcho'r nos*, gw. GLM LXXXIV.39, a'r ymadrodd *tramwy'r nos* yng nghywydd Siôn Tudur i Siôn Wyn ap Cadwaladr *Trumiwch wŷr, trwm yw'ch aros, / Trumia'r neb sy'n tramwy'r nos*, gw. GST 49.53–4.

31 *n* wreiddgoll.

33 Yn ôl y traddodiad, yr oedd digon o ŷd ym Môn i gynnal Cymru am flwyddyn gron, gw. J.E. Lloyd: HW 230; DE XLIV.1–2.

35 Wyth sillaf yn y ll., ond gellir ynganu *cymydau* yn ddeusill.

38 **chwe chwmwd ym Môn** Sef Menai, Malltraeth a Llifon (a enwir yn y llau. sy'n dilyn), ynghyd â Dindaethwy, Talybolion a Thwrcelyn, gw. WATU 233.

44 **Neifion** Dyfalai Lewis Morris mai ffurf ar yr enw Eneas oedd Neifion, gw. *Celtic Remains* (London, 1878), 329, ond ffurf ar enw duw'r môr ydyw yn ôl John Rhŷs, *Celtic Folklore* (London, 1908), 444–5 a WCD 502. Y mae'n amlwg fod rhyw draddodiad gynt ynghylch Neifion a Môn, gw. DE IV.27–8 *Y nofiad a wnaeth neifion / o droya vawr draw i von.*

46 **Cynfarch** Tad Urien Rheged, gw. TYP² 322; G 247. Anodd gwybod ar ba sail y cyfeirir ato yn y cywydd hwn.

47 *f* led-lafarog.

50 **Cynan** Cynan ab Iago, tad Gruffudd ap Cynan, ac arglwydd Gwynedd rhwng 1033–9, gw. ByCy 81–2. Fe'i henwir yng nghywydd ymryson cyntaf Siôn Brwynog â Gruffudd Hiraethog, gw. GGH 125.19–22 a td. 539. Ond efallai mai cyfeiriad at Gynan Dindaethwy, mab Rhodri ab Idwal ap Cadwaladr, sydd yma. Bu'n rheoli Môn nes ei farw yn y flwyddyn 816, gw. ByCy 82 a J.E. Lloyd: HW 231. Ei ferch, Esyllt, oedd mam Merfyn Frych, gw. ymhellach GLGC 226.43–8 (ond fe'i gwneir yn fam Rhodri Mawr yng nghywydd Lewys Glyn Cothi).

51 *f* led-lafarog.

56 *n* berfeddgoll.

57 Y ll. sillaf yn fyr yn y rhan fwyaf o'r llsgrau.

60 **y Fam Ynys** Gw. 14.10n.

66 *r* berfeddgoll.

69 **Idwal** Idwal Foel, brenin Gwynedd yn y 10g., gw. ByCy 385 a J.E. Lloyd: HW 332–3.

77 **tylodion** Dyma ddarlleniad yr holl lsgrau., a rhaid wrth air trisill.

81 **Cybi** Gw. LBS ii, 202–15.

Seiriel Gw. LBS iv, 177–80. Y gynghanedd sy'n mynnu'r ffurf hon; disgwylid *Seirioel*, sef y ffurf a droes yn *Seiriol* erbyn ein dyddiau ni.

82 **Eilian** Gw. LBS ii, 435–44. Honnir iddo ddod o Rufain, gyda'i deulu a'i eiddo, a glanio ym Mhorthyrychen.

Dwynwen Un o ferched Brychan, a nawddsantes y cariadon; cysylltir ei henw â Llanddwyn yng nghantref Menai, gw. LBS ii, 387–92.

n berfeddgoll, neu gynghanedd groes o gyswllt sy'n cynnwys camosodiad l.n = n.l, cf. 4.56.

84 **llyna groes** Y mae'n amlwg fod y bardd yn ymwybodol o ddaearyddiaeth Môn, oherwydd y mae'r pedwar sant a enwir yn llau. 81–2 yn cynrychioli pedwar pegwn yr ynys, sef Penmon, lle yr ymsefydlodd Seiriol, a Chaergybi, Llanddwyn a Llaneilian.

87 *n* wreiddgoll.

15

Egyr yr awdl, o ran ei ffurf, yn gonfensiynol ddigon, gyda chyfres o englynion unodl union, ond ceir hefyd ddau gwpled ar fesur y cywydd (llau. 21–4) ac un englyn proest sy'n cynnwys dwy sillaf leddf a dwy dalgron (llau.

41–4); digwydd y blaenaf yn llinellau 42 a 43 (*dwys / ebrwyddloes*) a'r olaf yn llinellau 41 a 44 (*grys / ddangos*). Ni chlymir pob pennill wrth y nesaf trwy gyrch-gymeriad. Ni cheir yr addurn hwn rhwng penillion 1 a 2, 5 a 6, 6 a 7, 9 a 10, ond gelwir sylw'r darllenydd at yr amrywiadau ar linellau 21 a 25, a gellir awgrymu bod y copïwyr yn ymwybodol o'r diffyg ac iddynt geisio adfer yr addurn ar y ddau achlysur hyn.

Anos dosbarthu'r llinellau yn ail ran yr awdl, sef llinellau 49–105. Y mae yn yr adrannau cyfatebol yn y tair awdl arall a briodolir i Siôn ap Hywel benillion rheolaidd y gellir eu hadnabod ar y darlleniad cyntaf (er nad yw hyd y llinellau unigol yn gyson bob tro). At hyn, gwneir defnydd pur helaeth o'r cymeriad geiriol a'r cymeriad llythrennol, yn enwedig yn achos yr awdl farwnad i Syr Hywel ab y Dai (cerdd 3), ac y mae'r ddyfais hon yn gyfrwng amlygu cwmpas pob pennill unigol. Cyfres o doddeidiau a chwpledi â deg sillaf ym mhob llinell (at ei gilydd) a welir yn ail ran yr awdl hon, ond fe'u cyfunir blith draphlith. Gwelir mai toddaid a chwpled sy'n agor y gyfres, ac fe'u dilynir gan bennill sy'n cynnwys dau doddaid. Ofer, felly, geisio diffinio pob pennill unigol, fel y gwnaed yn achos yr awdlau eraill.

Yn llawysgrif A yn unig—ac yn D sy'n perthyn yn agos ati—y dosbarthwyd y llinellau yn benillion, a gwelir bod pob un o'r penillion hynny yn cynnwys pedair llinell. Yr unig eithriad yw'r un adran y ceir ynddi bum llinell (llau. 81–5). Ni ddilynwyd y patrwm hwn wrth olygu'r awdl, a cheisiwyd dosbarthu'r llinellau mewn modd a oedd yn gydnaws â'r synnwyr. Tâl nodi hefyd fod un llinell yn eisiau yn llawysgrifau BCE, ac efallai fod llinell wedi ei cholli yn yr unig adran o bum llinell (llau. 81–5), er nad oes bwlch amlwg yn rhediad y frawddeg.

Gwelir bod nifer o gynganeddion pengoll yn ail ran yr awdl, megis yn yr awdl farwnad a grybwyllwyd uchod; at hyn, ceir nifer o linellau digynghanedd. Yr odl fewnol yw'r unig addurn yn y rhain. Cynnwys cyfartaledd uchel o'r llinellau cynganeddol oddefiadau cyfarwydd, sef cytseiniaid gwreiddgoll a pherfeddgoll, a beiau megis camosodiad a thwyll gynghanedd.

Y mae'r testun a gynigir yn un cyfansawdd, ac yn tynnu ar ddarlleniadau y pum llawysgrif sy'n cynnwys yr awdl. Y mae perthynas agos rhwng AD, a pherthynas gyfatebol rhwng BC. Er mai A a B yw'r testunau hynaf, llwyddwyd i osgoi yn y ffynonellau diweddarach, C a D, nifer o lithriadau a wnaed gan eu rhagflaenwyr. Ar brydiau bydd E yn dilyn AD, droeon eraill BC, ond ceir hefyd yn y ffynhonnell hon rai darlleniadau nas ceir yn y pedair arall.

6 **pumoes** Dosberthid oed y byd, cyn dyfodiad Crist, yn bump o gyfnodau. Bu farw Crist er achub trigolion y pum oes hyn, medd y bardd, cf. ll. 27 isod a GPC 2928.

12 Dilynir testun E, yr unig ffynhonnell sy'n cynnig ll. ac ynddi saith sillaf.

18 Y ffurf lafar, ddeusill, *dygyn* sy'n cynnal y gyfatebiaeth gynganeddol yma, ac felly yn llau. 33–4 (*cwbwl / cabyl*), ond gthg. llau. 37–8 (*cabl / cwbl*).

21 Cynghanedd sain bengoll.

22 Rhyw lun ar gynghanedd lusg wyrdro (sy'n cynnwys yr odl *-odd / -eidd*), megis yn y ll. sy'n dilyn lle y ceir odl fewnol *-aul / -oywl*.

29 *r* berfeddgoll o dan yr acen.

33 **[y] dall milain** Longinus (neu Lansias) oedd y milwr a drywanodd Grist yn ei ystlys, gw. GDG 52.35n; G. Hartwell Jones, 'Celtic Britain and the Pilgrim Movement', Cy xxiii (1912), 179–81; hefyd M.P. Bryant-Quinn, ' "Enaid y Gwir Oleuni": y Grog yn Aberhonddu', *Dwned*, ii (1996), 85–6.

37 **dyw Gwener** Cf. GLGC 2.41–2 *Dyw Gwener gwedy 'fferen / y'i rhoed ar ffrwst ar dri phren.*

39 **cether ddur** Eb. yn unig, yn ôl GPC 471, ond gw. yr amrywiadau. Esgeulusodd Roger Morris roi dot o dan y llythyren *d*, ac fe'i dilynwyd gan gopïwr LlGC 6209E. Bu llithriad cyffelyb yn ll. 63, ond nis efelychwyd y tro hwn.

40 *r* berfeddgoll a d..d = d, neu gamosodiad d.r = r.d a thwyll gynghanedd *d*.

44 **Llanfair** Llanfair Dyffryn Clwyd yn ddiau. Canwyd cywydd i'r grog a ddaeth *yn grair i Lanfair lân* gan Ddafydd ap Llywelyn ap Madog, tad y bardd Huw ap Dafydd, gw. Cerdd 1 yn A. Cynfael Lake, 'Gwaith Dafydd ap Llywelyn ap Madog' (M.A., Cymru [Abertawe], 1979). Yr oedd croglofft nodedig yn eglwys Llanfair Dyffryn Clwyd ar un adeg, fel y tystia'r olion yn y llawr a'r muriau, gw. D.R. Thomas: HDStA ii, 95–6. Ymddengys mai ar ran Ffowc Salbri, deon Llanelwy, y canwyd y cywydd i Deyrnog (cerdd 17). Yr oedd y gŵr hwn hefyd yn rheithor Llanfair Dyffryn Clwyd; daeth y swydd i'w ran yn 1518 neu yn fuan wedyn, ac fe'i daliodd hyd 1543, gw. D.R. Thomas: HDStA ii, 95–101.

Cynghanedd lusg yn ail fraich y cwpled, a gw. hefyd lau. 54, 64 ac 80. Ar y drafodaeth ynghylch priodoldeb lleoli'r gynganedd hon yn y cyfryw safle, gw. J. Morris-Jones: CD 180–1.

45 Cynghanedd lusg wallus, ond cf. 15.22n. Gellid ei gwella trwy ddiwygio'r ll. yn *Dangosid* ...

50 **aberau dafnau** 'Ffrydiau o ddiferion [gwaed]', gw. GPC 2 d.g. *aber*, ac *ib*. 878 d.g. *dafn*, 'diferyn, gronyn', a cf. 16.67 isod. Ond o ystyried yr hyn sydd yn llsgrau. BCE, gellid mabwysiadu'r darlleniad A *berrau dafnau* ... 'A['i] esgair yn ddiferion [gwaed]'.

52 **am leu** Digwydd drachefn yn ll. 59 isod. Cymerir mai'r f. *lleu* 'darllen'

sydd yma, gw. GPC 2122 (ond efallai mai'r ystyron 'mynegi, llefaru' a fyddai'n gweddu orau). Gellid diwygio'n *amlau*, sef ffurf 1. *aml*, er nas nodir yn GPC 94, neu'n *amlhau*.

55 **gwreichion** Perthnasol yw sylw M.P. Bryant-Quinn yn *art.cit.* 88.

57 Nid oes yn y ll. gynghanedd, er bod ynddi odl fewnol. Felly hefyd yn ll. 73, isod.

58 **dylynus** Ffurf a. y f. *dylynu* 'glynu (wrth), ymlynu', gw. GPC 1138.

Twyll gynghanedd *l*.

60 **chwech** Cyfeiriad tywyll, a gw. y ll. sy'n dilyn lle y crybwyllir lladd y seithfed. Ai cyfeiriad at farwolaeth meibion Job sydd yma, gw. Job i, 18–19? (Diolchaf i M. Paul Bryant-Quinn am yr awgrym hwn.)

62 *f* led-lafarog; camosodiad r.th = th.r.

65 Bai crych a llyfn.

66 *n..n* berfeddgoll.

67 *r* wreiddgoll.

69 *n* wreiddgoll.

70 **aur ceimion** Cf. GSC 4.55–6 *Llwyr yw cymell aur ceimion / O'i fyw yn hir o fewn hon*, ac *ib.*n.

71 Cynghanedd bengoll.

72 *n* berfeddgoll.

73 Odl fewnol yw'r unig addurn yn y ll. hon.

74 *n* berfeddgoll; twyll gynghanedd *b*.

78 **cwerylad** Yr e. *cweryl* a'r terfyniad enwol *-ad*; nis ceir yn GPC 636.

80 Nid oedd cynghanedd yn y ll. cyn ei diwygio.

83 Dau gamosodiad yn yr un ll., sef g.r ... d.r = r.g ... r.d.

84 **llathraidd** Disgwylid gair sy'n diweddu â'r terfyniad *-on* er mwyn cynnal y brifodl. Gellid diwygio yn *llathron*, sef ffurf 1. yr a. *llathr*, ond y mae'n arwyddocaol fod yr un gwall yn digwydd yn ll. 90 (lle nad oes diwygiad amlwg yn ymgynnig), a thrachefn yn ll. 98 (y tro hwn, diwygiwyd *iawn* yn *Iôn*).

85 *r* berfeddgoll.

88 **afradlon** 'Gwastraffus, treulgar' yw'r ystyron a gynigir yn GPC 43, ond 'helaeth, dibrin' sy'n gweddu orau yma.

95 **uffernddryll** *Uffern* a *dryll*, sef i. 'darn (toredig), aelod', neu ii. 'gwayw-ffon', gw. GPC 1095.

103 **cenllystig** Ni restrir y ffurf yn GPC 464. Esbonnir bod *cenllyst* yn ffurf sydd yn cyfateb i *cenllysg*, a geill mai ffurf ansoddeiriol ar y blaenaf, ac

yn cynnwys yr ôl-ddodiad *-ig*, sydd yma, a'i ystyr 'tân [a'i wreichion] megis cawod o gesair', neu air cyfansawdd *cenllyst* + *dig*. Dewis arall yw diwygio yn *callestrig* 'tanllyd, disglair', gw. GPC 395.

105 **ŵyr Iesse** Gw. Eseia xi.1 *Yna y daw allan wialen o gyff Jesse; a Blaguryn a dyf o'i wraidd ef.* Gw. hefyd y gerdd 'Gwiail Jesse' yn Bl BGCC 92–103.

16

Disgrifir yn y cywydd hwn grog a leolwyd yn y capel gerllaw ffynnon Gwenfrewy. Bu'r ffynnon o dan ofal abaty Dinas Basing er 1240, a chofnodwyd hanesion am bererindota i'r fangre cyn gynhared â'r flwyddyn 1115, gw. Edward Hubbard, *The Buildings of Wales: Clwyd* (Harmonsworth, 1986), 371.

2 Camosodiad s.dd = dd.s. Gellid osgoi'r gwall trwy ddiwygio *sydd* yn *sy*.

4 **adwyog** Nis nodir yn GPC 30. Yr ystyr 'archolledig' sy'n gweddu orau yma.

6 **Gwen-frewy** Canodd y bardd awdl iddi, gw. cerdd 18 isod. Holltir yr e.p. yma er mwyn sicrhau cynghanedd, megis y gwneir yn y llau. isod (a gellid amlhau enghreifftiau) o waith Lewys Glyn Cothi a Lewys Daron: GLGC 134.17 *Edn Aber Hodni obaith*, ib. 35.24 *erioed o Lan Wrda lys*, ib. 45.6 *a dart Mab Edrud y medd*; GLD 21.32 *Yn canu i Nan-Conwy'n iach*, ib. 22.5 *Cael art i Fedd Celart fu.*

10 **careglwin** *Caregl* 'y cwpan a ddefnyddir yng ngwasanaeth y Cymun' (GPC 426) a *gwin.*

14 Nid atebir yn safle'r brifodl y gytsain *dd* sydd o dan yr orffwysfa.

15 **nawradd** Y naw radd o angylion.

Wyth sillaf yn y ll.

25 **dyddiol** 'Beunyddiol', gw. GPC 1121, ond geill mai a. o'r f. *dyddio*, 'cymodi', sydd yma. Ni nodir y posibilrwydd hwnnw yn GPC.

26 *n* berfeddgoll.

29 *n* wreiddgoll.

30 *n* berfeddgoll (ond y mae'r ll. yn cynnwys cynghanedd sain reolaidd hefyd).

31 *r* wreiddgoll.

32 Cyfatebiaeth th = dd..th.

33 Cf. yr odl yn 9.29–30.

37 *n* wreiddgoll.

38 *r* berfeddgoll.

45 **triphren** Cyfeiria Lewys Glyn Cothi, yntau, at dri phren y Groes, gw. GLGC 2.41–2 *Dyw Gwener gwedy 'fferen / y'i rhoed ar ffrwst ar dri phren.* Dyma ddwyn i gof y traddodiad am y tri hedyn a blannodd Seth o dan dafod ei dad. Tyfodd y tri yn dair gwialen ac yn dri phren, a defnyddiwyd y rhain i lunio'r Groes y dioddefodd Crist arni. Gw. ymhellach 5.41–6n. Gwneir defnydd pur gableddus o'r hanes, ac o ryfeddod Duw sydd yn Un ac yn Dri, gan Lewys Glyn Cothi yn ei gywydd i ofyn bwa gan Ddafydd Llwyd ap Gruffudd, gw. GLGC 211.43–54.

pumoes byd Gw. 15.6n.

47 *m* berfeddgoll.

49 **y gŵr du** Suddas.

51 **gwaith yr afal** Cyffelybir brad Suddas i weithred ddichellgar y sarff a demtiodd Efa yng Ngardd Eden, a chael ganddi fwyta ffrwyth y pren gwaharddedig, a cf. 15.1–4.

55 **drwy bumwaith** Y pum clwyf a ddioddefodd Crist ar y Groes, cf. IGE² XXXIII.41–2 *Pum archoll i'n arfoll ni / Pum aelod y pum weli.* Achoswyd y clwyfau hynny gan y tair hoelen, y goron ddrain a'r waywffon, ac fe'u disgrifiwyd yng nghywydd Huw Cae Llwyd i Grog Aberhodni, gw. HCLl XLIV.15–24. Cynigir testun diwygiedig o'r cywydd (ac awgrymir y geill mai gwaith Ieuan Brydydd Hir ydyw) gan M.P. Bryant-Quinn yn ei ysgrif ' "Enaid y Gwir Oleuni": y Grog yn Aberhonddu', *Dwned*, ii (1996), 51–93.

60 **y Grog laswyn** Gw. 13.33n.

67 Llsgr. *a ber oth fron*, ond bernir mai disgrifio'r ffrwd o waed a ddaw o'r clwyfau a wneir yn hytrach na disgrifio'r archoll a achoswyd gan yr hoelion (*bêr* 'picell, gwaywffon').

75 Diwygiodd y copïwr ei destun fel a ganlyn: *na glaw* yn *y glaw.* Cadwyd at y darlleniad gwreiddiol er bod bai twyll gynghanedd *d* yn y ll. fel y saif.

78 **Tomas** Tomas Pennant, ond odid. Gw. cerddi 2 a 18.

79 *r* berfeddgoll.

17

Cywydd i'r sant Teyrnog, a gysylltir â Llandyrnog yn Nyffryn Clwyd, yw hwn. Fe'i coffeir hefyd yn yr enw Rhos Dyrnog yn Narowen, gw. WCD 628. Yr oedd yn fab i Arwystl (neu Hawystl) Gloff, ac yn ŵyr, o du ei fam, i Amlawdd Wledig. Yr oedd iddo dri brawd, sef Tyfrydog, Tudur a Deifer, a chwaer, Marchell, gw. LBS iv, 255–61 a TWS 196–8. Ymgorfforir y rhan fwyaf o'r manylion hyn yn y cywydd, ond y mae'n amlwg fod cryn gymysgu wedi digwydd oblegid cyfeirir hefyd at achau sant arall nad oes a wnelo â Theyrnog nac â Dyffryn Clwyd. Tyrnog yw'r sant hwn, a'r ffurf hon ar yr enw sy'n digwydd yn yr holl lawysgrifau sy'n cynnwys y cywydd. Ni wyddys am eglwys a sefydlwyd ganddo, ac ni chysegrwyd yr un eglwys iddo. Y mae ei gysylltiadau teuluol, serch hynny, yn ddigon hysbys. Mab i Gorun ap Ceredig ap Cunedda ydoedd, ac fel yntau, yr oedd ei ddau frawd, Carannog a Thysul, yn saint, gw. LBS iv, 293–6. Iddo ef, ac nid i Deyrnog, y perthyn Brychan (ll. 20), Einion Yrth (ll. 24), Einion a Meirion (ll. 41), Seiriol (ll. 42), Ithel (ll. 43), Dewi a Non (ll. 46), ac esbonnir y cysylltiadau hyn isod. Dengys y pedwerydd cwpled pa mor drylwyr y bu'r cymysgu; cyfeirir yma at daid Teyrnog ac at un o hynafiaid enwog Tyrnog. Awgrymir yn TWS mai achos o 'another composite saint' sydd yma, gw. tt. 196–8, ond cymeriad ffug yw Tyrnog yn ôl WCD 628. Cynigir yno mai ffrwyth amryfusedd yw'r cyfeiriadau ato, ac y dylid disodli ei enw ag enw ei 'frawd', Tysul.

2 **Pedrog, Cynog** Cysylltir Pedrog â De Cymru, er mai iddo ef y cysegrwyd eglwys Llanbedrog yn Llŷn, gw. LBS iv, 94–103, a chynrychiolir y Canolbarth, sef siroedd Caerfyrddin a Cheredigion, gan Gynog, mab hynaf Brychan, gw. LBS ii, 271. Teyrnog, felly, sy'n cynrychioli'r Gogledd yn y triawd hwn.

3 **tri teilwng** Dengys y gynghanedd na threiglir yr a. sy'n dilyn y rhifol. Trafodir yr arfer o gadw'r gysefin yn Treigladau 65–6, ond y mae'r treiglad yn rheolaidd yn ail fraich y cwpled, *tri phaun … tri phen-rhaith*.

5 **Tegeingl** Yn Nogfeiling yn Nyffryn Clwyd y mae Llandyrnog, cwmwd sydd am y ffin â Thegeingl, gw. WATU 110, ond cysylltir Deifer, brawd Teyrnog, â Bodfari yn y cantref hwnnw, gw. LBS ii, 340–2.

8 *r* berfeddgoll; twyll gynghanedd *l*, ond sylwer ar ddarlleniadau llsgrau. AB.

10 **Dier** Digwydd sawl ffurf ar ei e.: *Diheufyr, Diefyr, Deifer, Dihaer, Dier* a *Diar*, gw. LBS ii, 340.

16 **banhadl-wen** Disgwylid *banhadlwen* (cf. *banhadlwallt*, GPC 255), ond hawlia'r gynghanedd ffurf acennog.

17 *n* wreiddgoll.

18 *n* wreiddgoll.

20 **Brychan** Priododd un o ferched Brychan â Cheredig, tad Corun.

n berfeddgoll.

22 **dau ar hugain** Yn ôl traddodiad, yr oedd gan Frychan un mab ar ddeg a phedair merch ar hugain, ond un ferch ar ddeg o blith y rhain a oedd yn briod, gw. WCD 64–5. Rhestrir y plant yn LBS i, 309–14, ond y

mae cryn amrywio ar yr enwau sy'n digwydd yn yr amryfal ffynonellau.

24 **Einion Yrth** Brawd Ceredig ap Cunedda.

27 **y Gwyddel** Ni ddiogelwyd yr hanes am y digwyddiad hwn ym mywyd Teyrnog, nac ym mywyd y sant o Wyddel, sef Tighernach, yr uniaethir Teyrnog ag ef ar sail gwyliau'r naill a'r llall. Ni wyddys y nesaf peth i ddim am Dyrnog, fel yr awgrymwyd yn y nodyn brig, ond efallai iddo dreulio ysbaid yn Iwerddon, megis ei frawd, Carannog. Cyffredin ym mucheddau'r saint yw'r hanesion am elynion yn cael eu trechu a'u cynlluniau ysgeler yn mynd i'r gwellt.

33 **Geram** Enw'r Gwyddel adweithiol?

35 **ysgemydd** Digwydd y ffurf *ysgymydd* yn un o'r Trioedd, gw. TYP[2] 42–3: 'Tri Ysgymydd Aerfaau Ynys Prydain', a drosir yn '*Three Slaughter-Blocks*'; ar y ffurf, gw. ymhellach I. Williams, 'istomid, ysgymydd', B xvi (1954–6), 192. Diau mai trosiad am y gelyn-ddyn yw *ysgemydd* yma. 'Carn dagr' yw'r ystyr a roddir iddo yn un o gywyddau Guto'r Glyn, GGl[2] LXXX.51 *Yn llem ar ei hysgemydd*.

37 *r* berfeddgoll.

39 **coroedd** Ffurf ll. *côr*, ond y ll. *corau* yn unig a nodir yn GPC 554.

41–2 **Einion, Meirion ... / Seiriol** Meibion Owain Danwyn ab Einion Yrth, gw. LBS iv, 177.

42 **saith** Yr oedd Seiriol yn un o'r saith a aeth ar bererindod i Rufain i weddïo am law, gw. LBS iv, 179. Canodd Hywel Rheinallt i'r 'Saith Gefndyr Saint' a'u henwi, gw. Hywel Rheinallt: Gw 37:

> Dewi a Chybi, achubant—beunydd,
>   Dwyn Beuno dan warant.
> Cynfarch, Cadfarch, a barchant,
> A Deiniel a Seiriel sant.

> Llyma'r saith, eurfaith arfer—gan feudwy,
>   Gwynfydig bob amser,
> A dorrai'r maen, graen grynder,
> A'r saith a weles y sêr.

43 **Ithel** Brawd Corun oedd ef. Ychydig sy'n wybyddys amdano, ond ef oedd tad Dogfael (neu Ddogwel), gw. LBS ii, 349.

46 **Dewi ... Non** Mab Non, a Sant ap Cedig ap Ceredig, oedd Dewi. Sant, felly, oedd cyfyrder Tyrnog, nid ei fab, Dewi.

62 Cynghanedd draws fantach (a arferir yn bur achlysurol gan y bardd) neu l. groes ac ynddi *n* berfeddgoll a thwyll gynghanedd *d* (ond efallai fod y bardd yn cyfrif hon yn ll. groes o gyswllt, ac yn dewis peidio ag ateb y gytsain *dd*).

63 *n* wreiddgoll.

64 *n* wreiddgoll; camosodiad d.r = r.d.

67 **Rhonwen** Merch Hengist, ac fel ei thad, cynrychiola genedl y Saeson, a'r ddichell a berthyn i'r genedl honno. Llygad-dynnwyd Gwrtheyrn gan ei phrydferthwch, a hi a gynllwyniodd i wenwyno Gwrthefyr, gw. BD 94-7.

68 **hyd Duw** Ar y calediad, gw. Treigladau 394.

Brutus Mynegir yr hen gred mai disgynyddion Brutus o Gaerdroea oedd y Cymry.

69 Y testun yn aneglur, ond yn ymdebygu i *or kiawaed*.

71 *n* berfeddgoll.

72 **y dean** Deisyfir hir oes iddo, a gellir tybio mai ar ei gais ef y canodd Siôn y cywydd hwn. Ffowc Salbri oedd ficer Llandyrnog, ac yr oedd yn fab i Syr Tomas Salbri ap Tomas Salbri Hen, gw ByCy 844 a WG2 1572. Bu'n ficer Llandyrnog rhwng 1535 a 1543, sef blwyddyn ei farw, ond efallai iddo dderbyn y swydd ynghynt; ei enw sydd ar frig y rhestr a gyhoeddwyd yn D.R. Thomas: HDStA ii, 38. Yr oedd y gŵr hwn hefyd yn ddeon esgobaeth Llanelwy, a daliodd y ddeoniaeth am hanner canrif, rhwng 1493 a 1543, gw. D.R. Thomas: HDStA i, 319. Canodd Tudur Aled gywydd moliant iddo, gw. TA XVIII, a chywydd i erchi march, gw. TA CIX (ond priodolir y cywydd i Ruffudd ab Ieuan ap Llywelyn Fychan hefyd). Yn y ddau gywydd hyn, dangosir i Ffowc ddilyn camrau ei ewythr pan benodwyd ef yn ddeon:

> Ban ddug, llew bonheddig, llwyd,
> Duw, d'ewythr, y'm didywyd;
> Deon gynt a fu'n dwyn gair,
> Dysgedig, dos i'w gadair. (TA XVIII.23-6)

> Duw a'th roes, fal d'ewythr aeth,
> Doe i ynnill deoniaeth. (TA CIX.5-6)

Nid enwir yr ewythr yn y ddau gywydd. Tybed a fu dau Ffowc Salbri yn ddeoniaid yn ystod yr hanner canrif 1493-1543? Ysywaeth, ni lwyddwyd i daro ar ail Ffowc Salbri yn WG2.

18

Lladdwyd Gwenfrewy gan Garadog wrth iddi amddiffyn ei gwyryfdod, a disgrifir trais y llanc nwydwyllt yn y pennill sy'n cloi'r awdl. Torrodd Caradog ben Gwenfrewy ymaith â'i gleddyf, a tharddodd ffynnon lle y disgynnodd pen y santes. Yn ôl traddodiad, olion gwaed Gwenfrewy sy'n cyfrif am gochni'r graig ger y ffynnon, gw. LBS iii, 185-96; WCD 315-6;

TWS 141–51. Canodd Tudur Aled i'r santes, gw. TA CXXXIX a cf. hefyd IGE² XXXV.

Mesurau'r Awdl

1–41 Cyfres o englynion unodl union ynghyd â phennill o bum llinell (ac wyth sillaf ym mhob un) sy'n proestio, llinellau 21–5. Ni cheir cyrch gymeriad rhwng y pedwerydd englyn a'r pumed, a rhwng y nawfed a'r degfed.

42–5 Cwpled (seithsill y tro hwn) sy'n proestio, a chwpled o gyhydedd hir sydd yn proestio yn hytrach nag yn odli, ond y mae dwy o'r sillafau yn rhai talgrwn a'r olaf yn lleddf: *-ad*, *-ud*, *-wyd*. Nid yw'r brifodl *-ir* yn gyson â'r odl sydd yn y penillion sy'n dilyn.

46–7 Cwpled seithsill sy'n proestio. Tybed a gamleolwyd llinellau 42–3 a 46–7, ac y dylai'r rhain ffurfio un pennill o bedair llinell yn proestio? A thybed ai cwpled strae yw llinellau 44–5 nad yw, fel y nodwyd, yn parchu'r brifodl a gynhelir yn ail ran yr awdl? Y drefn hon a ddilynir yn yr holl lawysgrifau, serch hynny.

48–77 Cyfres o chwe gwawdodyn byr sy'n tueddu at 10 sillaf, ac un hir a thoddaid, llinellau 64–9. Y mae pob pennill yn diweddu â'r enw *Gwenfrewy* ac eithrio'r trydydd; ar ddiwedd y drydedd linell y digwydd yr enw yn hwn.

1–2 Un sillaf yn ormod yn nwy l. y paladr. Gellid diwygio'r ail l. a sicrhau'r chwe sillaf angenrheidiol (*Ydyw'r aber ...* yn *Yw'r aber ...*), ond ni fyddai'r gynghanedd ar ei hennill.

   Camosodiad r.d = d.r yn y gyfatebiaeth rhwng y cyrch a dechrau'r ail l.

   4 *r* wreiddgoll.

   5 **geirwon fantellfrig** Disgwylid ffurf un. ar yr a. Gellid mabwysiadu darlleniad llsgrau. CD, *gwirion*, yma ac yn ll. 4 (ond ni fyddai'r ymadrodd yn taro cystal yn y fan honno).

   6 **Saint y Catrin** Saint Catrin yw'r ffurf a arferir gan Lewys Glyn Cothi, gw. GLGC 25.35, 227.13, 234.53, ond digwydd *Saint y Catrin* yn un o gywyddau Lewys Môn, gw. GLM XXXIX.53. Gw. ymhellach y cyfeiriad at ei buchedd yn nodyn brig cerdd 19.

9–12 Digwydd yr englyn yn annibynnol, ac yn ddienw, yn LlGC 436B, 67ᵛ.

   9 11 sillaf yn y ll.

   11 **gwingrofft** Gwin a *crofft* 'maes neu gae bychan', gw. GPC 608. Ni ddigwydd yr union gyfuniad hwn yn yr un o'r llsgrau.

   12 8 sillaf yn y ll.

m berfeddgoll o dan yr acen.

13 Cynghanedd groes o gyswllt gymhleth (a derbyn mai *mor* sydd yn safle'r orffwysfa).

17 Ni ddigwydd y darlleniad hwn yn yr un o'r pum llsgr.

18 **nith ... i Feuno** Yr oedd Gwenlo, mam Gwenfrewy, yn chwaer i Feuno, gw. LBS iii, 188. Beuno a atgyfododd Wenfrewy, ond arhosodd craith ar ei gwddf lle y trawsai Caradog hi â'i gleddyf.

21–5 Copïwyd y llau. hyn yn LlGC 436B, 67^v yn dilyn yr englyn, llau. 9–12, ond nid ymddengys fod y copïwr yn ymwybodol fod y ddau ddarn yn perthyn i'r un gerdd. Rhoddir i'r pum ll. hyn y pennawd 'Gweddi'.

32 Nid oes cynghanedd yn y ll., ond y mae un sillaf yn brin.

36 *r* berfeddgoll; twyll gynghanedd *b*.

37 Chwe sillaf yn y ll., a'r llsgrau. yn gytûn.

Cyfatebiaeth g.r = g.r ... g.r ar ôl diwygio.

38 Ceir darlleniad ystyrlon yn llsgrau. A (mae'n debyg) a B, sef *ffrawd* 'angerdd, trais, niwed', gw. GPC 1311, ond y gynghanedd yn mynnu *wedi'r frawd*.

11 sillaf yn y ll.

41 Nid oes cynghanedd yn y ll. fel y saif.

42 **Tomas** Tomas Pennant, gw. cerdd 2.

45 Cyfatebiaeth d..d = d.

47 Camosodiad d.dd = dd.d.

48 Nid oes yma gynghanedd. Yn ei awdl i Dduw a'r Grog yn Llanfair, gwelwyd y bardd yn bodloni ar odl fewnol yn unig, gw. 15.55n. Amrywiad ar hynny sydd yma, sef dau air yn proestio: *punt / pont*.

49 **eurdderw** Yn ddeusill, a derbyn yr amcanai'r bardd lunio ll. o 10 sillaf.

50 **Sychnant** Rhoddodd tad Gwenfrewy dir i Feuno yn Sychnant i adeiladu capel, gw. LBS iii, 188.

51 Camosodiad r.f = f.r, a bai crych a llyfn. Gwelir yr un gwall yn llau. 69 a 73, a'r e. *Gwenfrewy* a gynganeddir y ddau dro hyn, megis yn y ll. dan sylw.

52 Trawsosodwyd dwy ran y ll. er mwyn sicrhau bod y brifodl yn cael ei chynnal. Nid yw'r diwygiad yn mennu ar y gynghanedd groes rywiog ddiacen, nac ar y cymeriad llafarog.

56 Diwygiwyd *mynd* yn *myned* er mwyn sicrhau odl fewnol a chynghanedd sain. Y mae'r ll. yn rhy hir (12 sillaf), ond nid yw hyd y llau. yn rheolaidd yn yr awdl hon—gw. llau. 54, 71 a 74 sydd yn 11 sillaf (ond gellid eu ceseilio)—nac yn y tair arall a luniodd y bardd.

57 *f* led-lafarog.

61 Nid oes cynghanedd yn y ll. hon.

63 Ni cheir yma gynghanedd gyflawn, ond cynganeddir y ddau air *freuach / frewy*.

64 **ar llawr** Rhestrir nifer o ymadroddion lle y digwydd caledu *l* yn *ll* ar ôl yr arddodiad *ar* yn Treigladau 385. Gw. hefyd, yn *ib*. 387, y drafodaeth ar y ddau ymadrodd *ar lled, ar lles*.

68 Cynghanedd sain ac iddi odl anarferol: *cyrchu / ati*.

69 Gw. uchod 18.51.

70 Twyll gynghanedd *b*.

73 **mwnai'r Afia** Awgrymir yn G 14 y geill mai ffurf gywasgedig o *Arafia*, 'Arabia', yw *Afia*, neu ffrwyth camddarllen *Asia*. Dau le gwahanol oedd *Afia* ac *Asia* yng ngolwg Lewys Glyn Cothi, gw. GLGC 41.35–6 *ac aur yr Afia'n grug a rifyn', / ac aur yr Asia fal egroesyn*. Dryswyd y copïwyr (ac eithrio E) gan yr ymadrodd hwn, ac ni lwyddwyd yn y llsgr. honno hyd yn oed i gynnig llinell ystyrlon. Diwygiwyd *fwnai* (llsgrau. A–D) yn *mwnai*, ond efallai mai gwall yw *mae r fwyna r afia* (llsgr. E) am *Mae mwynau'r Afia*, ac y dylid adfer y darlleniad hwnnw. Gw. uchod 18.51.

74 Cynganeddir y ddau air *mwnwgl / gymynu*, a cf. 18.63 uchod.

75 *n* wreiddgoll; *f* led-lafarog.

19

Ni ddigwydd yr awdl mewn llawysgrif gynnar—diogelwyd y gerdd mewn dau destun a gopïwyd yn ystod yr ail ganrif ar bymtheg a'r ddeunawfed, ac y mae lle i amau nifer o'r darlleniadau. O ran ei fframwaith, y mae'r awdl yn ddigon confensiynol, ac ni welir ynddi y math o benillion y gwelodd Siôn yn dda eu cynnwys yn ei awdlau eraill. Nodwedd fwyaf anghyffredin yr awdl hon yw'r dilyniant o gynganeddion pengoll yn yr ail ran, sef llinellau 53–74, a'r ffaith na chynhelir y brifodl ym mhumed linell y tri hir a thoddaid nac yn nhrydedd linell y gwawdodyn byr.

Cyhoeddwyd testun o fuchedd Catrin gan H. Idris Bell, *Vita Tathei and Buched Seint y Katrin* (Bangor, 1909), 31–9, wedi ei seilio ar lawysgrif BM Cott. Titus, D, a cheir testun yn seiliedig ar lawysgrif Peniarth 5 yn 'Buchedd Catrin Sant', B xxv (1972–4), 265–8, gan J.E. Caerwyn Williams. Diogelwyd 17 copi o'r fuchedd, ac y mae dau o'u plith yn llaw'r bardd Gutun Owain. Perthyn y testun i ddosbarth o fucheddau i ferched dibriod; hynodrwydd arall a berthyn i'r dosbarth yw'r modd y canolbwyntir ar ddioddefaint y santes yn hytrach nag ar ei buchedd fel y cyfryw.

Mesurau'r Awdl

1–52   Cadwyn o englynion unodl union ynghyd â dau englyn proest, llinellau 17–20 a 45–8.

53–8   Hir a thoddaid

59–64 Gwawdodyn byr

65–72 Dau hir a thoddaid

  4 **Iddew frenin**   Yn ôl ei buchedd, yr oedd Catrin yn ferch i frenin Caergystennin. Cyfeiria Dafydd ab Edmwnd at dras fonheddig y santes yn ei englyn i fis Tachwedd a berthyn i'r gyfres 'Englynion y Misoedd', gw. DE LXIII *a Chatrin oi heurllin hi.*

  8 **gwyro**   Gall awgrymu naill ai bod ei chenedl yn ymgrymu ger ei bron ac yn ei mawrygu, neu fod y rhan fwyaf o'i phobl yn cyfeiliorni ac yn addoli gau dduwiau, gw. GPC 1781.

  9 **pobl**   Yn ddeusill, ac felly *abl* yn y ll. nesaf. Dau air diacen sy'n cynganeddu yn yr englyn sy'n dilyn drachefn, sef *Beibl* a *pobl.*

12 **deau**   Yr a. yn cyflawni swyddogaeth enwol, '(gŵr) cywir, cyfiawn, parod'.

13–16   Rhaid wrth y ffurfiau llafar i gynnal yr odl yn yr englyn hwn.

14 **a'r bobl ni losge**   Ai cyfeiriad at yr athrawon a geisiodd gael gan Gatrin gefnu ar ei Duw ac addoli'r gau ddelwau, ac a drowyd i'r ffydd gan y santes? Fe'u cosbwyd trwy eu llosgi, ond *ni medavd dim or tan anrunt vy nac ar eudillat*, gw. H. Idris Bell, *op.cit.* 34.

24 Twyll gynghanedd *c.* Gellid diwygio *olew* yn *golau*, a goresgyn y bai, ond ni fyddai hynny, o anghenraid, yn gwella'r ystyr, gw. 19.34 isod.

27–8   Dwy odl ddiacen yn esgyll yr englyn.

28 *n* wreiddgoll.

30 **cytroed**   Digwydd yr ymadrodd yn GLM II.62 *lle'dd âi fwy cytroed lladdfa Catraeth*, ond nis esbonnir, ac nis cofnodwyd ychwaith yn GPC 824.

33 Twyll odl: *-au* yn y ll. gyntaf ac *-ai* yn y tair sy'n dilyn. Nid yw'r odl yn yr englyn agoriadol yn gwbl dderbyniol ychwaith, a gw. ymhellach 19.49n isod.

34 **Mynydd Sinai**   Yno y ducpwyd Catrin i'w chladdu *ae chorff agladassant ym mynyd synai. Ar neb adel yno y geissyav gvaret a iechyt ac agrettont y diodeifyeint hi vynt ae kaffant. A phedeir ffrvt yssyd yn redec trvy y bed hi oe bronneu o olev*, gw. H. Idris Bell, *op.cit.* 39.

36 **y berth**   Ar Fynydd Sinai y derbyniodd Moses y Deg Gorchymyn. Cyfeiria'r bardd, felly, at ddigwyddiad cynharach yn ei hanes pan

welodd 'y berth yn llosgi yn dân, a'r berth heb ei difa', gw. Ecsodus
iii.2. Arweiniodd Moses ei bobl o'u caethiwed yn yr Aifft trwy'r Môr
Coch (*i lanw'r âi*, ll. 40).

38 **briwgyrn mynydd anghrys** Cyfeiriad tywyll. '[Megis] utgyrn malur-
iedig [ar] fynydd moel' (? *an* + *crys*), neu tybed ai cyfuniad o *an* a bôn y
f. *crysio* 'rhuthro, cyrchu', gw. GPC 626, sydd yma yn golygu
'anhygyrch'?

40 Twyll gynghanedd *dd*.

45 *r* wreiddgoll.

49 Naw sillaf yn y ll. gyntaf ar ôl ei diwygio; wyth sillaf sydd yn y ll. fel y'i
ceir yn y ddwy lsgr. At hyn, y mae ail l. y paladr yn rhy hir o sillaf, ac
nid oes cyfatebiaeth gynganeddol rhwng y cyrch a dechrau'r ll.
ddilynol. Ceir yn yr englyn hefyd fai lleddf a thalgron; sillaf dalgron yw
tragywydd, ond lleddf yw'r tair arall.

50 **gwydni** Nis nodir yn GPC 1750. Ai ffurf sy'n cyfateb i *gwydnwch*,
gwytnwch?

60 Nid oes cynghanedd, nac odl fewnol ychwaith, yn y ll. Gellid yr olaf o
ddiwygio *ddiffoddo* yn *ddiffydd*.

62 **sawl pwy** Ar *pwy* yn rhagenw perthynol, gw. GPC 2947. Anghyffredin
yw cyfuno'r ddau air hyn. Ond gw. hefyd WG 310 lle y cyfeirir at y
cyfuniad *o sawl y rei yssydd*.

63 **irdeb** E. o'r a. *ir* nas nodir yn GPC 2027.

69 **archfa** 'Archiad'; ni nodir yr ystyr hon yn GPC 181.

71 **Leoneisa** Nid enwir mam Catrin yn y fuchedd.

20

1–6 Awgryma'r bardd ei fod wedi diysbyddu ei ddeunydd crai wrth iddo
foli gwŷr, a'i fod yn bwriadu gwneud rhywbeth rheitiach, sef moli
merched. Cyffelybir deunydd barddoni i bren yng nghywydd Guto'r
Glyn i Ddafydd Llwyd ap Dafydd o'r Drenewydd, gw. GGl² XLII.29–
72.

3 *r* berfeddgoll.

5 **gwysgerdd** *Gwŷs* 'galwad awdurdodol, dyfyn, rhybudd' (gw. GPC
1788) a *cerdd*, sef '[merch] sydd yn hawlio cerdd'.

7 **hyddfain** 'Yn osgeiddig fel hydd'.

Wyth sillaf yn y ll.

f led-lafarog.

14 **Mawddwy** Fel hyn y disgrifiodd Iolo Morganwg ei gyd-Gymry yn un

o'i lsgrau., 'the Hwntwyr, the Deudneudwyr, Gwancwn Gwent, Adar Morganwg, a Brithiaid Brycheiniog—Cwn Edeirnion, Moch Môn, Dylluanod Ial, a Lladron Mowddwy', gw. *Y Gymraeg yn ei Disgleirdeb*, gol. Geraint H. Jenkins (Caerdydd, 1997), 110. Yr oedd hanes Gwylliaid Mawddwy, a'r modd y llofruddiwyd y Barwn Lewis ab Owain ym mis Hydref 1555, yn hysbys yn yr 16g., er mai yn ddiweddarach y tyfodd y chwedlau amdanynt, gw. CLC² 310. Ond yr oedd i arglwyddiaeth Mawddwy enw am ei hansefydlogrwydd er canol y 15g. (gw. J. Gwynfor Jones, 'Lewis Owen, Sheriff of Merioneth, and the "Gwylliaid Cochion" of Mawddwy in 1554–55', Cylchg CHSFeir xii (1994–7), 221–40), a diau fod Siôn ap Hywel yn defnyddio'r e.p. yn yr ystyr 'lleidr, herwr' (a sylwer ar yr hyn a honnir yn y ddau gwpled sy'n dilyn). Dewis arall yw diwygio yn *meudwy*; rhydd hyn ystyr dderbyniol, ond ceid wedyn gyfatebiaeth dd = d o dan yr acen.

Twyll gynghanedd *dd*.

27 Bai crych a llyfn.

31 Camosodiad r.m = m.r ac *n* berfeddgoll, neu m = n.

32 **hug wiail** Cyfeiriad arall at y baich drain, gw. 9.23n.

33 Chwe sillaf yn y ll.

34 **henw** Yn ddeusill, ac felly yn ail fraich y cwpled.

36 **pedair henw** Eg. yn unig yw *enw*, yn ôl GPC 1220.

37 **herod bun** 'Arwyddfardd [sy'n cyhoeddi rhinweddau] merch'.

43 Newidiwyd lleoliad y ddau air, *hael* a *haul*, ond o ystyried yr hyn a ddywed y bardd am ei gyflwr yn llau. 7–10, &c., priodol fyddai diwygio *haul drwy f'au* ('goleuni / gwres trwy fy nghorff') yn *hoel drwy f'au* ('picell / gwaywffon trwy fy nghorff').

44 **hawdd'morau** Ni nodir ffurf l. yr e. *hawddamor* yn GPC 1827, nac yn *ib*. 98 o dan *amor*.

48 **hun eos** Awgrymir na chaiff yr eos gyfle i gysgu yn ystod y nos am ei bod mor brysur yn canu. Cf. DE XVII.13–14 *hi a dyn ym hyd y nos / hin ayaf a hvn eos*.

21

Priodolir y cywydd athrod hwn i Ruffudd ab Ieuan mewn un ffynhonnell, sef F. Geill mai'r bardd a gynorthwyodd Dudur Aled i drefnu eisteddfod gyntaf Caerwys oedd hwn, ond y mae'n arwyddocaol fod un ffynhonnell arall yn esbonio mai ar ran gŵr o'r enw Gruffudd ab Ieuan y canodd Siôn ei gywydd. Yn llawysgrif E yn unig y gwelir yr wybodaeth allweddol hon. Ysywaeth, llwydodd yr inc ar y ddalen, a rhwygwyd yr union ddarn a gynhwysai'r enw yn llawn—ai Gruffudd ab Ieuan ap Rhys Llwyd? Ni lwyddwyd i daro ar yr enw hwn yn WG1 nac yn WG2, ac nid oes dim yn y cywydd a rydd gymorth i'w leoli.

2 **cor** 'Byrddyn' a hefyd 'pryf copyn', er na restrir enghraifft gyfoes yn GPC 555. Sylwer bod y gŵr a ddychenir yn cael ei gyffelybu i greaduriaid gwrthnysig: *cranc, afanc* (ll. 21; ailadroddir yr un cyfuniad yn ll. 46), *arth* (ll. 29), *twrch* (ll. 39), *ci, cordarw* (ll. 43).

sud Y mae *lliw* a *sud* yn gyfystyron. Gellid atalnodi yn wahanol *Carl o liw, sud carl o Sais*, ond *sud* sydd yn yr orffwysfa, ac yn y canu bydd cymalau'r frawddeg a rhaniadau'r gynghanedd yn mynd law yn llaw. Y dewis arall yw derbyn mai ffurf ar y S. *shit* yw *sud* yn y fan hon. I ddiwedd yr 16g. y perthyn yr enghreifftiau cynharaf o'r e. yn S., ond digwydd y f. gyfatebol yn gynnar yn y 14g., gw. OED² xv, 286–7.

Sais Dilornus a difriol yw'r cyfeiriadau at y Saeson, megis at yr Iddewon, gw. isod llau. 8 a 31. Ond, yn wyneb yr hyn a awgrymir gan y geiriau *alltud* (ll. 17) a *gwestai* (ll. 35), efallai y dylid dehongli'r cyfeiriad yn llythrennol. Perthnasol yw sylwadau Saunders Lewis ar gywydd Dafydd ab Edmwnd i annog un o'i noddwyr i beidio â phriodi Saesnes yn *Meistri a'u Crefft*, gol. Gwynn ap Gwilym (Caerdydd, 1981), 124–31. Bardd arall a fynegodd ddymuniad tebyg oedd Hywel Dafi (gw. ei gywydd *Harri Mil, hwyr ymweled*). Arall, fodd bynnag, yw ymateb Lewys Glyn Cothi yn ei gywydd i Huw Conwy a'i wraig Elsbeth, gw. GLGC cerdd 222.

6 **mêl** Yn drosiadol, naill ai i. 'gweniaith', neu ii. 'cyfoeth, da bydol'. Ystyrlon hefyd yw'r darlleniad *moel* 'corun moel' (ac arwydd o henaint).

milain 'Taeog, dihiryn', gw. GPC 2455 ac isod 21.36n.

17 **cwcwallt** 'Gŵr i wraig anffyddlon'. Awgrymir na ddisgwylid i'r un wraig fod yn ffyddlon i'r gŵr hwn rhag ei hacred.

19 **cleddfoer** Cyfuniad o *cleddf* (cywasgiad o *cleddyf*) ac *oer*, ac ni ellir adfer y llafariad goll gan y byddai'r ll. o'r herwydd yn rhy hir o sillaf, ac yn cynnwys y bai crych a llyfn. Disgrifir y darpar ŵr yn un oer ei gleddyf, sef un sy'n amharod i ymladd, a cf. *cleddlwfr*, ll. 40. Ond gall yr arf dan sylw fod yn drosiad am aelod rhywiol y gŵr, ac os felly, un diserch, un sy'n anabl neu yn amharod i gyflawni ei ddyletswyddau rhywiol.

20 **rhuad awen** Gw. GPC 240–1 d.g. *awen*¹ ac *awen*². Ceir yma naill ai disgrifiad dychanol o faldorddi awenyddol y gŵr (*awen*¹) neu ddisgrifiad o ffynhonnell y sŵn (*awen*² 'asgwrn gên'; ond i'r flwyddyn 1632 y perthyn yr enghraifft gynharaf a ddyfynnir).

Wyth sillaf sydd yn y ll., ond ni welir y gair cyntaf yn nifer o'r llsgrau.

Fe'i cadwyd am ei fod yn cynnal y cymeriad geiriol.

22 **llwyd** Naill ai i. yr e.p., a gw. y nodyn brig, neu ii. 'llwyd ei wallt', am ei fod yn heneiddio, neu iii. 'diflas, di-liw'.

begergrwyd' *Beger* + *crwydr*; hepgorwyd y gytsain olaf er mwyn sicrhau'r odl.

Chwe sillaf yn y ll. 'Cywirwyd' y bai mewn ambell ffynhonnell, ond dilynwyd y darlleniad a welir yn y rhan fwyaf o'r llsgrau.

23 **pefrfrig** Digwydd *pefrig* yn nifer o'r llsgrau., ond ni restrir y cyfuniad yn GPC 2714.

27–8 Digwydd yr un cwpled yn y cywydd a ganodd Hywel Cilan i ofyn cymod Gruffudd ap Rhys ap Dafydd, gw. GHC XXIV.23–4.

36 **gweddwas** 'Gwas sy'n dilyn y wedd, llafurwr', ac atgyfnerthir y disgrifiad gan yr a. *caeth* 'bilain, taeog'.

39 **hoen hirbryd hin** Testun llawenydd i'r gŵr cybyddlyd yw'r adegau hir o ymprydio.

41 Dyfynnir y ll. *hadlesstr dail elesstr dulwyd* yn GPC 1204 d.g. *elestr*.

42 **Esyllt** Fe'i hystyrid yn safon prydferthwch, gw. TYP² 349–50. Ond priodol oedd ei chrybwyll yn y cywydd hwn o ystyried hanes ei charwriaeth â Thrystan, a'r ymryson amdani rhwng Trystan a'i gŵr priod, March. Cyfeirir at y tri chymeriad yng nghywydd Dafydd ab Edmwnd 'I ferch a briodasai hen ŵr', gw. DE XXI.35–8 *Trystan wyf trosti yn wyllt / yn ymossod am Essyllt / march yw hwn a merch yw hi / am meirchion yw amherchi.* Gw. ymhellach Ifor Williams, 'Trystan ac Esyllt', B v (1929–31), 115–29.

47 **gwrthun** Ffurf gyfochrog yw *gwrthfun*, gw. GPC 1722 a'r Amrywiadau. O dderbyn y ffurf fwy cyfarwydd, sicrheir rhagorach cynghanedd am nad oes ynddi *f* led-lafarog o dan yr acen. Ond gweler sylwadau D.J. Bowen ar arfer Gruffudd Hiraethog o beidio ag ateb cytseiniaid o dan yr acen yn GGH lviii.

22

Priodolir y cywydd i Siôn ap Hywel mewn pedair llawysgrif ddibynadwy, a hefyd yn Llst 122 (gw. isod). Cynhwyswyd yn y testun golygedig rai cwpledi nas ceir yn y ddwy lawysgrif gynharaf a berthyn i ddiwedd yr unfed ganrif ar bymtheg ond sy'n digwydd yn y ddwy lawysgrif o'r ail ganrif ar bymtheg. Er mai 34 llinell sydd yn y fersiwn a gopïodd Wiliam Bodwrda yn Llst 122, cofnododd 10 llinell arall ar ymyl y ddalen (gw. td. 84; nodir y rhain mewn teip eidalaidd. Nid oes dim i ddangos i'r darllenydd ym mha le y disgwyliai Wiliam Bodwrda iddo leoli'r ddau gwpled olaf).

Cyhoeddwyd y cywydd yn WLl XCV, ond y mae hyn yn destun syndod oblegid ni phriodolir y gerdd i Wiliam Llŷn yn yr un o'r llawysgrifau, gw. MFGLl 4347. Enwir Dafydd ap Gwilym mewn un llawysgrif, ond ni thrafodir awduraeth y cywydd yn yr adran 'Cerddi amheus ac annilys' yn GDG. Fe'i priodolir hefyd i Robin Ddu (gw. llawysgrifau GHI), ond 26 llinell o blith 52 llinell y testun golygedig sydd yn y tair llawysgrif hyn; nid yr un yw trefn y cwpledi, a digwydd yn y tair hefyd 12 llinell nas ceir yn y ffynonellau eraill.

6 *m* berfeddgoll. Gellid ei hosgoi trwy fabwysiadu'r darlleniad *Yn y bedd* ...

23 **Elen** Elen Fannog, gw. TYP² 343. Yr oedd a wnelo pob un o'r merched a enwir yn y rhan hon o'r cywydd (llau. 23–32) â rhyw anghaffael. Yr Elen hon oedd asgwrn y gynnen, *pann ddoeth gwyr Groec i ymladd a Chaer Droea i ddyal kribddeiliad Elen Vannog*.

25-7 **cad ... / Gamlan ... / ... Gwenhwyfar** Gw. TYP² 380–5. Cyfeirir at achos y frwydr yng Nghamlan yn y triawd 'Tair Gwŷth Balfawd Ynys Prydain' ... *A'r eil a drevis Gvenhvyuach ar Wenhvyuar. Ac o achavs hynny y bu Weith Kat Gamlan gvedy hynny*, gw. TYP² 144; hefyd *ib*. 206 (triawd 84). At hyn, diogelwyd gweddillion rhyw chwedlau am gipio Gwenhwyfar gan Fedrod, gw. BD 182–3, a chan Felwas, gw. TYP² 382, ac yng ngyd-destun y cywydd hwn, y mae'r hyn a honnir am Wenhwyfar yn y triawd 'Tair Anniwair Wraig Ynys Prydain' yn arwyddocaol, *Ac un oed aniweirach nor teir hynny: Gwenhwyvar gwreic Arthur*, gw. *ib*. 200.

30 Wyth sillaf yn y ll., ond gellir ei chywasgu yn saith sillaf.

31 **y fad felen** Y pla hwn a laddodd Faelgwn Gwynedd, ac yntau yn llochesu yn eglwys Rhos, gw. TYP² 437–41 ac ymhellach, John Cule, 'Pestis Flava: Y Fad Felen', *Wales and Medicine*, ed. John Cule (Llandysul, 1975), 141–55. Hyd y gwyddys, nid oedd a wnelo unrhyw ferch â'r pla hwn. Fodd bynnag, cyhuddodd Gildas Faelgwn o ladd ei nai a phriodi ei wraig, a thybed a oes yma awgrym mai cosb am ei weithred ysgeler oedd y fad a'i lladdodd?

32 *n* wreiddgoll, neu *dd* berfeddgoll.

39 *n* wreiddgoll.

45 Cynghanedd lusg sy'n cynnwys yr odl *-em* / *-en*.

47 Cyfatebiaeth caled a meddal *g* = *c*. Ar gadw'r gysefin ar ôl ffurfiau 3 un.pres.dib. y f. yn diweddu yn *-o*, gw. Treigladau 213, a cf. ll. 51 isod.

47-8 Cf. y cwpled a ganlyn o gywydd Syr Dafydd Trefor 'I ofyn gordderch a thelyn i Syr Wiliam Gruffudd', gw. Dafydd Trefor: Gw 9.71–2 *Gwell i'm un a faco llo, / A'r henaidd, na'r wawr honno*.

48 Twyll gynghanedd *g*. Digwydd *wawr* yn llsgrau. DF, ond collir y cymeriad llythrennol o dderbyn y darlleniad hwn.

23

Priodolir y cywydd i Fedo Brwynllys (3 llawysgrif), i Ddafydd ap Gwilym (2 lawysgrif), i Ruffudd ab Ieuan ap Llywelyn Fychan (1 llawysgrif) ac i Ieuan Dyfi (1 llawysgrif tra llwgr). Ar y llaw arall, enwir Tudur Aled mewn 15 llawysgrif a Siôn ap Hywel mewn 13 ffynhonnell. Gellir priodoli'r cywydd yn bur hyderus i Siôn ap Hywel ar y tir a ganlyn:

 i. fe'i henwir mewn nifer o lawysgrifau annibynnol (y mae 5 o'r llawysgrifau sy'n enwi Tudur Aled yn llaw'r copïwr Llywelyn Siôn);

 ii. at ei gilydd y cyfan y mae trefn y cwpledi yn y testunau lle y priodolir y cywydd i Siôn yn rhagori ar drefn y testunau lle yr enwir Tudur Aled;

 iii. y mae'r cyflwyniad sy'n rhagflaenu'r cywydd mewn tri thestun yn awgrymu sut y cysylltwyd Tudur â'r cywydd.

Ymddengys mai bwriad y bardd oedd disgrifio merch o'i chorun i'w sawdl. (Perthnasol yw sylwadau A.T. Matonis ar y *descriptio pulchritudinis* yn ei hysgrif 'Nodiadau ar Rethreg y Cywyddwyr', *Y Traethodydd*, 1978, yn fwyaf arbennig tt. 155–61, a'i hymdriniaeth â dau gywydd sy'n gyson â'r patrwm hwn, sef 'I Ferch' Iolo Goch, gw. GIG XXIV, a 'Cywydd Merch' Gruffudd Gryg, gw. DGG LXXII.) Y mae i'r cywydd o'r herwydd gynllun pendant a amlygir yn yr holl destunau niferus. Serch hynny, gwelir bod rhai cwpledi yn eisiau mewn ambell destun, ac nid yr un drefn yn union a ddilynir bob tro. Yn wir, mewn un llawysgrif yn unig (sef BL Add 24980) y dilynir union drefn y testun golygedig, ac ni welir yn honno ddau gwpled sy'n digwydd yn rheolaidd yn y llawysgrifau eraill.

 Un cwpled ychwanegol a gafwyd y tro hwn, yn wahanol i'r cywydd blaenorol. Disgrifio'r bronnau a wneir yn hwn ac y mae'n arwyddocaol na welir yn y ddau destun sy'n cynnwys y cwpled newydd gwpled 33–4 sy'n cyflawni'r union swyddogaeth. Dadlennol hefyd yw safle ambell gwpled. Cymer llinellau 29–30 eu lle yn naturiol yn y testun yn y rhan o'r cywydd sy'n disgrifio'r wyneb (llau. 7–30), ond enwir y llaw hefyd yn y cwpled hwn, a hyn yn ddiau sy'n cyfrif am y modd y lleolwyd y cwpled yn yr adran sy'n disgrifio aelodau eraill y corff (llau. 31–50) mewn sawl ffynhonnell. Yn nhestun Brog (y gyfres gyntaf) 1, er enghraifft, dilyn y cwpled linellau 43–4 lle y crybwyllir y bysedd. Yn nifer o'r llawysgrifau, er enghraifft BL Add 14866, disgrifir y traed (llau. 45–8) ac yna'r dwylo (llau. 41–4) cyn dychwelyd at gwpled 49–50 lle y cyfeirir drachefn at y traed.

 Cyhoeddwyd y cywydd yn J.C. Morrice, *Detholiad o waith Gruffudd ab Ieuan ab Llewelyn Vychan* (Bangor, 1910), cerdd XXIV, yn seiliedig ar lawysgrif BL Add 14880. Gwyddai Gruffydd Robert am y cywydd a dyfynnir tair llinell yn y drafodaeth ar y cynganeddion sydd ganddo yn ei ramadeg, gweler G.J. Williams, *Gramadeg Cymraeg gan Gruffydd Robert* (Caerdydd, 1939), [241], [267].

3 *n* wreiddgoll.

5 *m* wreiddgoll.

8 Cyfatebiaeth th = th..dd.

10 Nid atebir *r* o dan yr acen yn yr orffwysfa.

15 Ysgrifennwyd 'pengoll' ar ymyl y ddalen yn Card 2.68 [= RWM 19] a thrachefn yn CM 10.

25 Chwe sillaf yn y ll. oni chyfrifir *dadl* yn air deusill, ond gair unsill sydd ei angen ar gyfer yr odl; cf. 6.49 a 25.21.

34 *f* led-lafarog.

48 **ffwrwr** Ffurfiau cyfochrog yw *ffwr*, *ffwrw*, *ffwryr*, gw. GPC 1331 a'r Amrywiadau. *Pwrffil* sydd yn nhestun BL Add 24980. Ychwanegwyd *porphor* ar ymyl y ddalen, ynghyd â'r nodyn 'Pwrffil the train of a gown but it cannot be the right word here because it makes a great fault in the verse'.

49 **eira** Gwelir y ffurf unsill *eiry* yn 21.24, a digwydd yr un ffurf mewn cynifer â deg o'r llsgrau. sy'n cynnwys y cywydd dan sylw (*liw eiry* yw'r ymadrodd yn nifer o'r rhain), ond y mae'r rhan fwyaf o'r ffynonellau yn ategu darlleniad y testun.

50 *r* wreiddgoll.

53 *n* wreiddgoll.

54 *n* wreiddgoll.

56 *n* wreiddgoll.

63 Chwe sillaf yn y ll., ac felly mewn sawl llsgr. gynnar, e.e., Card 3.4 [= RWM 5] a LlGC 13067B. Y mae'n amlwg fod y copïwyr yn ymwybodol fod y ll. sillaf yn brin a dengys yr Amrywiadau sut y ceisiwyd ei chywiro.

24

Dwy lawysgrif sy'n priodoli'r cywydd i Siôn ap Hywel, ond fe'i hawlir yn betrus i'r bardd hwnnw ar sail yr ystyriaethau a ganlyn:

i. fe'i henwir yn y llawysgrif gynharaf, sef Pen 76 (ond Bedo Brwynllys a enwir yn Llst 163). Enwir Bedo Brwynllys mewn 11 llawysgrif, ond un gynsail gyffredin sydd i'r rhain;

ii. y mae fersiwn Pen 76, a'r testun cyfatebol yn Pen 184, yn helaethach na'r hyn a geir yn Llst 163 a'r llawysgrifau eraill sy'n ei dilyn (deugain llinell sydd yn Llst 163), ac y mae'r drefn yn fwy ystyrlon.

Ni chynhwyswyd y cywydd yn y detholiad CSTB.

1 Dyfynnir y cwpled cyntaf—*y ddyn vwyn ni ddoe n vol / nos da ir wyneb estronol*—yn Pen 221, 154.

2 *n* wreiddgoll.

4 Twyll gynghanedd *dd*, ond ceid ll. reolaidd o ddilyn darlleniad llsgrau. C–L, sef *fun weddusteg*.

21 Camosodiad n.d = d.n.

25–8 Awgrymodd G.E. Ruddock, 'Prydferthwch Merch yng Nghywyddau Serch y Bymthegfed Ganrif', LlCy xi (1970–1), 168, fod yma gyfeiriad at arferion ymbincio'r merched, ond tebycach mai crybwyll yr arfer o beintio lluniau neu bortreadau sydd yma. Bydd llun o'r ferch yn ysbrydoli dynion wedi i'w rhawd ddaearol ddirwyn i ben, a cf. IGE[2] XXXVIII.21–4 *Gwn na wnaeth, gwae ni neithiwyr, / Paentiwr balch ar galch neu gŵyr, / Llun gŵr, a'i roi'n llawn o ged, / Na delw cyn brydoled* (Gruffudd Llwyd).

29 *m* wreiddgoll.

38 *r* wreiddgoll. Unwaith eto, gellid cryfhau'r ll. (ond heb wella'r ystyr) trwy ddilyn llsgrau. C–L.

41 *n* wreiddgoll.

44 *f* led-lafarog.

46 *f* led-lafarog, ond gellid diwygio'r ll. *O fewn pwys rwyf yn pasiaw*.

53–4 Y mae darlleniad Card 2.1069 yn gwbl wahanol i'r hyn sydd yn y llsgrau. eraill, ond cymerir mai amrywiad ar y cwpled dan sylw sydd yn y llsgr. honno yn hytrach na chwpled annibynnol oherwydd yr un yw'r brifodl, a digwydd yn yr un safle yn union â'r cwpled cyfatebol sydd yn llsgrau. C–L (yr un yw trefn y cwpledi yn y dosbarth hwn o lsgrau.).

54 **duun** Ni cheir yr ymadrodd hwn yn yr un o'r llsgrau., ond nid yw'r darlleniad *yn un â'm dynion i* yn un ystyrlon, a rhaid oedd ei ddiwygio. Diau mai wrth gofnodi'r hyn a glywyd ar lafar y digwyddodd y llygru.

n wreiddgoll.

57 **Moesen** 'A Moses ydoedd fab ugain mlwydd a chant pan fu efe farw: ni thywyllasai ei lygad, ac ni chiliasai ei ireidd-dra ef', gw. Deuteronomium xxxiv.7. Mydryddir sylwedd yr adnod gan Lewys Glyn Cothi, gw. GLGC 193.31–2 *Moesen fu farw o henaint, / ni bu ar hwn wybr o haint.*

25

Priodolir y cywydd i Siôn ap Hywel mewn un llawysgrif gynnar, sef Pen 76, ond enwir Dafydd ab Edmwnd mewn 11 ffynhonnell. (Trwy amryfusedd y tadogwyd y cywydd ar Iolo Goch yn RWM ii, 127. Gwelir dechrau'r cywydd yn llawysgrif Card 2.114 [= RWM 7], a diwedd cywydd wrth enw Iolo Goch ar y ddalen nesaf.) Y mae'n amlwg fod ansicrwydd ynghylch awduraeth y cywydd o gyfnod cynnar oblegid enwir y ddau fardd (ond enw Siôn sy'n digwydd gyntaf) mewn pum ffynhonnell. Hoffai Dafydd ab Edmwnd lunio cerddi gorchestol, a phob llinell yn dechrau â'r un llythyren—gw. cerddi DE I, VI, VIII, X—ond dilynodd Siôn ap Hywel, yntau, yr un arfer yng ngherdd 20, a geill mai ei gywydd ef yw hwn.

Yn achos cerddi 22 a 24, yr oedd trefn y cwpledi yn y llawysgrifau lle y priodolid y cywydd i Siôn yn bur wahanol i'r drefn yn y llawysgrifau eraill lle yr enwid bardd arall. Yn yr achos hwn, yr un yw'r drefn yn yr holl lawysgrifau.

Cynhwyswyd y cywydd yn y casgliad o ganu Dafydd ab Edmwnd, gweler DE XIX.

1–8 Cyffelyb yw agwedd y bardd at ei bwnc yn llau. agoriadol cerdd 23, a dygir i gof sylw Saunders Lewis ar ganu serch Dafydd ab Edmwnd: 'Ond y cywydd, nid y ferch, oedd ei wir gariad ef. Ysmaldod hapus ydyw caru iddo ef ...', gw. 'Dafydd ab Edmwnd', *Meistri a'u Crefft*, gol. Gwynn ap Gwilym (Caerdydd, 1981), 129.

2 **hinon** 'Tywydd (teg)', gw. GPC 1868; yma. yn ffig. 'merch brydferth, merch o bryd golau'.

4 *byn ben gall* nid *byn hen gall* yw darlleniad Pen 76 er gwaethaf *Peniarth 76*, copïwyd gan E. Stanton Roberts (Caerdydd, 1927), 98.

bwy'n bynnag Gw. GPC 2947 d.g. *pwy*[1], *pwy un bynnag*; hefyd GSC 19.2n a cf. GIF 8.13–14 *Pen holl Went, pwy'n well a wedd / pwy'n bynnag fo pen bonedd?*

13 Digwydd y cwpled yn LlGC 6077B, 190, a'i briodoli i Ddafydd ab Edmwnd.

17 **bwyd i lân gorff** Perthnasol yw'r hyn a ddywed Gilbert E. Ruddock am gusan y ferch ac am y weithred o gusanu, gw. 'Rhai agweddau ar gywyddau serch y bymthegfed ganrif', *Dafydd ap Gwilym a Chanu Serch yr Oesoedd Canol*, gol. John Rowlands (Caerdydd, 1975), 95–116, ond yn fwyaf arbennig tt. 110–16 lle y gelwir sylw at gyfeiriadau yn y canu at y cusan yn gyfrwng bywyd a chynhaliaeth.

19 Cf. DE VI.27–8 *kari a wnaeth kowrain wedd / kyd bwysso koed ai*

byssedd.

21 Gelwir sylw at y ll. hon, ac at rai eraill lle y ceir sillaf gadarnleddf yn
safle'r brifodl, yn J. Morris-Jones: CD 150–1. Cf. uchod 6.49 a 23.25n.
Gwelwyd un enghraifft arall yng nghanu Siôn Ceri, gw. GSC 13.5–6.

26 Cadwyd darlleniad Pen 76, er mai chwe sillaf sydd yn y ll. ac er ei bod
yn cynnwys cynghanedd bengoll. Gwelir hefyd nad yw'r sangiad *bryf
wych* yn wahanol iawn i'r hyn sydd yn ll. 2, sef *bryf hynaws* (ond
digwydd y gair *bryf,* a allai fod yn ddieithr i'r copïwyr, yn un arall o
gywyddau Siôn, gw. 10.43, 45). Ceid ll. gywir o ran ei hyd a'i
chynganeddiad o dderbyn y darlleniad sydd yn y rhan fwyaf o'r
llsgrau., *Brofiad ar ddyn wastad wych.* Sylwer, fodd bynnag, mai
cynghanedd sain sydd yn y ll. hon, ac nad oes yr un gynghanedd sain
arall yn y cywydd. Pennawd y cywydd yn BL Add 14866 yw 'Cowydd
merch yn cadw'r un cymeriad ar y llythyren B trwyddo, a chroes
gynghanedd yn y rhan fwya ohono'.

30 Camosodiad dd.f = f.dd.

33 **anach** i. 'anhawster, rhwystr; rhwystr cyfreithiol rhag priodi'; ii. 'achos,
achlysur', gw. GPC 104.

37–8 Y mae amlwg fod yr hyn sydd yn y rhan fwyaf o'r llsgrau. yn llwgr,
oblegid ailadroddir *blin* a *blaenor* yn nwy fraich y cwpled. Yr ail l. sy'n
digwydd gyntaf yn llsgrau. HJKT.

43 **brawychus** 'Dychrynedig, ofnus, llwfr' a gynigir yn GPC 313, ond
'dychrynllyd, arswydus, erchyll' sy'n gweddu orau yn y cyd-destun.

44 Dyma'r unig ddarlleniad sy'n rhoi cynghanedd, gw. yr Amrywiadau.

50 Cymerwyd mai'r ffurf ferfol sydd yn y ll. (a'i dilyn gan yr arddodiad *i*),
ond *beri hoyw fvn* yw darlleniad Pen 76. Geill mai e. yw *beri* yma
(ffurfiau cyfochrog yw *bery* a *beryf*), sef 'aderyn ysglyfaethus, barcud',
gw. GPC 276.

51 *n* berfeddgoll.

26

Copi o Card 2.4 [= RWM 11] yw LlGC 95B, ond neidiodd llygaid y copïwr
o frig un tudalen i frig y nesaf, a chollodd un cwpled ar ddeg o ganlyniad.

1–2 Gwelir y cwpled cyntaf yn Pen 221, 72, *y gwyr a wnai yr gaer yn well /
di yskymvn nid oes gymell.* Nid annhebyg i'r ll. agoriadol y ll. hon o
eiddo Syr Dafydd Trefor, *P'le mae Edwart, plwm ydych, / Y gŵr a wna'r
gaer yn wych?* gw. Dafydd Trefor: Gw 228.

10 *n* wreiddgoll.

18 **gilt** Ffurf sy'n cyfateb i *gild*, ond nis nodir yn GPC 1398. *Gildwyr* yw'r ffurf a ddefnyddiodd y bardd yn ll. 11, a thrachefn yn ll. 13.

32 **dur** Fe'i crybwyllir drachefn yn ateb Gruffudd ab Ieuan, gw. 27.30 *Gwadu Duw wrth godi dur*. Trosiad am gleddyf neu arf arall yw *dur* ran fynychaf, ond nid yw hynny'n taro yn y cyd-destun. Tybed ai trosiad am y dis a'i gyfansoddiad caled ydyw, neu am y llestr yr yfid ohono?

38 **Caerloyw** Yn llsgr. A yn unig y digwydd y darlleniad hwn.

44 **bag** 'Crafanc' yn hytrach na 'cod' (ond gthg. ll. 6), ond i ddechrau'r 17g. y perthyn yr enghraifft gynharaf a gofnodir yn GPC 249.

51 Ni cheir cyfatebiaeth o dan yr acen.

56 **na choeliwch** Diau fod yma amwysedd bwriadol, a gellid deall i. 'peidiwch â chredu['r sawl sy'n gweld bai arnoch]', neu ii. 'peidiwch â rhoi benthyg ar goel'.

27

O'r ddau gywydd, hwn a apeliodd fwyaf at y copïwyr. Diogelwyd 20 copi o gywydd Siôn, a 30 copi o'r ateb. Digwydd y ddau gyda'i gilydd mewn 17 ffynhonnell (18, o gyfrif llawysgrif goll John Jones, Gellilyfdy, gw. 26.1n a 27.1n).

Dwg ateb Gruffudd ab Ieuan i gof gywydd enwog Iolo Goch i'r llafurwr, gw. GIG XXVIII. Rhoddwyd y geiriau *Cymryd parti yr Hwsmon yn erbyn y rhai a roent ogan iddo* uwchben y cywydd yn llawysgrif Card 4.156 [= RWM 64], ac yn LlGC 16129D *K. Atteb ir k vchod yn gwardd anhwsmoneth ag yn anog i hwsmoneidd dra.* Dewis Glanmor Williams ddeall neges cywydd Iolo Goch yng nghyd-destun pregethau'r oes, a'u pwyslais ar rinweddau megis diniweidrwydd a diymhongarwch, gw. WCCR 187–8; ond meddylfryd gwleidyddol y bardd a fynegir yn y cywydd yn ôl Dafydd Johnston, gw. *Iolo Goch* (Caernarfon, 1989), 49–51; *Barn*, 345 (Hydref 1991), 27–9.

Trafodais y cywyddau a ganwyd i'r cardiau yn fy ysgrif 'Ysgrifen y Fall', *Dwned*, ii (1996), 95–117. Galwyd sylw yn y fan honno at y chwarae a oedd yn seiliedig ar sicrhau llaw a oedd yn werth un pwynt ar hugain neu un ar ddeg ar hugain, a chyfeirir at yr un chwarae yn y cwpled ychwanegol sy'n digwydd yn llawysgrifau RS.

Priodolir yr ateb i'r bardd Gruffudd ab Ieuan ap Llywelyn Fychan mewn 13 llawysgrif, ac at y rhain gellir ychwanegu'r tair sy'n enwi Gruffudd ab Ieuan, ynghyd â dwy wrth enw Gruffudd ap Llywelyn ab Ieuan Fychan ac un wrth enw Gruffudd ap Hywel ap Llywelyn Fychan. Ni phriodolir unrhyw gerddi eraill i'r ddau fardd olaf. Enwir Gruffudd ap Llywelyn Fychan mewn pum ffynhonnell. Bu cryn gymysgu rhyngddo a Gruffudd ab

Ieuan, a thadogir nifer o gerddi ar y ddau fardd (gw. MFGL1 1023–4). Ni phriodolir unrhyw weithiau eraill i Rys ap Morys (gw. *ib*. 3270), a ffigur digon annelwig yw Ieuan Du ap Dafydd ab Owain o Frycheiniog, yntau— priodolir tri o'r chwe darn wrth ei enw i feirdd eraill (gw. *ib*. 1772).

1 Gwelir y ll. hon yn y gyfres 'Eiry mynydd', gw. Rhys Jones, *Gorchestion Beirdd Cymru* (Amwythig, 1773), 12.

1–2 Digwydd y cwpled cyntaf yn Pen 221, 58 *dvw a weryd i wirion / a dvw a wyr synwyr sion*.

9 **arddwyr** Sef ffurf l. *arddwr*, sef i. 'llafurwr, amaethwr', neu ii. 'aradrwr', gw. GPC 189.

11 *n* wreiddgoll.

12 *a gweithred da* yw darlleniad llsgrau. BEF; cyfeiriad, ond odid, at Saith Weithred y Drugaredd.

14 *f* led-lafarog; *r..r* berfeddgoll.

15 **diwynwyr** Amrywiad ar *difwynwyr*, un. *difwynwr* 'llygrwr', gw. GPC 988.

17 Camosodiad f.l = l.f; *r* berfeddgoll.

21 Nid oes gynghanedd yn y ll. Serch hynny, dyma ddarlleniad y llsgrau. gorau. Ystyrlon hefyd—a chywir o ran y gynghanedd—yw'r darlleniad *Ymgeintach yn ddiachos*. Ar *ceintach* 'grwgnach, tuchan; cweryla', gw. GPC 454.

22 *n* wreiddgoll.

23 **brydanieth** Sef i. 'poethder, gwres', neu ii. 'nwyd, angerdd', gw. GPC 339. Er mai -*eth* yw'r odl, gwelir y terfyniad llenyddol -*aeth* yn nifer o'r llsgrau. Ysgrifennwyd *brydaniaeth* yn y lle cyntaf yn llsgrau. FP, ond dilewyd yr *a*.

26 **gloddest** Be. yma, 'gwledda', ond i ddiwedd yr 16g. y perthyn yr enghraifft gynharaf a welir yn GPC 1409.

27 **ffest** Yr a. i. 'cyflym, dygn', a ii. 'sicr, diogel', gw. GPC 1285, yn hytrach na'r e. 'gwledd'.

28 Y mae yma gynghanedd lusg reolaidd, ond ni chaniateid y gynghanedd honno yn ail fraich y cwpled. Ceir yma hefyd gynghanedd groes ac ynddi *f* led-lafarog a thwyll gynghanedd *l*.

30 **dur** Gw. 26.32n.

35 Cynghanedd lusg deirodl, ond ni welir y ffurf lafar *mameth* ym mhob un o'r llsgrau.

40 **sychedfod** 'Syched'; cofnodir y ffurf yng ngeiriadur William Salesbury (1547).

44 Wyth sillaf yn y ll., ond y mae sawl amrywiad ar y ll. Gellid y saith

sillaf angenrheidiol o dderbyn y darlleniad *Rhai i fythod i'w rhoi i fethu.*

45 Ll. arall sy'n ddigynghanedd, ond gellid goresgyn y diffyg o dderbyn y darlleniad *nid gwledydd glod.* Tybed a oes yma enghraifft o drin *gwladwyr* yn eb. ar ddelw *pobl*? Ar y modd y treiglir yr a. ar ôl y gair hwnnw, gw. Treigladau 11.

49 *f* led-lafarog.

59 **di-iawnwyr** Nodir y ffurf *iawnwr* a'i ffurf l. *iawnwyr* yn GPC 2007 (enghraifft gynharaf 1603). O'i ragflaenu â'r negydd *di-*, ceir yr ystyr 'dihiryn, gwalch'. Ond digwydd *diwynwyr* mewn sawl llsgr., gw. 27.15n uchod.

60 **rhai'n ardwyr** *Cardwyr* yw'r ffurf a ddefnyddir yn ll. 15, ond nid yw'r gynghanedd yn caniatáu'r ymadrodd *yn gardwyr.* Fe'i trinnir fel pe bai iddo ffurf gyfochrog *gardwyr*, ond ni welwyd enghraifft arall (nac o'r ffurf *gard* yn amrywiad ar *card*).

28

1 11 sillaf yn y ll., a phum sillaf yn ail l. y paladr.

7 Cynghanedd lusg wallus ac ynddi odl *-an* = *-om*, ond cf. 22.45.

29

Ceir yr un pennawd air am air (i bob pwrpas) yn y tair llawysgrif.

30

3 *n* wreiddgoll.

4 Diwygiwyd y ll. er mwyn sicrhau'r saith sillaf angenrheidiol.

31

Gelwir y cwpled yn 'Englyn' yn llawysgrifau EIJ, ond 'Toddaid' sydd uwch eu pennau yn BL Add 14964. Defnyddir y ddau gwpled (ond heb enwi'r beirdd) i enghreifftio 'Dadymchweliad' yn Henri Perri, *Egluryn Ffraethineb* (atgynhyrchiad, Caerdydd, 1930), 66. Copi Wiliam Bodwrda o'r gwaith sydd yn llawysgrif H. Rhwng y ddau gwpled yn llawysgrif A, digwydd y canlynol *Gwegi tragwegi trwy goegedd gwegi / ni by tragwegi na bai trwy goegedd.*

32

6 Twyll gynghanedd *ch*.

9–10 Cf. esgyll yr englyn a briodolir i Ddafydd Ddu o Hiraddug yn GEO 187.

10 **alltudion** Ysgrifennwyd *gwr kaethion* ar ochr y ddalen yn llsgr. B.

Twyll gynghanedd *g*.

Atodiad i

Anodd gwrthod y cywydd hwn i Ddafydd ap Gwilym ar sail y llawysgrifau. Diogelwyd y gerdd mewn 46 ffynhonnell, ac fe'i priodolir i Ddafydd ym mhob un ac eithrio LlGC 1246D, er bod peth amheuaeth yng ngolwg copïwr llawysgrif Card 4.330 [= Haf 26]: 'D ab Glm meddantwy a thebig mae gwir'. Fodd bynnag, ni allai Thomas Parry dderbyn i Ddafydd ganu dau gywydd i'r niwl, a thybiai fod ffurfiau megis *mynd* (ll. 5), *eira* (yn ddeusill, ll. 35) yn y cywydd dan sylw, a'r ffaith mai prin yw'r geiriau cyfansawdd, yn awgrymu mai i gyfnod diweddarach y perthyn. 'Yn wyneb hyn i gyd, teg, mi gredaf, yw tybio mai A [GDG 63] yw gwaith Dafydd, ac mai rhywun heb fod yn hir iawn ar ei ôl—yn nechrau'r 15g. efallai—a ysgrifennodd B ['Oed â'm rhiain addfeindeg'], a bod y bardd hwnnw'n gwybod am gywydd Dafydd', gw. GDG c–ci. Ni wyddai Thomas Parry ar y pryd am destun LlGC 1246D, a D.J. Bowen oedd y cyntaf i alw sylw at hwn, gw. ' "Oed â'm rhiain addfeindeg" ', B xvi (1954–6), 103; hefyd 'Barddoniaeth yr Uchelwyr', LlCy iv (1956–7), 231. Cyfeiriodd D.J. Bowen at dair ystyriaeth o blaid derbyn tystiolaeth y copïwr, Rhys Jones o'r Blaenau, a dadogodd y cywydd ar Siôn ap Hywel, sef i. yr oedd yn ŵr hyddysg yn y traddodiad barddol. Bellach gw. A. Cynfael Lake, 'Rhys Jones: y golygydd a'r bardd', YB xxii (1997), 204–26. Sylwer, fodd bynnag, mai i Dudur Aled y priodolir rhif 23 (*Medra' o'm pwyll* …) yn LlGC 1246D, ac mai i Ddafydd ab Edmwnd y rhoddir rhif 25 ('Bwriais fryd, briwais y fron') yn yr un llawysgrif; ii. yr oedd y traddodiad llafar yn hyfyw yn ei ddyddiau ef; iii. geill iddo weld llawysgrifau sydd bellach wedi eu colli.

O ystyried darlleniadau LlGC 1246D, ymddengys mai cynsail ysgrifenedig a oedd gan Rys Jones. Camgopïodd y geiriau *tugeuwern taith* yn ll. 44—*fignwern faith* sydd yn y rhan fwyaf o'r llawysgrifau eraill. At hyn gellir ychwanegu un ystyriaeth arall. Yn nhestun Rhys Jones yn unig y digwydd cwpled 23–4, a dyma awgrym fod iddo ryw gynsail annibynnol. Gwelir y cwpled hwn, fodd bynnag, mewn un man arall, yn Card 4.156 [= RWM 64], yr unig lawysgrif sy'n cynnwys yr holl gwpledi, gan gynnwys y pedwar ychwanegol. Nid dibwys mai gwraig o Feirion a gopïodd y llawysgrif hon. Ar Margaret Davies, gw. ByCy 131.

Seiliwyd y testun ar lawysgrif Rhys Jones, a dilynwyd ei drefn ef. Gellid cryfhau ambell linell, a chyfoethogi'r ystyr, trwy dderbyn darlleniadau rhai o'r llawysgrifau eraill, er enghraifft, *Mwg ellylldan o Annwn* (ll. 21), *Fal uffern, i fignwern faith* (ll. 44), ond dewiswyd dilyn LlGC 1246D hyd yr oedd modd. Gwelir bod cryn amrywio yn nhrefn y llinellau yn yr amryfal lawysgrifau, nid yn gymaint yn y rhan agoriadol a'r rhan sy'n cloi'r cywydd, ond yn y rhan lle y dyfelir y niwl.

Cyhoeddwyd y cywydd yn y cyfrolau a ganlyn: BDG XXXIX; DGDG XXXXIX; DGG XXXIX; DGA cerdd 43.

2 **talgrwn** Rhoddir iddo'r ystyr *'precipitate, straightway'* gan William Owen-Pughe yn ei eiriadur, gw. *A Dictionary of the Welsh Language* (Denbigh, 1832) ii, 524. Dyfynnir y cwpled hwn d.g. a'i gyfieithu fel a ganlyn: *'An assignation with my love I made / Straightways to meet her in the shelter'd glade'*.

8 **cau** Fe'i dosbarthwyd yn GPC 441 o dan yr ail ystyr, 'yn cau neu'n amgáu', ond y mae'r ystyr gyntaf yn ddilys hefyd, sef 'ffals, twyllodrus'.

10 *n* wreiddgoll.

13 Cynghanedd lusg o gyswllt.

21 Bai trwm ac ysgafn.

22 **abid** *a byd* gan Rys Jones.

29 Y gytsain sy'n rhagflaenu'r acen yn unig a atebir yn y ll. hon.

49–50 Gellid atalnodi'r cwpled, a'i ddehongli, yn wahanol: *Ni wnaf oed, anhyf ydwy', / Ar niwl maith â'm hanrhaith* ['cariadferch'] *mwy*, ond dewiswyd cyplysu *oed* a *niwl*: 'Ni wnaf gyfarfyddiad â'r niwl helaeth; ofnus ydwyf bellach oherwydd y cam [*anrhaith*] [a gefais]'.

Atodiad ii

Unwaith eto, y mae'r dystiolaeth lawysgrifol yn gadarn o blaid Dafydd ap Gwilym. Iddo ef y priodolir y cywydd ym mhob un o'r llawysgrifau (canu Dafydd yw cynnwys llawysgrifau IJ, ac ni welir enw'r bardd wrth odre'r cywydd yn y ddau hyn), ond ni allai Thomas Parry dderbyn mai Dafydd a'i canodd ar gyfrif yr 'arddull rwydd a seml' (gw. GDG clxxii), ac ar sail tystiolaeth Syr Thomas Wiliems y cynhwysir y cywydd yn y casgliad hwn o ganu Siôn ap Hywel. Enw Dafydd a ysgrifennodd Thomas Wiliems wrth odre'r cywydd yn y lle cyntaf, ond ychwanegodd yn ddiweddarach *ai Jo: ap Ho: ap lln vychn.*

Er bod yr arddull, fel y nodwyd, yn 'rhwydd a seml', perthyn i'r cywydd gryn gamp oblegid ailadroddir yr enw Cadi ym mhob cwpled, a chan fod yr enw yn digwydd ar ddechrau'r llinell mewn naw cwpled yn y cywydd byr hwn, a'r bardd yn awyddus i sicrhau ei fod yn cynnal y cymeriad llythrennol yn y cwpledi hynny, ailadroddir y gytsain *c* ar ddau achlysur ar bymtheg (cf. cerdd 20 lle y cynhelir y cymeriad *h* trwy gydol y cywydd).

Digwydd y cywydd mewn deg llawysgrif, ond y mae'n amlwg mai un gynsail gyffredin sydd i'r holl destunau. Y mae'r cwpledi yn dilyn yn yr un drefn ym mhob fersiwn ac nid oes unrhyw wahaniaethau o bwys rhwng y naill destun a'r llall (ac eithrio ll. 22—gw. isod). Yn llaw Thomas Wiliems y digwydd y testun hynaf, ond chwe llinell ar hugain cyntaf y cywydd a gopïwyd ganddo yn y lle cyntaf; ychwanegodd linellau 27–32 yn ddiweddarach ar ochr y ddalen, ond ni welir y cwpled clo yn ei destun ef.

4 **Ofydd** Cyfeiria'r Cywyddwyr yn fynych at y bardd Lladin, Ovid, yn enwedig yn eu cerddi serch. Awgrymir bod Cadi yn awdurdod—*llyfr*—ar y pwnc hwn. Cf. GDG 50.1 *Salm yw 'nghof o lyfr Ofydd.*

19 *ni chair ond Cadi* a ysgrifennodd Syr Thomas Wiliems yn y lle cyntaf, ond rhoddwyd cylch o amgylch y gair *ond.*

22 Y mae'n amlwg fod yr hyn sydd yn y rhan fwyaf o'r llsgrau. yn llwgr. Ni cheir y ll. hon yn nhestun F, ond rhoddwyd marc i ddangos bod ll. yn eisiau. Ymddengys i Lewis Morris adael bwlch yn ei gopi ef (llsgr. H), a chwblhodd y ll. yn ddiweddarach. Mabwysiadwyd y darlleniad sydd yn Bangor 6 (ac yn CM 381 sy'n seiliedig arni), a diau mai Owain Myfyr a ddiwygiodd y ll.

27 Bai trwm ac ysgafn.

29 Chwe sillaf yn y ll. Ceisiodd tri o'r copïwyr oresgyn y bai, gw. yr Amrywiadau.

31 Ychwanegwyd *anian* mewn llaw ddiweddarach yn llsgr. B.

34 Rhaid wrth y ffurf lafar *chwedel* neu bydd y ll. sillaf yn fyr, ond mewn un llsgr., sef E, yn unig y ceir y ffurf hon, ac yn honno ychwanegwyd *chwedl* ar ochr y ddalen.

Geirfa

Os digwydd yr un gair neu ymadrodd fwy nag unwaith yn yr un gerdd, cofnodir yr enghraifft gyntaf yn unig. Oni chyfeirir at nodyn, ni restrir ffurfiau personol berfau—rhoddir berfenwau yn unig.

abad 1.11, 2.39, 19.59; *ll.* **ebyd**
1.42, 2.12, **abadiaid** 3.56
aberau 15.50n
aberffos 13.37n
aberth aberth yr offeren 2.12
aberthwr offerennwr 3.68
abid gwisg crefyddwr At.i.22
achreth cryd, twymyn 10.33
adameg lleferydd 25.21
adwy colled; argyfwng 25.37
adwyog 16.4n
adwyth drwg, aflwydd 5.26, 17.57
addfeindeg gosgeiddig At.i.1
ael ymyl, cwr 15.43
aelfras 21.44
aelwydaid llond aelwyd 3.86
aesawr tarian 8.76
aethnen 12.44n
afanc anghenfil (chwedlonol)
6.67, 21.21
afarwy 4.41n
aflafen 4.3n
afles niwed 4.39
afradlon 15.88n
afrlladen tafell denau o fara
croyw ar gyfer y Cymun 14.51,
18.33
afrwol anhrefn 27.4
afrwydd creulon, cas 17.32
anghred 19.22
anghrys 19.38n
ais gw. **asen**
alaeth tristwch, cwynfan 9.87

almari cwpwrdd 6.63
alloroedd 3.17n
alltud taeog, 21.17; *ll.* **alltudion**
32.10n
aml llaweroedd, lliaws 2.87
amwynt nychdod 24.45
anach 25.33n
anadlfawr 12.45
anap 8.28
ancur 5.52n
ancwyn cinio, gwledd 5.73
anhwyl aflawen 3.57; anhwylder
3.58
anhyf ofnus, dihyder At.i.49
anhygar anghwrtais; hagr At.i.27
anial eithafol, 25.47, **ynial** 15.79
anian eithafol 19.35
annerch cyfarch (â geiriau
cariadus) 20.9, 22.52, 25.7,
At.ii.27; *ll.* **anerchoedd** 22.9,
anerchion 22.13
anniben ofer, dibwrpas 2.73,
22.10
Annwn At.i.21
anrhaith ysbail 4.27, At.i.50n
antur enbydwaith 16.27
anturiwr rhyfelwr 8.18
anudon cam lw 15.52, 19.28
anudonol 27.28
anun diffyg cwsg 25.9
anwes anwyldeb 4.70
anwych gwael, llesg 21.9
arabedd digrifwch 1.42

coweth amr. *cyfoeth* 16.44;
  cowfaeth 11.85
crain cwymp, ymdreigliad 9.13
crair 3.31, 11.13, 15.5, 17.79,
  19.71
cranc corrach 21.21
crau gwaed 18.37
Cred 2.15, 3.31, 8.118, 9.110,
  11.13, 17.79, 19.24
credyn amr. *cred-ddyn*,
  crediniwr, dilynwr 19.11
crinfagl *crin* 'crimp; crintachlyd'
  + *bagl* 21.45
Cristion 3.51; *ll.* **Cristnogion**
  15.80
croenfaw 21.45
Croes 5.41, 7.7, 15.94, 16.45,
  19.16, **y Groes** 3.32, 15.5, 16.12;
  y Groesbawl 15.9; **y Groesbost**
  15.27
Croes Naid 9.49n
Crog, y Grog 14.84, 15.41, 16.4
Croglith 16.10
cronicl 2.71n
crupl efrydd 18.61, **crupul** 19.54;
  ll. **crupliaid** 15.65
crynwas dyn crintach, taeog,
  21.44
crynwst 9.13n
cryswaed 2.24
cryswen 21.5
cudd amr. *cufydd* 4.54
cun 11.43n, 17.42
cus cusan 25.17
cwcwallt 21.17n
cweryl 17.33
cwerylad 15.78n
cwlltwr llafn 29.2
cwmpnïo cyfeillachu 26.35
cwmwd 14.38; *ll.* **cymydau** 14.35
cwrel 3.59, 23.24
cwrffwr hwyrgloch 19.32
cwrt 5.27

cwyraidd celfydd 11.42
cyd cyfathrach (rywiol), uniad,
  At.ii.29; cytûn, 26.35; cyhyd
  8.97, 24.58
cyfair cyfeiriad 24.32
cyfannedd gw. **beirdd cyfannedd**
cyfiawnsyth 26.51
cyfliw arlliw 23.51
cyfrinach 11.62n
cyfrodeddu cydblethu 11.70
cyfrwysgall ystrywgar 1.30
cynghanedd *ll.* **cynganeddau**
  11.68
cymell annog, eiriol 15.70
cymynu torri i lawr 18.74
cymysg tryblith, anhrefn 2.83
cynhwyllyn cnewyll 9.58
cynhwynawl greddfol, dilys 21.13
cyniseifiaid 3.87n
cynnail 5.4n
cyrrith crintach 28.1
cystowci mastiff *ll.* **cystowcwn**
  32.6
cythrudd 8.23n
cytroed 19.30n
cywaethog amr. *cyfoethog* 7.84
cywir diffuant *ll.* **cywiriaid** 3.59
cywydd 11.36, 27.58
cywyddwr 4.62n
chwarwyfa 12.32n
chwegair 5.11n
chweinllyd aflonydd 27.36
chwemaib 10.17n
chwern gw. **chwyrn**
chweugain *ll.* **chweugeiniau** 1.50
chwyrn *b.* **chwern** 6.51
daearol 6.71n
daearu claddu 9.103
dafn diferyn *ll.* **dafnau** 15.50n
dal carchar, dalfa 7.37; daliad
  5.23
darllaw brag(u) 5.51n
daroganwr gŵr y darogenir ei

ffals 7.31
ffeirio cyfnewid 26.33
ffellych gw. ffollach
'ffernbryd gw. uffernbryd
ffest 27.27n
ffest gwledd 3.57
fflamgwyr cannwyll gynn 15.67
ffollach math o esgid uchel *ll.*
  ffellych 26.20
ffons ffynnon 18.9
fforddrych creulon 6.44
ffortun 2.34
ffres 3.49
ffresiant 5.28n
ffridd 4.10, ffrith 5.8, 6.31, 21.43
ffrom ffyrnig, sorllyd 21.43
ffrydwaed yn ffrydio gan waed
  15.96
ffwrwr 23.48n
ffyrf cadarn, sylweddol 1.24, 5.7,
  24.24
ffyrnbell At.i.33
gaflaid coflaid 3.71
gaflgrin *gafl* 'ffwrch' + *crin* 21.32
galaeth 8.101n
galarwisg 4.46
gar esgair 12.51
garddaid llond gardd 3.93
gardwyr ?27.60n
garrir 12.37n
garwchwedl 8.5
garwfaen 22.7
gem tlws 2.83, 6.92, 22.39, 30.1
genni cael ei gynnwys 5.12n
gerlant coron, torch o flodau
  14.16
gildiwr gwariwr *ll.* gildwyr 26.11
gilt tâl, 26.18n
glain 1.15, 17.8
glanbren 12.9
glanwych 25.25
glaswlith 13.57
glaswydd At.ii.4

glaswyn 13.45, 16.60; *b.* glaswen
  13.33n
glinfaw 21.11
gloddest 27.26n
gloen amr. *glöyn*, darn o lo 6.86
gloes artaith 4.23, 9.28, 16.9; *ll.*
  gloesion 3.83, 15.101
gloywdeg 25.15
gloywddu 10.62, 22.40, 23.14
gloywddwr 18.19
gloywloer 15.23
gloywlwybr At.i.7
gloywlwyd 1.15
gloywnaid 25.25
gloywsyth 23.17
glud llyffethair 7.48
glwth rheibus, trachwantus
  10.43, At.i.17
glwyswaed 18.7
gobant dyffryn At.i.45
goddaith coelcerth 2.7, 4.12, 6.14,
  7.15, 12.2, 16.32, At.i.23
gofal poen, blinder 4.29, 7.1,
  8.113, 15.2
goganu 27.6
goleudeg 13.63
goleuwen 13.56
golygordd amr. *gwelygordd*,
  gwehelyth, tylwyth 17.48
gorallt llechwedd 13.48, At.i.11
gor'chafiaeth awdurdod;
  buddugoliaeth 7.28
gordd yn ffig. cynheiliad 3.75
gordderch carwr 21.14
gorlliw llewyrch 23.43
gorthir ucheldir, blaeneudir 6.32
gosteg cyfres o englynion *ll.*
  gostegion 11.23
gown 6.64, 9.75, 16.78
grae ffwr 23.44
graeanwellt 5.2
graeanwyrdd 18.53
graen erchyll, alaethus 16.15,

25.51

gramadegwr gŵr hyddysg mewn gramadeg 11.17

gresynt 4.63n

griffwnt anifail chwedlonol 7.76

grisial amr. *crisial* 19.21, 23.34

Groeg 11.9n

grwn tir wedi ei aredig 14.65

grwndwal sail 2.78

gwaddod gweddillion; gwehilion 27.40

gwaedol o waed da 17.65

gwaedrawd cylchrediad y gwaed 18.40, 19.65

gwaedrestr wedi ei ystaenio â gwaed 15.77

gwaetgoll 15.63

gwaetgrys 15.93

gwaetgur 15.15

gwalltfelyn 7.39; *b.* **gwalltfelen** 22.28

gwaneg ffurf, gwedd 24.21, 28.3

gwanfost 11.30

gwarant 17.18

gwarantu 18.46

gwardd gwaharddiad 3.89

gwared gollyngdod, iechyd 18.8

gwargrach 21.22

gwasarn yr hyn a daenir ar lawr At.i.35

gwasg adfyd 7.35

gwastad, i wastad 3.10

gwawd moliant 11.6, 14.49, 20.2, At.ii.23

gwawn gwe At.i.39

gwawr arglwyddes 9.86

gwayw poen, dolur 17.50, 18.59

gwaywdan 12.25

gwaywlamp 13.8

gwden magl, 21.51

gweddusteg 24.4

gwedduswyn 23.21

gweddwas 21.36n

gweflgrach gwefldew, â gwefusau clafrllyd 21.32

gwefr sylwedd gloyw a ddefnyddid i addurno'r corff, 21.23

gweill 12.41n

gweini 6.79n

gweirbawr 12.37

gweirdir tir pori 14.66

gweli *ll.* **gwelïau** 16.14, 19.72

gwelïog archolledig 16.80

gwely daliad o dir etifeddol 17.9

gwenglaer 23.15

gweniaith 24.18

gwenlas gwelw 22.45

gwenloer 9.17n

gwenradd urddasol ei hach 22.23

gwenyn 3.47n, 5.4n,

gwerthyd offeryn nyddu ar ffurf gwialen 6.52

gweryd pridd 4.27, 9.62, 18.4

gwest lletygarwch 4.60

gwestai dieithryn; cardotyn 21.35

gwestwr ymwelydd *ll.* **gwestwyr** 14.76

gweunllethr 6.65

gwibiad crwydryn, ffoadur 3.9

gwieilddrain 15.30

gwinfaeth 12.3

gwingrofft 18.11n

gwinllawr 5.77

gwinllong 6.65

gwinwydd 3.45, 9.63

gwirDduw 19.12

gwirFab 15.74

gwirGrog 16.1

gwirion diwair, diniwed 15.51, 27.1

gwiriondeb perffeithrwydd, diniweidrwydd 19.66

gwirionwych 15.92

gwiwdlos 25.29

gwiwddoeth 15.86

gwiwddyn At.ii.3
gwiwlan 22.39
gwladwr brodor o wlad *ll.*
  gwladwyr 27.45
gwmon amr. *gwymon* 6.80
gẃnaid llond gŵn 3.99
gwns 13.54
gŵr y tŷ 2.65n
gwrda 7.23; *ll.* gwyrda 2.68,
  14.74, 27.60
gwreichion 15.55n
gwreigdda *ll.* gwragedd-da 9.52
gwridwaed 15.45
gwrolaeth camp, gwrhydri 10.72,
  19.27
gwrthban carthen At.i.25
gwrthun 21.47n
gwryd estyniad y breichiau 6.85,
  15.94, 16.46, 22.5
gwydio anafu, llygru 16.18
gwydni 19.50n
gwydyn parhaol 11.5
Gwyddel 17.27n
gwyddfa gorsedd, beddrod 19.58
gwynfraich *gwŷn* 'poen' + *braich*
  7.9
gwynfyd hyfrydwch 14.46
gwynias angerddol 8.54
gwŷr o fywyd gwŷr â moddion
  cynhaliaeth 26.46
gwyrda gw. gwrda
gwyrddlwyn At.ii.18
gwyreiddwallt 25.14
gwyrlas amr. *gwyrddlas* 14.16
gwyro 19.8n
gwyrthfaich 14.62
gwyrthfawr 15.57
gwysgerdd 20.5n
gwythen 18.31; *ll.* gwythi 10.48,
  15.13, 16.58, gwythiau 15.33
hadlestr ceillgwd 21.41
haeledd haelioni 5.47
haelfab 15.5

haelwych 12.26
hafnos 20.48
hagrliw At.i.41
hap 13.70, 23.63
hapio digwydd 26.15
hasti byrbwyll 21.16
hawddamawr 20.46; *ll.*
  hawdd'morau 20.44n
hawl ymchwiliad, prawf,
  gofyniad 13.63, 25.23; *ll.* holion
  15.91, 20.23
heiniar cynhaeaf 26.26
heinus amr. *heintus*, claf 18.57
helynt cwrs, helfa 19.49, 20.40
henaidd ac iddo olion henaint,
  musgrell 13.43, 21.30, 22.48
henaint 1.5n
henaur 9.57, 13.13
henawr hirhoedlog, 20.3
henoed henaint 2.63
henwaed 13.18
hepian pendwmpian 27.50
herod 20.37n
herwa 20.15
herwr *ll.* herwyr 8.52
heulwedd 19.30
hinon 25.2n
hiraethfyd 21.3
hirbryd ysbaid hir heb fwyd
  21.39n
hirddur 8.49
hiroed *hir* + *oed* 20.37
hiroes 2.89
hirwern hwylbren, ffon; coeden o
  deulu'r fedwen 6.52
hirwyn 7.56, 23.42; *ll.* hirwen
  13.55, 17.23, 23.2
hoced twyll, ystryw *ll.* hocedion
  15.61
hoen llawenydd, difyrrwch 21.39
holi edliw, dannod 26.55
holli 4.18, 8.98, 20.1
holliad 10.23n

hoywaith 6.69
hoywfaeth 22.27
hoywferch 11.41
hoywfun 20.5
hudol lledrithiol At.i.39
huddygl parddu 6.50
hug wiail 20.32n
huling gorchudd, mantell 13.34
hwsmon 26.43
hwstwr amr. *hwstr*, gwrthnysig
  21.16
hwylus hyfedr, diddig 12.26;
  parod 16.66
hwyr annhebygol, prin, araf 3.43,
  20.8, 27.60
hybarch mawr ei barch 12.19
hybwyll doeth 26.3
hydwyll 20.12
hydd gw. **llwdn hydd**
hyddfain 20.7n
hyfain 20.5
hyglef amr. *hyglau*, eglur, dilys
  19.70
hygoll colledig 9.33
hylog 6.79n
hylwydd llwyddiannus, buan
  19.49
hŷn hynafiad 3.47
hynaws 20.33, 25.2
iaen talp neu haenen (o iâ) 16.77
iaith cenedl 2.75, 4.50, 6.13,
  11.71, 19.8; *ll.* ieithau 4.31
iarll 7.46; *ll.* ieirll 2.98, 7.74,
  8.62, 10.16, 13.5, 14.57
iawnwaed 19.73
Iddew 21.8; Iddew frenin 19.4n;
  ll. Iddeon 15.81, Iddewon 19.29
iesin prydferth 18.7, 19.43
imp 11.83
impyn 19.41
Iôn 10.81, 15.98
Ionawr 3.19, 10.33, 13.49, 23.51,
  At.i.35

irad alaethus 8.25
iraid sylwedd brasterog 15.83
irber 10.73
irbraff 6.6
irdeb 19.63n
irddail At.ii.13
irddawn 2.51
irddur 15.10
irfrig 9.73
irgarw 7.50
irgoed 11.20
irieirll 9.118
irladd ffyrnig 8.39
irwaed 15.49
irwlad 7.18
irwydd pren ffrwythlon 12.14,
  19.53
larder cell lle y cedwir cig, &c.,
  14.74
leder arweinydd 1.27
Lladin 1.28n, 3.73; y Ladin 3.86n
lladrad llechwraidd 15.78
llaesgorff *llaes* 'gostyngedig' +
  corff 16.37
llaesgroth 6.83
llamu neidio, ymrain 6.74
llathrwen 21.12
llawerdraul 13.59
llawes godre, cwr *ll.* llewys 15.89
llawnbwys 24.44
llawndda 11.21
llawnwaith 13.27
llawnwin 18.9
llechlas 3.41n
llediaith ymadrodd sathredig
  11.11
lleisgryg 6.83n
llemain llamu 12.38
lleu 15.52n
llewaidd 8.15
llewych amr. *llewyrch* 9.2
lleyg *ll.* llygion 3.50
llibin llipa, salw, tenau 21.11

milain 21.6n

mingam gwatwarus *ll.*
  mingeimion At.i.46

m'lenwen gw. melenwen

m'lynwallt gw. melynwallt

moddawl lluniaidd 23.4

moddus lluniaidd 23.21

'mogor gw. ymogor

moldio 23.47

mordon ymchwydd y don 17.45

mor-dwrch morlo 6.68

mordwy tymestl, llifeiriant 7.23,
  11.88

morfur 5.26n

morlo 6.88n, At.i.28

morwch morlo 6.63

mud nwyddau, eiddo; cludiant
  6.24

mudwar 18.62

muraid llond mur 3.63

murddun 13.47n 26.24

murn brad, niwed 10.37

mwnai 1.4, 2.69, 4.45, 18.73,
  26.52

mwnwgl gwddf 18.7, 23.14

mwyarliw 6.88

mydr 23.1

Naf 17.23

naid llam, symudiad sydyn 3.90;
  tynged 4.69 (gw. hefyd deunaid)

nasiwn 3.37

nawdd-dir seintwar 1.8

nawdd Dduw 11.81n

nawnef 11.91

nawnyn 10.40n

nawradd 16.15n

neintio eneinio 2.25

neuaddaid llond neuadd 3.70

newid cyfnewid 9.101, 16.54

newyddaur 5.29

newydd-deg 28.2

nithiad gwyntylliad 5.69

nithio 3.51

nobl 14.4

nodi marcio, gosod nod ar
  rywbeth 8.27, 15.52

'nylu gw. enylu

ôd eira 6.60, 23.46, 24.21

od nodedig 1.33, 4.71, 14.34

oediog hynafol 16.24

oel ennaint 19.47

oelo eneinio 17.9

oerddig 18.61

oerdra oerni 21.43

oesir hir ei barhad, hirhoedlog
  16.3, 17.1

oesol oedrannus 2.13

oferwaith At.i.4

offeiriad *ll.* offeiriaid 3.57

offeren 17.29, 27.47

olau 1.7n

olew yn ffig. marwolaeth 3.39,
  7.18, 9.81, 10.9; hylif iechydol
  7.77, 19.24

ordor trefn 14.66

pab 1.62, 2.16, 5.14

padrau 2.33n

padriarch 2.33

pallwyth *pall* 'dinistr, diffyg' +
  llwyth 2.35

pân ffwr 7.80

pana amr. poni 2.35

para 4.42n

paradwys 18.14, pyradwys 4.9

parc 6.11, 9.107

parthlwyth At.i.40

pasg creaduriaid wedi eu porthi
  yn dda 14.67

pasio mynd heibio 25.38; rhagori
  12.20; trengi 24.46

patent hawl, braint-lythyr 10.63

pawl polyn, gwialen 6.56

pefrfrig 21.23

Peibl gw. Beibl

peintio 24.26

pêl cylch, sphêr 4.15

rhywioglawn 12.27

saethydd At.ii.25; *ll.*
  saethyddwyr 12.17,
  saethyddion At.ii.28

said carn 3.32

saig 5.55

Sais 1.32, 7.30, 21.2n; *ll.* Saeson
  6.17

Satana 19.68

sawd cyrch 19.68

sawyr arogl, blas 4.2

seguryd diogi, 27.36

sêl 1.34, 3.25, 4.43, 14.28, 19.62

seler *ll.* seleri 4.40

sens arogldarth, 16.13

sew 5.56

sgyrio gw. ysgyrio

sias 12.17

sidangrys 15.73

sir 7.30n

somi 3.29, 4.50

soredig pwdlyd 27.39

sorod sothach 26.5

sorri 13.7

sucan llymru 27.25

sud 21.2n

swrn lluosogrwydd 19.54

sychedfod 27.40n

sylfyd amr. *syflyd*, cyffroi, symud
  15.60

tagell rhan isaf y gwddf 6.58

taid hynafiad 7.33

tair talaith, y 14.10n

talaith 2.76 (gw. y tair talaith)

talgrwn At.i.2n

talgrych 6.44

tarad' ebill 18.54

taranffrom *taran* 'mawr' + *ffrom*
  'llidiog' 21.38

tario oedi, aros 2.44, 3.24, 6.26,
  8.42

tawdd *ll.* toddion 15.56 toddiaid
  3.46n

tegwedd teg ei wedd 19.31

teitl 6.23

teml 2.28, 16.78, 25.21; *ll.*
  temloedd 3.17n, temlau 14.56

testun gwatwar 22.46

tewddu 6.50

teÿrnwaed 3.26

tid cadwyn 11.54, 12.12

tirionog 14.19

toddiaid, toddion gw. tawdd

tolc 23.53

tom tail 21.37

ton[1] croen 5.59, 22.49

ton[2] gw. twn

top At.i.19

tor stumog, canol 5.3, 6.39

tôr mantell 6.70

toriad lluniad, ffurf 13.1

traws blin 21.40

trawsedd 7.43

treiglserch 21.49

triagl meddyginiaeth 18.19

trip tramgwydd 8.74

triphren 5.43, 16.45n

tromoes 2.91

trosol yn ffig. amddiffynnydd
  4.40, 5.17

trwbl 4.20, 17.77

trwch ysgeler 2.88, 9.59, 22.30,
  26.21

trwsgleiddlin *trwsglaidd* + *glin*
  21.40

trwstanwaith At.i.43

trwynffrwd 21.38

trymlaw At.i.25

trymlyd At.i.25

trymwas 6.49

tulath trawst 9.84

tuth trot 6.69n

twn toredig *b.* ton 9.98, 13.51

Twrc gŵr (tywyll ei groen) o
  wlad Twrci 6.59

twrch baedd 21.39

twrn 7.45, 21.45, 23.54

twymyn haint, yn ffig. coelcerth, goddaith; twym, gwresog, eithafol 5.30

t'wysogryw gw. tywysogryw

tyfod amr. *tywod* 4.54

tylwyth teg, y At.i.40

tymp cyfnod, ysbaid 6.55

tysino 9.30n

Tywell Ynys, y Dywell Ynys gw. Môn

tywysogryw 12.11

uchelfainc 14.50

uffernbarth At.i.33

uffernbryd 18.76

uffernddryll 15.95n

unawr 10.49

unbais 6.78

unDuw 18.35, 19.42

unfodd 20.41

unGwr 18.27

unnos 23.46

unrhodd 23.57

unyd *un + hyd* 23.36

urddastref 15.53

urddaswin 18.42

urddedig anrhydeddus 11.34

urddol anrhydeddus 2.51, 9.112

uthrfriw 15.19

uwchdan 13.40n

W 5.29n

wardrop 6.4

wb och 27.48

wtres diddanwch, croeso 3.36

wybrddydd 22.33

wythran 1.14n

ymdyrru 27.27

ymddifad *ll.* ymddifaid 3.67

ymddiriad un sy'n ymddiried *ll.* ymddiriaid 3.52

ymffusto taro 12.43

ymgasglu 27.19

ymgelwyddu 27.26

ymgyfrinach 27.21

ymogor lluniaeth, cysgodfa 4.32

ymorwedd 16.21

ymwared achubiaeth 7.8

ymwrdd trin, trafod, ymwthio 6.54

ynial gw. anial

ysgall 5.20

ysgarlad 23.50

ysgemydd 17.35n

ysglatys llechi 13.44

ysgolaid llond ysgol 3.85

ysgor amr. *esgor*, bwrw ymaith; goroesi 21.27

ysgyrio darnio 29.1

ysgyrsiad y weithred o fflangellu 15.98

ystyfnig gwrthnysig 15.89

ysur amr. *usur*, ocraeth 26.22

ysurwr y sawl sy'n rhoi arian ar fenthyg 26.5

Enwau personau

Adda 2.23, 9.113, 15.3; **Addaf**
16.34; **lluoedd Addaf** 9.69
Andras 6.10
Annes 20.24
Antwn 2.25n
Aron 6.35
Arthur 8.33
Arwystl Gloff 17.8
Asa 4.50n, 6.4, 10.60, 26.27
Awstin 3.85n
Bened 2.19n
Berned 2.16n
Beuno 2.20n, 3.90n, 18.18n
Brochwel 1.18n
Brutus 7.38n, 17.68n
Brychan 17.20n
Cadi At.ii.1
Cadw Ddoeth 2.32n
Cai 8.116n
Catrin 19.5; **Saint y Catrin** 18.6n
Crist 8.118, 11.73, 19.16 (gw.
hefyd **Iesu**, **Mab Duw**, **Mab
Mair**)
Cunedda 17.7
Cybi 14.81n
Cynan 14.50n
Cynfarch 14.46n
Cynog 17.2n
Dafydd (ab Edmwnd) 32.3
Dewi 17.46n
Dier 17.10n
Dofydd 2.3, 4.54
Dwynwen 9.39n, 14.82n
Dyfrydawg 17.13
Ector 8.35
Edyrn Dafod Aur 11.47–8n
Efa 15.1, 22.29
Eidol 8.71n
Eilian 14.82n
Einion 17.41n
Einion Yrth 17.24n

Eisag 6.90
Elen Elen Fannog 9.65n, 22.23n;
mab Elen 7.5n
Elystan Glodrydd 1.21–2n
Emrys 10.47n
Esyllt 21.42n, 25.22
Fyrdsyl 5.25n
Geram 17.33n
Gwenfrewy 18.1, **Gwen-frewy**
16.6n
Gwenhwyfar 22.27n
Gwennwys 1.23n
Harri 14.27n
Herod 15.78
Iago 1.55n, 9.76
Iason 7.72n
Idwal[1] 8.73n
Idwal[2] Idwal Foel 14.69n
Iefan 5.50n; **Ifan** 17.37
Iesse 15.105n
Iesu 2.10, 4.74, 5.32, 6.8, 7.9,
9.31, 11.55, 14.20, 15.63, 16.3,
17.56, 19.72, 23.47, 24.47 (gw.
hefyd **Crist**, **Mab Duw**, **Mab
Mair**)
Ifan gw. **Iefan**
Ithel 17.43n
Lanslod 10.34
Lasar 3.91n
Leoneisa 19.71n
Llaw Arian gw. **Nudd**
Lludd 5.56n
Llywarch Hen 8.86
Mab Duw 2.24, 3.16
mab Elen gw. **Elen**
Mab Mair gw. **Mair**
Maelgwn Gwynedd 8.84
Mair 4.37, 11.62, 15.5, 16.2,
18.12, 19.71; **Mair a'i Mab**
10.50; **Mab Mair** 2.66, 10.38
Marchell 17.15

Enwau lleoedd

Y Llawysgrifau

Cynnwys nifer o'r llawysgrifau a restrir waith sawl copïwr. Ceisir dyddio'r rhannau hynny y mae gwaith Siôn ap Hywel yn digwydd ynddynt yn unig. Yr wyf yn ddyledus i Mr Daniel Huws am unrhyw ddyddiadau neu wybodaeth na chrybwyllir yn y ffynonellau printiedig a nodir.

Llawysgrifau yng nghasgliad Prifysgol Cymru, Bangor

Bangor 6: Owen Jones 'Owain Myfyr', 1768, gw. 'Catalogue of Bangor MSS. General Collection' (cyfrol anghyhoeddedig, Prifysgol Cymru, Bangor).

Bangor 704: Richard Williams, Machynlleth, diwedd y 18g., gw. *ib.*

Bangor 5946: Edward Lloyd, Maes-y-porth, *c.* 1799, gw. *ib.*

Bangor 13512: llaw anh., hanner cyntaf y 18g., gw. *ib.*

Bangor 13829: Robert Prichard, Llannerch-y-medd, *c.* 1821–2, gw. *ib.*

Bangor (Mos) 9: llaw anh., ail hanner yr 17g. (cyn 1681), gw. E. Gwynne Jones & A. Giles Jones, 'A Catalogue of the (Bangor) Mostyn Collection 1–1093' (cyfrol anghyhoeddedig, Prifysgol Cymru, Bangor, 1967).

Bangor (Mos) 11: llaw anh., diwedd yr 17g., gw. *ib.*

Bangor (Penrhos) 1573: ?Siôn Brwynog, *c.* 1600, gw. 'A Catalogue of the Penrhos Papers' (cyfrol anghyhoeddedig, Prifysgol Cymru, Bangor); Eurys I. Rowlands, 'Llaw dybiedig Siôn Brwynog', Cylchg LlGC vii (1951–2), 381.

Llawysgrifau Ychwanegol yn y Llyfrgell Brydeinig, Llundain

BL Add 10313: Dafydd Jones, Trefriw, ail hanner y 18g., gw. CAMBM 1836, 29; W. Gerallt Harries, 'Un arall o lawysgrifau Dewi Fardd', B xxvi (1974–6), 161–8.

BL Add 10314: Dafydd Jones, Trefriw, ail hanner y 18g., gw. CAMBM 1836, 29; W. Gerallt Harries, 'Un arall o lawysgrifau Dewi Fardd', B xxvi (1974–6), 161–8.

BL Add 12230 [= RWM 52]: Griffith Vaughan, *c.* 1689, gw. RWM ii, 1136.

BL Add 14866 [= RWM 29]: David Johns, 1587, gw. *ib.* 1022–38.

BL Add 14870 [= RWM 53]: Lewis Morris, *c.* 1748, gw. *ib.* 1141–51.

BL Add 14880 [= RWM 36]: llaw anh., hanner cyntaf yr 17g., gw. *ib.* 1074–6.

BL Add 14882 [= RWM 31]: Wiliam ap Wiliam ap Robert, Tregarweth, 1591, gw. *ib.* 1048–53.

BL Add 14891: William Rowland, *c.* 1694, gw. CAMBM 1844, 24–5.

BL Add 14901: llaw anh., dechrau'r 18g., gw. *ib.* 28–9.

BL Add 14932: Lewis Morris, 1740–55, gw. *ib.* 36; GDG cl–clv.

BL Add 14933: Wmffre Dafis, hanner cyntaf yr 17g., gw. CAMBM 1844, 36.

BL Add 14962: Owen Jones 'Owain Myfyr', 18g., gw. *ib.* 44.

BL Add 14964: Owen Jones 'Owain Myfyr', 1768, gw. *ib.* 45.

BL Add 14966: Wiliam Bodwrda a'i gynorthwywyr, *c.* 1644–6, gw. *ib.* 46–7; R. Geraint Gruffydd, 'Llawysgrifau Wiliam Bodwrda o Aberdaron (a briodolwyd i John Price o Fellteyrn)', Cylchg LlGC viii (1953–4), 349–50; Dafydd Ifans, 'Wiliam Bodwrda (1593–1660)', *id.* xix (1975–6), 300–10.

BL Add 14967 [= RWM 23]: llaw anh., ail chwarter yr 16g. (ar ôl 1527), gw. RWM ii, 996–1014.

BL Add 14969: Thomas Prys, Huw Machno ac eraill, dechrau'r 17g., gw. CAMBM 1844, 48.

BL Add 14976 [= RWM 22]: un o gopïwyr Dr John Davies, Mallwyd, *c.* 1610–20, gw. RWM ii, 986–96.

BL Add 14978: llaw anh., *c.* 1600, gw. CAMBM 1844, 53.

BL Add 14988: llaw anh., hanner cyntaf yr 17g., gw. *ib.* 57.

BL Add 14991: Owen Jones 'Owain Myfyr' a Hugh Maurice, 18–19g., gw. *ib.* 57–8.

BL Add 14994: Owen Jones 'Owain Myfyr' a Hugh Maurice yn bennaf, dechrau'r 19g., gw. *ib.* 58–9.

BL Add 14999: llaw anh., ail hanner yr 16g., gw. *ib.* 60.

BL Add 15000: Owen Jones 'Owain Myfyr', ail hanner y 18g., gw. *ib.* 60–1.

BL Add 24980 [= RWM 39]: llaw anh., chwarter cyntaf yr 17g., gw. RWM ii, 1082–7.

BL Add 31056: llaw anh., canol yr 17g., CAMBM 1876–81, 154.

BL Add 31059: Rhisiart ap Siôn, Sgorlegan, *c.* 1590, gw. *l.c.*

BL Add 31076: Owen Jones 'Owain Myfyr' a Hugh Maurice, cyn 1804, gw. *l.c.*

BL Add 31078: Owen Jones 'Owain Myfyr' a Hugh Maurice, cyn 1804, gw. *l.c.*

Llawysgrif yng nghasgliad Bodewryd yn Llyfrgell Genedlaethol Cymru, Aberystwyth

Bodewryd 2: llaw anh., *c*. 1620, gw. 'Schedule of Bodewryd Manuscripts and Documents' (cyfrol anghyhoeddedig, Llyfrgell Genedlaethol Cymru, Aberystwyth), 1–2; D. Huws, 'Robert Lewis of Carnau', Cylchg LlGC xxv (1987–8), 118.

Llawysgrifau yn Llyfrgell Bodley, Rhydychen

Bodley Welsh e 1: Ifan Siôn, *c*. 1612–23, gw. SCWMBLO vi, 53; Garfield H. Hughes, *Iaco ab Dewi 1648–1722* (Caerdydd, 1953), 46–7.

Bodley Welsh e 3: Iaco ap Dewi, diwedd yr 17g., gw. SCWMBLO vi, 53; Garfield H. Hughes, *op.cit.* 47–8.

Bodley Welsh e 7: llaw anh., 16/17g., gw. SCWMBLO vi, 216.

Bodley Welsh f 4: Benjamin Simon, 1760, gw. *ib*. 54.

Llawysgrifau yng nghasgliad Brogyntyn yn Llyfrgell Genedlaethol Cymru, Aberystwyth

Brog (y gyfres gyntaf) 1: Harri ap Llywelyn ap Siôn ac eraill, canol yr 16g., gw. 'Catalogue of Brogyntyn Manuscripts and Documents', i (cyfrol anghyhoeddedig, Llyfrgell Genedlaethol Cymru, 1937), 1–2; E.D. Jones, 'The Brogyntyn Welsh Manuscripts', Cylchg LlGC vi (1949–50), 309.

Brog (y gyfres gyntaf) 2: Wmffre Dafis, 1599, gw. *ib*. 3–5; E.D. Jones, 'The Brogyntyn Welsh Manuscripts', Cylchg LlGC v (1947–8), 234–6.

Brog (y gyfres gyntaf) 6: llaw anh., 1627–30, gw. *ib*. 13–15; ymhellach ar y llaw, gw. E.D. Jones, 'The Brogyntyn Welsh Manuscripts', Cylchg LlGC vi (1949–50), 223.

Llawysgrifau yn Llyfrgell Ganolog Caerdydd

Card 1.333: Iaco ap Dewi, 17–18g., gw. Graham C.G. Thomas & Daniel Huws, *Summary Catalogue of the Manuscripts ... commonly referred to as the 'Cardiff MSS'* (Aberystwyth, 1994), 15.

Card 2.202 [= RWM 66]: John Davies, *c*. 1690, gw. RWM ii, 289–93.

Card 2.4 [= RWM 11]: llaw anh., diwedd yr 16g., gw. *ib*. 138–45.

Card 2.40 [= RWM 26]: John Morgan, Matchin, *c*. 1714, gw. *ib*. 214–24.

Card 2.68 [= RWM 19]: llaw anh., *c*. 1624, gw. *ib*. 178–93.

Card 2.114 [= RWM 7] 'Llyfr Bicar Wocing': llaw anh., 1564–6, gw. *ib*. 110–28.

Card 2.1069: Hugh Evans, heb fod yn ddiweddarach na 1775, gw. Graham

C.G. Thomas & Daniel Huws, *op.cit.* 191.

Card 3.2 [= RWM 27]: llaw anh., 17/18g., gw. RWM ii, 224–9.

Card 3.37 [= RWM 20]: llaw anh., *c.* 1636, gw. *ib.* 193–202.

Card 3.4 [= RWM 5]: Elis Gruffydd, 1527, gw. *ib.* 96–3.

Card 4.10 [= RWM 84]: Dafydd Jones, Trefriw, ail hanner y 18g., gw. RWM ii, 790–3.

Card 4.156 [= RWM 64]: Margaret Davies, 1736–7, gw. *ib.* 272–85.

Card 4.330 [= Haf 26]: Syr Thomas Wiliems, 1574, gw. *ib.* 336–45.

Card 5.10 [= RWM 48]: William Griffith, *c.* 1750, gw. *ib.* 244–8.

Card 5.11 [= RWM 33]: llaw anh., ail hanner y 18g., gw. *ib.* 230.

Card 5.44: Llywelyn Siôn, cwblhawyd 1613, gw. Graham C.G. Thomas & Daniel Huws, *op.cit.* 440.

Llawysgrif yng nghasgliad Chirk yn Llyfrgell Genedlaethol Cymru, Aberystwyth

Chirk A 3: Richard Eyton, tua 1637, gw. E. D. Jones, 'Schedule of Chirk Castle MSS and Documents' i (cyfrol anghyhoeddedig, Llyfrgell Genedlaethol Cymru, Aberystwyth), 1.

Llawysgrifau yng nghasgliad Cwrtmawr yn Llyfrgell Genedlaethol Cymru, Aberystwyth

CM 5: llaw Ieuan Tudur Owen o bosibl, *c.* 1600, gw. RWM ii, 878–86; B.G. Owens a R.W. McDonald, 'A Catalogue of the Cwrtmawr Manuscripts' (cyfrol anghyhoeddedig, Llyfrgell Genedlaethol Cymru, Aberystwyth, 1980), 5–6.

CM 7: John Williams, 1808, gw. RWM ii, 887; B.G. Owens a R.W. McDonald, *op.cit.* 8.

CM 10: David Ellis, 1766, gw. RWM ii, 890–5; B.G. Owens a R.W. McDonald, *op.cit.* 11.

CM 12: David Ellis, 1794, gw. RWM ii, 900–3; B.G. Owens a R.W. McDonald, *op.cit.* 14–15.

CM 14: Lewis Morris, *c.* 1726, gw. RWM ii, 903–8; B.G. Owens a R.W. McDonald, *op.cit.* 17; Dafydd Wyn Wiliam, *Cofiant Lewis Morris 1700/1–42* (Llangefni, 1997), 142.

CM 22: llaw anh., hanner cyntaf yr 17g., gw. RWM ii, 919–20; B.G. Owens a R.W. McDonald, *op.cit.* 25.

CM 25: Wiliam Bodwrda, *c.* 1644, gw. RWM ii, 924–5; B.G. Owens a R.W. McDonald, *op.cit.* 28.

CM 27: David Ellis, 1630, gw. RWM ii, 925–32; B.G. Owens a R.W. McDonald, *op.cit.* 30–1.

CM 40: Robert Williams 'Robin Llys Padrig', nid cyn 1804, gw. RWM ii, 935; B.G. Owens a R.W. McDonald, *op.cit.* 45–6.

CM 125: Hugh Jones, Tal-y-llyn, dechreuwyd 1730, gw. B.G. Owens & R.W. McDonald, *op.cit.* 159–60.

CM 129: Margaret Davies, Coetgae–du, Trawsfynydd, 1760–62, gw. *ib.* 165–6.

CM 206: Cadwaladr Dafydd, Llanymawddwy, 1736–48, gw. *ib.* 242–3.

CM 238: Lewis Owen, chwarter olaf yr 17g., gw. *ib.* 273.

CM 242: llaw anh., nid cyn 1811, gw *ib.* 278.

CM 281: Mary Richards, 1835–65, gw. B.G. Owens, Rhiannon Francis Roberts, R.W. McDonald, *A Catalogue of the Cwrtmawr Manuscripts*, ii (Llyfrgell Genedlaethol Cymru, Aberystwyth, 1993), 333.

CM 381: John Williams 'Ioan Rhagfyr', 1783, gw. *ib.* 435; GDG clxviii–clxix.

CM 467: Owen Gruffudd, Llanystumdwy, 1677–92, gw. B.G. Owens, Rhiannon Francis Roberts, R.W. McDonald, *op.cit.* 523.

CM 501: J.H. Davies, 20g., gw. B.G. Owens, Rhiannon Francis Roberts, R.W. Mcdonald, *A Catalogue of the Cwrtmawr Manuscripts*, iii (Llyfrgell Genedlaethol Cymru, 1994), 562.

Llawysgrifau yng nghasgliad Gwyneddon ym Mhrifysgol Cymru, Bangor
Gwyn 1: Wmffre Dafis, 16/17g., gw. GSCMB 30.

Gwyn 2: Watkin Lloyd, *c.* 1600, gw. *ib.* 30.

Gwyn 3: Jasper Gryffyth, 1590, gw. *l.c.*; *Gwyneddon 3*, gol. I. Williams (Caerdydd, 1931), v–xii; *Early Welsh Poetry: Studies in the Book of Aneirin*, ed. B.F. Roberts (Aberystwyth, 1988), 46.

Gwyn 4: sawl llaw, gan gynnwys William Midleton (o bosibl), 1594–5, gw. GSCMB 30; I. Williams, 'Protestaniaeth Wiliam Midleton', B viii (1935–7), 245–7.

Gwyn 13: Peter Bailey Williams, 1781, gw. GSCMB 30.

Llawysgrifau yng nghasgliad Coleg Iesu, Rhydychen
J 101 [= RWM 17]: llaw anh., *c.* 1630, gw. RWM ii, 68–86; 'Schedule of Bodewryd Manuscripts and Documents' (cyfrol anghyhoeddedig, Llyfrgell Genedlaethol Cymru, Aberystwyth, 1932), 1; E.D. Jones, 'The Brogyntyn Welsh Manuscripts', Cylchg LlGC v (1947–8), 234–6, plât rhif 32.

J 138 [= RWM16]: Robert Davies, Gwysanau, 1626, gw. *ib*. 64–8.

J 139 [= RWM 14]: llaw anh., dechrau'r 17g., gw. *ib*. 56–7 (gwall yw 'early xvith century').

Llawysgrifau yng nghasgliad Llyfrgell Genedlaethol Cymru, Aberystwyth
LlGC 18B: David Ellis, 1794, gw. NLWCM 50–62.

LlGC 95B: John Rowlands, canol y 19g., gw. *ib*. 105.

LlGC 170C: Edward Jones, 18/19g., gw. *ib*. 140–6.

LlGC 435B: llaw anh., dechrau'r 17g., gw. *ib*. 321–25.

LlGC 436B: llaw anh., dechrau'r 18g., gw. *ib*. 325–35.

LlGC 552B: llaw anh., hanner cyntaf yr 17g., gw. HMNLW i, 33.

LlGC 560B: llaw anh. (ond rhan olaf y llsgr. yn llaw Wiliam Bodwrda), hanner cyntaf yr 17g., gw. *ib*. 34; GDG cxlii–iv.

LlGC 566B: Rowland Lewis, hanner cyntaf yr 17g. (ar ôl 1623), gw. *ib*. 35.

LlGC 642B: llaw anh., hanner cyntaf yr 17g., gw. *ib*. 43.

LlGC 668C: William Jones, Llangollen, 19g., gw. *ib*. 46.

LlGC 672D: Morgan Davies, *c*. 1800, gw. *ib*. 47.

LlGC 673D: William Jones, Llangollen, 19g., gw. *ib*. 47.

LlGC 695E: llaw anh., canol yr 17g., gw. *ib*. 50.

LlGC 783B: llaw anh., dechrau'r 18g., gw. *ib*. 58.

LlGC 832E: William Bulkeley, Brynddu, hanner cyntaf y 18g., gw. *ib*. 63.

LlGC 834B: un o gopïwyr Dr John Davies, Mallwyd, *c*. 1610–1620, gw. *ib*. 64.

LlGC 970E [= Merthyr Tudful]: Llywelyn Siôn, 1613, gw. RWM ii, 372–94; HMNLW i, 77; D.H. Evans, 'Ieuan Du'r Bilwg (*fl. c.* 1471)', B xxxiii (1986), 106.

LlGC 1024D: llaw anh., ail hanner y 18g., gw. HMNLW i, 82.

LlGC 1246D: Rhys Jones o'r Blaenau, canol y 18g., gw. *ib*. 101.

LlGC 1260B: William Evans, ail hanner y 18g., gw. *ib*. 103.

LlGC 1553A: Roger Morris, Coedytalwrn, 1580–1600, gw. *ib*. 128–9.

LlGC 1559B: Wiliam Bodwrda, canol yr 17g., gw. *ib*. 130.

LlGC 1573C: Angharad Llwyd, hanner cyntaf y 19g., gw. *ib*. 133.

LlGC 2010B [= Pant 42]: Evan Evans 'Ieuan Fardd', 1772, gw. RWM ii, 853–5.

LlGC 2033B [= Pant 67]: llaw anh., 18g., gw. HMNLW i, 176.

LlGC 2288B: Walter Davies 'Gwallter Mechain', diwedd yr 18g., gw. *ib*.

199.

LlGC 3021F [= **Mos 1**]: John Davies 'Siôn Dafydd Laes', *c.* 1685, gw. RWM i, 1–14.

LlGC 3037B [= **Mos 129**]: Richard Mostyn, *c.* 1574, gw. *ib.* 63–74.

LlGC 3039B [= **Mos 131**]: John Jones, Gellilyfdy, rhwng 1605 a 1618, gw. *ib.* 87–97.

LlGC 3049D [= **Mos 146**]: llaw anh., chwarter olaf yr 16g., gw. *ib.* 168–79.

LlGC 3050D [= **Mos 147**]: Edward Kyffin, *c.* 1577, gw. *ib.* 180–96.

LlGC 3056D [= **Mos 160**]: Wmffre Dafis, 16/17g., gw. *ib.* 224–42.

LlGC 3066E [= **Mos 212**]: llaw anh., *c.* 1600–30, gw. *ib.* 279–95.

LlGC 5269B: un o gopïwyr Dr John Davies, Mallwyd, *c.* 1610–1620, gw. HMNLW ii, 82.

LlGC 5273D: William Davies, Llangoed, 1642, gw. *ib.* 83.

LlGC 5283B: llaw anh., hanner cyntaf yr 17g., gw. *ib.* 85.

LlGC 5475A [= **Aberdâr 2**]: Benjamin Simon, 1747–51, gw. RWM ii, 395–408; HMNLW ii, 104

LlGC 6077C: Thomas Lloyd Jones 'Gwenffrwd', hanner cyntaf y 19g. (cyn 1831), gw *ib.* 147.

LlGC 6209E: Edward Lhuyd a'i gynorthwywyr, 17/18g., gw. *ib.* 158–9.

LlGC 6471B: llaw anh., hanner cyntaf yr 17g., gw. *ib.* 183; ymhellach ar y llaw, gw. E.D. Jones, 'The Brogyntyn Welsh Manuscripts', Cylchg LlGC vi (1949–50), 223.

LlGC 6495C [= **copi ffotostat o Rydychen, Christ Church, 184**]: Wiliam Cynwal, ar ôl 1570, gw. *ib.* 185.

LlGC 6499B: llawiau anh., 17–18g., gw. *ib.* 186.

LlGC 6681B: 'Llyfr Kywydde Johannes Jones', Gellilyfdy, hanner cyntaf yr 17g., gw. *ib.* 204–5.

LlGC 6706B: llaw anh., dechrau'r 17g., gw. *ib.* 208.

LlGC 8330B [= **Neuadd Wen 1**]: llaw anh., *c.* 1635, gw. HMNLW iii, 36.

LlGC 8341B [= **Neuadd Wen 12**]: llaw anh., 18g., gw. *ib.* 38.

LlGC 9048E [= **copi ffotostat o Rydychen, Coleg Balliol 353**]: John Price, pedwardegau'r 16g., gw. *ib.* 106.

LlGC 9111A: llaw anh., ail hanner y 18g., gw. *ib.* 114.

LlGC 10893E: llaw anh., ail hanner y 17g., gw. *ib.* 265–6.

LlGC 11115B [= **copi ffotostat o Lyfrgell John Rylands, Welsh MS 2**]: llaw anh., hanner cyntaf y 18g., gw. *ib.* 310.

LlGC 12873D: Ifan Wiliam, ail hanner y 18g., gw. HMNLW iv, 333.

LlGC 11816B: llaw anh., canol yr 17g., gw. *ib.* 70.

LlGC 13064D: llaw anh. (ai Dafydd Hopcyn o'r Coety?), dechrau'r 18g., gw. *ib.* 355.

LlGC 13067B: llaw anh., 16/17g., gw. *ib.* 356.

LlGC 16129D [= copi ffotostat o Lyfrgell Prifysgol Havard MS. Welsh 8]: llaw anh., 17g., gw. NLW Accessions 16049–18942 (cyfrol anghyhoeddedig Llyfrgell Genedlaethol Cymru, Aberystwyth).

LlGC 17113E [= Gwysanau 24]: llaw anh., canol yr 16g., gw. *ib.*; H.D. Emanuel, 'Catalogue of the Gwysaney MSS' (teipysgrif dyddiedig 1953, yn Llyfrgell Genedlaethol Cymru, Aberystwyth), 29–31.

LlGC 17114B [= Gwysanau 25]: llaw anh., *c.* 1560, gw. H.D. Emanuel, 'The Gwysaney Manuscripts', Cylchg LlGC vii (1952), 339; 'Catalogue of the Gwysaney MSS' (teipysgrif dyddiedig 1953, yn Llyfrgell Genedlaethol Cymru, Aberystwyth), 31–45; E. Bachellery, Études v (1950–1), 116–18; GO 21–2 (er iddo gamsynied ynglŷn â'r dyddiad); BaTh 306.

LlGC 20574A: Siôn Prichard, Prion, 1652–7, gw. 'Llawysgrifau 20001–21700' (catalog anghyhoeddedig yn Llyfrgell Genedlaethol Cymru, Aberystwyth).

LlGC 21248D: llaw anh., hanner cyntaf yr 17g., gw. 'Catalogue of Mostyn MSS' (cyfrol anghyhoeddedig, Llyfrgell Genedlaethol Cymru, Aberystwyth, 1975).

LlGC 21290E [= Iolo Aneurin Williams 4]: Llywelyn Siôn, 16/17g., gw. Rh.F. Roberts, 'A List of Manuscripts from the Collection of Iolo Morganwg …' (cyfrol anghyhoeddedig yn Llyfrgell Genedlaethol Cymru, Aberystwyth, 1978).

LlGC Mân Adnau 57B [= Abertawe 3]: llaw anh., *c.* 1758–67, gw. D. Ifans, 'Schedule of … Minor Deposits' (cyfrol anghyhoeddedig, Llyfrgell Genedlaethol Cymru, Aberystwyth, 1975), 5.

LlGC Mân Adnau 1206B [= Tanybwlch]: llaw anh., *c.* 1700, gw. 'Schedule of the … Tanybwlch Manuscript' (cyfrol anghyhoeddedig, Llyfrgell Genedlaethol Cymru, Aberystwyth, 1932), 1–42.

Llawysgrifau yng nghasgliad Llansteffan yn Llyfrgell Genedlaethol Cymru, Aberystwyth

Llst 6: llaw anh., *c.* 1525, gw. RWM ii, 428–33.

Llst 14: Samuel Williams, diwedd yr 17g., gw. *ib.* 448.

Llst 15: John Morgan, Matchin, dechrau'r 18g., gw. *ib.* 449–52.

Llst 30: un o gopïwyr Dr John Davies, Mallwyd, *c.* 1610–1620, gw. *ib.* 465–73.

Llst 47: Llywelyn Siôn, 16/17g., gw. *ib*. 516–23.

Llst 55: Siôn Dafydd Rhys, 1579, gw. *ib*. 549–53.

Llst 118: Wmffre Dafis, *c*. 1600–20, gw. *ib*. 579–92.

Llst 120: Jasper Gryffyth, *c*. 1607, gw. *ib*. 603–9.

Llst 122: Wiliam Bodwrda, *c*. 1648, gw. *ib*. 609–20; R. Geraint Gruffydd, 'Llawysgrifau Wiliam Bodwrda o Aberdaron (a briodolwyd i John Price o Fellteyrn)', Cylchg LlGC viii (1953–4), 349–50; Dafydd Ifans, 'Wiliam Bodwrda (1593–1660)', *id*. xix (1975–6) 300–10.

Llst 124: Wiliam Bodwrda, *c*. 1648, gw. RWM ii, 634–49.

Llst 125: Wiliam Bodwrda, ar ôl 1638, gw. *ib*. 649–62.

Llst 133: Iaco ap Dewi a Samuel Williams, gw. *ib*. 664–94; Garfield H. Hughes, *Iaco ab Dewi* (Caerdydd, 1953), 37–40.

Llst 134: Llywelyn Siôn, 16/17g., gw. RWM ii, 695–712.

Llst 155: llaw anh., chwarter olaf yr 16g., gw. *ib*. 728–32.

Llst 156: llaw anh., *c*. 1636, gw. *ib*. 732–8.

Llst 163: llaw anh., trydydd chwarter yr 16g., gw. *ib*. 746–7.

Llawysgrifau yng nghasgliad Peniarth yn Llyfrgell Genedlaethol Cymru, Aberystwyth

Pen 66: llaw anh., diwedd yr 16g., gw. RWM i, 456–60.

Pen 72: John Jones, Gellilyfdy, ei law gynnar, *c*. 1600, gw. *ib*. 477–86.

Pen 76: llaw anh., ail chwarter yr 16g., gw. *ib*. 503–8.

Pen 80: llaw anh., 1550–80, gw. *ib*. 524–7.

Pen 84: llaw anh., ail hanner yr 16g., gw. *ib*. 543–8.

Pen 86: llaw anh. (ond rhannau o'r llsgr. yn llaw Gruffudd Hiraethog a Simwnt Fychan), ail hanner yr 16g., gw. *ib*. 550–6.

Pen 93: llaw anh., diwedd yr 16g., gw. *ib*. 572–8.

Pen 100: un o gopïwyr Dr John Davies, Mallwyd, *c*. 1610–20, gw. *ib*. 624–34.

Pen 104: llaw anh., rhwng 1624 a 1651, gw. *ib*. 644–51.

Pen 112: John Jones, Gellilyfdy, cyn 1610, gw. *ib*. 671–86.

Pen 114: llaw anh., diwedd yr 16g., gw. *ib*. 689–95.

Pen 120: Edward Lhuyd a'i gynorthwywyr, 17/18g., gw. *ib*. 730–40.

Pen 121: Rhisiart ap Siôn, Sgorlegan, ar ôl 1611, gw. *ib*. 740–7.

Pen 124: llaw anh., hanner cyntaf y 18g. (ar ôl 1713), gw. *ib*. 754–68.

Pen 129: llaw anh., hanner cyntaf yr 16g., gw. *ib*. 806–10.

Pen 184: llaw anh., hanner cyntaf yr 17g., gw. *ib*. 1008–11.

Pen 221: John Jones, Gellilyfdy, ar ôl 1620, gw. *ib*. 1045; M.T. Burdett-Jones, 'Trydydd Llyfr Cywyddau John Jones Gellilyfdy', YB xvi (1990), 127–40.

Pen 312: John Jones, Gellilyfdy, 1610–40, gw. RWM i, 1114–8.

Llawysgrif yng nghasgliad Stowe yn y Llyfrgell Brydeinig, Llundain
Stowe 959 [= RWM 48]: llaw anh., 16/17g., gw. RWM ii, 1110–1126.

Mynegai i'r llinellau cyntaf

Mynegai i'r gwrthrychau